Hermann-Josef Große Kracht
Wilhelm Emmanuel von Ketteler

Hermann-Josef Große Kracht

Wilhelm Emmanuel von Ketteler

Ein Bischof in den sozialen Debatten seiner Zeit

2011 Ketteler Verlag GmbH, Köln

Einband- und Reihengestaltung | Finken & Bumiller, Stuttgart
Satz: Aalexx Druck GmbH
Herstellung | Pustet, Regensburg
Printed in Germany

ISBN 978-3-927494-83-1

Inhaltsverzeichnis

Zum Geleit

Am 25. Dezember 2011 können wir mit großem Dank den 200. Geburtstag von Bischof Wilhelm Emmanuel Freiherr von Ketteler begehen. Es ist eine gute Gelegenheit, einen neuen Blick auf ihn und seine Zeit zu werfen, um ihn in seiner Bedeutung für heute besser zu verstehen.

Nachdem Bischof von Ketteler über lange Zeit in hohem Maß als Sozial- und Arbeiterbischof bekannt und gefeiert wurde, hat man ihn in den letzten Jahrzehnten auch in seiner Bedeutung für andere Dimensionen erkannt. Dies betrifft vor allem seinen hohen Einsatz für die Freiheit der Kirche, das Ausmaß dieser Selbstbestimmung und zugleich die Anerkenntnis ihrer Grenzen. So überrascht nicht, dass die Auseinandersetzung mit dem Nationalliberalismus in den letzten Jahren im Zentrum stand. Der Kampf für die Freiheit und für die soziale Gerechtigkeit gehören für Bischof von Ketteler eng zusammen. Gewiss kann man auch seine Bedeutung als Seelsorger weit über das Bistum Mainz hinaus noch tiefer entdecken. Anlässlich seines 200. Geburtstags werden in einer kritischen Neuausgabe die zahlreichen Hirtenbriefe Kettelers erscheinen, die leider in der Gesamtausgabe fehlen.

Darüber darf man aber die Bedeutung des Arbeiterbischofs nicht zurücktreten lassen. Im Gegenteil, wir müssen noch viele Spuren gerade seines sozialen Engagements entdecken und auch die Impulse für heute aufzeigen. Dazu gehören viele Themen, die im Laufe der Zeit weniger Beachtung fanden. Wichtig ist die Prägung Kettelers durch den westfälischen Adel, der auch in anderen Vertretern und über Kettelers Zeit hinaus eine große soziale Sensibilität erkennen lässt. Schließlich war es auch für ihn selbst ein schmerzlicher Entwicklungsprozess einsehen zu müssen, dass man den sozialen Verwerfungen seiner Zeit nicht allein durch eine Steigerung der Nächstenliebe bei den Christen und eine entschiedene Rechristianisierung Herr werden könne.

Dabei spielt spätestens seit dem Frankfurter Parlament in der Paulskirche 1848 die Soziale Frage eine geradezu revolutionäre Rolle. Bischof von Ketteler setzt sich in dieser Zeit mit der kritischen Arbeiterbewegung, mit der Sozialdemokratie und einigen ihrer Führer wie Ferdinand Lassalle auseinander. In dieselbe Zeit gehört auch das Erwachen der Aufmerksamkeit gegenüber der Sozialen Frage im deutschen Katholizismus. Man denke hier nur an den seligen Adolph Kolping, den seligen Paul Josef Nardini, aber auch an Laien wie Franz Joseph Ritter von Buß. Ketteler lernt in diesen Begegnungen und Auseinandersetzungen, dass Almosen allein das Elend nicht beseitigen können, so wichtig sie für den Einzelnen bleiben mögen. Er wendet sich einer pragmatischen Sozialpolitik zu, die sicher in mancher Hinsicht politisch zu Enttäuschungen führt, aber schließlich in den späteren Sozialversicherungen zur Zeit Bismarcks zu einer größeren Wirksamkeit kommt. So muss wohl das Bild Kettelers in den sozialen Debatten des 19. Jahrhunderts erweitert und vertieft werden. In manchen Darstellungen der deutschen Gesellschaftsgeschichte und der Allgemeinen Geschichte des 19. Jahrhunderts hat er noch keinen angemessenen Platz gefunden.

Hermann-Josef Große Kracht ist durch eine Reihe bisheriger Arbeiten in besonderer Weise fähig, wenigstens punktuell diese bedauerlichen Lücken zu schließen. Ich bin ihm deswegen dankbar, dass er in den Studien dieses Buches eine Ahnung und ein erstes Bild über den Entwicklungsprozess von Kettelers vermittelt. Dieser Band wird hoffentlich weitere Studien dieser Art anstoßen. Ich danke dem Verfasser für diese neuen Perspektiven, die sicher auch die Diskussion der sozialen Fragen heute inspirieren können, und wünsche dem Band eine freundliche Aufnahme – eine schöne Gabe zum 200. Geburtstag.

Mainz, 28. Juli 2011

Karl Kardinal Lehmann

Vorwort

„Was helfen die sogenannten Menschenrechte in den Constitutionen, wovon der Arbeiter wenig Nutzen hat, so lange die Geldmacht diese socialen Menschenrechte mit Füßen treten kann?“ – Diese Frage rief der Mainzer Bischof Wilhelm Emmanuel Freiherr von Ketteler im Sommer 1869 vor Tausenden von Arbeitern auf der Liebfrauenheide bei Offenbach aus; in einer Predigt, die bis heute als Magna Charta der christlichen Arbeiterbewegung gilt.

Der bevorstehende 200. Geburtstag Wilhelm von Kettelers bietet einen willkommenen Anlass, sich erneut mit der Person und dem Werk des großen Arbeiterbischofs zu beschäftigen und ihn – intensiver, als dies bisher geschah – in die sozialen Debatten seiner Zeit einzuordnen. Die gesellschaftlichen Umbrüche im Deutschland des 19. Jahrhunderts markierten für die katholische Kirche schwere Herausforderungen, die sie in zahlreiche Konflikte und mühsame Lernprozesse verstrickte. An ihnen nahm Ketteler schon in jungen Jahren lebhaften Anteil. So wurde aus dem stolzen Sohn des westfälischen Landadels ein kircheneifriger Bauernpastor und Stadtpfarrer, der 1850 auf den Mainzer Bischofsstuhl berufen wurde und hier, wie eine liberale Zeitschrift in Jahr 1868 anmerkte, schnell zum „fehdelustigen Führer des deutschen Ultramontanismus“ avancierte. In dem Maße, wie sich im deutschen Katholizismus die ultramontane, nicht an nationalkirchlichen Traditionen, sondern streng am Papst in Rom orientierte Bewegung durchsetzte, verschärften sich die Konflikte, insbesondere mit dem nationalen Liberalismus. Und auch wenn es dabei vor allem um politische Fragen nach den Ausmaßen und Grenzen der „Freiheit der Kirche“ ging, spielte hier – seit dem revolutionären Freiheitsjahr 1848 – auch die soziale Frage eine fundamentale Rolle.

Der Band zeichnet wesentliche Etappen und Positionen dieser Konflikte nach und lässt dabei nicht nur Ketteler selbst, sondern auch seine Gegner ausführlich zu Wort kommen.

Dabei wird deutlich, dass Kettelers Einstellung zur sozialen Frage einen für ihn durchaus schmerzlichen Entwicklungsprozess durchläuft. Dieser führt ihn von frühen Vorstellungen einer unverzichtbaren Rechristianisierung der Gesellschaft über ungewöhnlich wohlwollende Sympathien für die entstehende Sozialdemokratie bis hin zur schließlichen Anerkennung der Notwendigkeit einer pragmatischen Sozial- und Arbeiterschutzpolitik des deutschen Kaiserreichs. Bischof Ketteler hat damit dem im Blick auf die soziale Frage ansonsten oft ängstlich-zögerlich agierenden deutschen Katholizismus wesentliche Bahnen eröffnet.

Während die Ketteler-Forschung der letzten Jahre den Fokus vor allem auf die Auseinandersetzung des Mainzer Bischofs mit dem deutschen Nationalliberalismus legte, will dieser Band wieder an den Arbeiterbischof erinnern. Er erinnert aber auch daran, dass schon im 19. Jahrhundert leidenschaftliche Debatten um Freiheit und Gleichheit, Selbsthilfe und Staatshilfe, individuelle und politische Verantwortlichkeit geführt wurden, die in vielerlei Hinsicht verblüffende Parallelen mit den Debattenlagen der Gegenwart aufweisen. Wer sich auf Wilhelm Emmanuel von Ketteler und die sozialen Debatten seiner Zeit einlässt, wird deshalb auch für die Gegenwart interessante Einblicke gewinnen können.

Der Band geht zurück auf ein kleines Forschungsprojekt, das mit Unterstützung des Bistums Mainz am Institut für Theologie und Sozialethik (iths) der Technischen Universität Darmstadt durchgeführt werden konnte. Mein besonderer Dank gilt Christine Ludwig M. A. für ihre wertvolle Unterstützung beim Sichten, Sammeln und Sortieren oft schwer zugänglicher Artikel aus Zeitungen und Zeitschriften. Damit trug sie wesentlich dazu bei, das Bild Kettelers in den sozialen Debatten seiner Zeit anschaulicher zu machen.

Darmstadt, im Juli 2011

Hermann-Josef Große Kracht

I. Westfälische Prägungen
Vom wilden Adelsspross zum frommen Bauernpastor

Am Weihnachtstag des Jahres 1811 erblickte Wilhelm Emmanuel von Ketteler das Licht der Welt. Er war der vierte Sohn der Eheleute Maximilian Friedrich Freiherr von Ketteler-Harkotten und der Freiin Clementine von und zu Wenge-Beck. Ihm standen zwei ältere und eine jüngere Schwester sowie drei ältere und zwei jüngere Brüder zur Seite, die den größten Teil ihrer Kindheit und Jugend auf dem Rittergut Harkotten im Kreis Warendorf verbrachten und in der rauen Lebenswelt des westfälischen Landadels aufwuchsen.

Wilhelms Vater verstarb schon im Sommer 1832 im Alter von fünfundfünfzig Jahren an den Folgen einer Infektion, die er sich durch den Biss eines Neufundländers zugezogen hatte. Er entstammte wie seine gleichaltrige Frau Clementine, die ihn um elf Jahre überleben sollte, den alteingesessenen Rittergeschlechtern des Münsterlandes, in denen sich „die steifnackige Selbständigkeit der Westfalen mit einem fest gegründeten Gemeinschafts- und Standesbewußtsein" vereinte. Dieser niedere Adel „war mehr gewohnt, im Kleinen zu regieren, als regiert zu werden; er verstand das Herrschen besser als das Gehorchen"[1]; und er fühlte sich nach der Säkularisation und dem Eintritt in das Preußen Friedrich Wilhelms III. der fremden Regierung gegenüber als Genossenschaft eigenen Rechts. Dennoch trat Maximilian von Ketteler, „eine hochgewachsene, stattliche Erscheinung, rüstiger Jägersmann und großer Liebhaber des Soldatenstandes"[2], wie viele westfälische Adlige früh in den preußischen Staatsdienst ein. Und später meldete er keinerlei Bedenken an, als vier seiner Söhne eine Karriere im preußischen Militär anstrebten.

Seinen Kindern war er offensichtlich ein strenger Vater, der ihre Entwicklung mit großem Ernste überwachte: „Sein Wille war in allem unbedingt maßgebend. Die Mutter, die stets nur mit Verehrung von ihm sprach, betrachtete sich lediglich als seine Gehilfin im Erziehungswerk."[3] Auch Wilhelms Mutter scheint aus ähnlichem Schrot und Korn gewesen zu sein. Sie wird beschrieben als „eine kräftige, starkknochige Gestalt aus urwüchsigem Menschenschlag, imponirend schon durch ihre äußere Erscheinung"[4], aller Verweichlichung fern, zugleich aber geprägt von einer echten und tiefen Frömmigkeit, zu der vor allem die Tugenden der Selbstüberwindung und der Opferbereitschaft gehörten. „In der That war es nicht ihre Art, in irgend einer Weise die Kinder zu verwöhnen. [...] Die Knaben lernten im nahen Mühlbach schwimmen. Bei ziemlich kühlem Wetter im Mai begann der 13jährige Wilhelm im Freien zu baden. Die Mutter war es wohl zufrieden. [...] Von ihrem elterlichen Hause her gewöhnt, nur Kraft und Gesundheit um sich zu sehen, war sie Klagen der Kinder über Unwohlsein nur schwer zugänglich."[5] Dennoch ließ sie ihnen gegenüber deutlich stärker als der Vater auch Züge inniger Liebe und zärtlicher Zuwendung erkennen. Der Sohn Wilhelm soll, so versichert Otto Pfülf, später mehrfach erklärt haben: „Die Eltern waren für uns Kinder wirklich die Stellvertreter Gottes."[6]

Ein gar unbändiger Junge

Die Familie des Freiherrn von Ketteler wohnte zunächst einige Jahre in der Stadt Münster, wo die altheimischen Geschlechter ihre Stadthäuser hatten. Später zog sie auf den Landsitz, das schlichte Rittergut Harkotten im Kreis Warendorf. Das Leben dort war, so notiert Pfülf, „fern von Luxus und Weichlichkeit, jedoch den Anforderungen der Standes und der Zeit durchaus entsprechend; frisch und fröhlich. Aeußere Uebungen der Frömmigkeit traten nicht auffallend hervor. Doch war, der Aufklärungszeit zum Trotz, der Rosenkranz in der Familie heimisch. Jeden Tag versammelten sich alle zum Gebet in der Kapelle, und an Sonn- und Feiertagen ging es gemeinsam nach Füchtorf zu Hochamt und Predigt."[7]

Allerdings schien sich Wilhelm in seiner Kindheit und Jugend

„als das Sorgenkind der Familie entwickeln zu wollen“[8]. Die Eltern hatten ihre liebe Not mit ihm, denn nach allem, was man aus Briefen und Erzählungen weiß, war er „ein über die Maßen wilder Junge und von einer geradezu erschreckenden Heftigkeit, sehr nachlässig in seinem Aeußern, und daher meist schmutzig, und lärmend in allem, was er that“. Seine zartfühlende Tante Marianne berichtet, sie habe ihn als Kind „manchmal mit dem Handtuch festbinden müssen, um ihm die nothwendige Züchtigung zu verabreichen“. Freiherr August von Korff, der mit Wilhelm dieselbe Klasse besuchte und mehrere Jahre mit ihm die Herbstferien in Harkotten verbrachte, erzählt aus der Erinnerung: „Als Knabe war er nicht allein sehr munter, sondern fast unbändig, wofür er von seinem Vater oft recht hart bestraft wurde. Aus Aerger über sich warf er sich dann, wie ich einige Male gesehen, in seiner leidenschaftlichen Heftigkeit auf die Erde und wälzte sich dort herum.“ Wegen seines immer wieder ausbrechenden Jähzorns sahen sich die Eltern „schon aus Rücksicht auf die drei jüngeren Geschwister“ genötigt, „den Erziehungsgang für Wilhelm von dem der übrigen“ zu trennen, denn er „bedurfte einer ständigen Ueberwachung und einer festen männlichen Leitung“.[9] Die Eltern entschieden sich deshalb schweren Herzens, den 13-jährigen Wilhelm vom Münsteraner Gymnasium zu nehmen und in das Jesuitenkolleg zu Brig im Schweizerischen Kanton Wallis zu schicken, eine von Söhnen des katholischen Adels seinerzeit stark besuchte internationale Lehranstalt.

Auch dort fiel der junge Ketteler vor allem durch seinen ungestümen Charakter auf. „In die jesuitische Erziehungsweise wußte er sich nur schwer zu schicken“; und „französische Mitschüler, die sich gern an den Deutschen rieben, hat er sein Preußentum mit westfälischer Faust fühlen lassen“.[10] Einer seiner damaligen Mitschüler sollte noch im Jahr 1869 an den Mainzer Bischof von Ketteler schreiben: „Es fiel mir schwer zu glauben, daß der aufbrausende Zögling von Brig ein so eifriger Diener des Herrn geworden sei“; und Ketteler selbst notierte in seinem Antwortschreiben, „daß ich über diese große Gnade Gottes selbst nicht weniger erstaunt bin, wie Sie".[11] Wilhelm verbrachte vier Jahre in Brig, bevor er von seinem Vater im Spätsommer 1828 zurückgerufen wurde, um sich durch einen Privatlehrer auf das Abitur-Examen am Münsterschen Gymnasium vorbereiten zu lassen.

Flotter Bursche vor adliger Carrière

Mit dem Abitur war der Weg frei, um in der Tradition der Familie eine ordentliche Berufskarriere im höheren Staatsdienst einzuschlagen. Kettelers spätere Hinwendung zum geistlichen Amt war zu dieser Zeit noch nicht absehbar. Im Gegenteil; nachdem er sich als Studierender der Rechtswissenschaft an der Göttinger Universität immatrikuliert hatte, fand man ihn schon bald als eifriges Mitglied in der schlagenden Studentenverbindung der Westfalen, dem Corps Guestphalia, wo er sich in zahlreiche Streithändel und Paukereien verwickeln ließ. Ein von ihm leichtfertig provoziertes Säbelduell brachte ihm 1830 nicht nur eine 14-tägige Karzerhaftstrafe ein, sondern – als lebenslange Erinnerung – auch den Verlust seiner Nasenspitze. Spätere Studienaufenthalte führten ihn nach Berlin, Heidelberg und München. Und auch wenn nun das Fachstudium allmählich mehr Aufmerksamkeit finden sollte, so hinderte ihn auch dort nichts daran, weiterhin „mit den ‚Westfalen' zu kneipen"[12]. Von seinem Kirchenglauben blieb dem jungen Ketteler, der später von sich sagen sollte, er sei „ein flotter Student" gewesen[13], in jener Zeit „offenbar nur gerade so viel, wie bei dem engen Zusammenhange mit seiner frommen Familie gewissermaßen von selbst lebendig bleiben mußte"[14]. Erst nach dem plötzlichen Tod des Vaters im Sommer 1832 scheint sein Leben allmählich etwas ruhigere Bahnen eingeschlagen zu haben. Zwar war er noch immer gern und leidenschaftlich auf der Jagd; seine Mutter wusste nun aber zu berichten, dass er auch viel Zeit mit ruhiger Lektüre auf seinem Zimmer zubrachte.[15]

Aus der Erbschaft des Vaters war ihm ein jährliches Einkommen zugefallen, mit dem seine Stellung „einstweilen eine gesicherte, aber nicht glänzende"[16] war. Später kamen noch Einkünfte aus Familien-Benefizien hinzu, sodass ihm ein Leben frei von materiellen Existenzsorgen möglich wurde. Im Mai 1833 stellte sich Ketteler in Münster zum juristischen Examen und trat dann beim Land- und Standgericht Münster ein Amt als Auskultator an, der unbezahlten ersten gerichtlichen Ausbildungsstufe der staatlichen Juristenlaufbahn. Hier wartete – unterbrochen von einer einjährigen Militärzeit als Unteroffizier im 11. preußischen Husarenregiment – eine regelmäßige Beamtentätigkeit auf ihn, die ihm jedoch in keiner Weise genügte. Noch im Herbst 1840 war er auf das Verwaltungswesen des preußischen Staates nur übel zu sprechen und mokierte sich „über dieses Komödienwesen einer collegialischen Berathung, wodurch die Theorie die höchste Intelligenz in der Regierung eingefangen haben will". Man müsse schon „sehr an Geist und natürlichem Verstande abgestumpft" sein, um „diesen hohlen Schein als die Quintessenz einer guten Regierung anzusehen".[17]

Nachdem Ketteler im August 1835 das Referendariats-Examen abgelegt hatte, schien dem 25-jährigen Freiherrn nun „die ganze Welt offen zu liegen; eine große Carrière, eine glänzende Zukunft schien ihm gesichert. Gewandt im Verkehr, wie in allen körperlichen Uebungen, der beste Tänzer, dabei ein kühner Reiter und trefflicher Schütze, der selten einen Schuß verfehlte, ein Edelmann vom Scheitel bis zur Sohle, war er in allen Kreisen des Adels geliebt und gesucht. Dabei war er von einnehmender und zugleich imponirender Erscheinung. Schlank und wohlproportionirt, das jugendfrische und doch energische Gesicht vom dunkeln Vollbart umrahmt, mit kühnem, fast trotzigem Blick, fesselte er unwillkürlich das Auge, wenn er hoch zu Roß ausritt zur Jagd, oder mit seiner Schwadron Husaren hereinzog."[18]

Das „Kölner Ereignis" als Fanal

Kettelers Karrierepläne sollten aber schlagartig durcheinander geraten, als der münsterländische Adel durch das „Kölner

Ereignis", die Amtsenthebung und Verhaftung des Erzbischofs Clemens August von Droste zu Vischering, bis in die Grundfesten erschüttert wurde. Am Abend des 20. November 1837 war Clemens August von vier uniformierten Staatsbeamten, die unangemeldet in das bischöfliche Palais eindrangen und ihn dort im Schlafrock in seinem Arbeitszimmer antrafen, verhaftet und anschließend in die Festung Minden verbracht worden. Zuvor hatte er sich beharrlich geweigert, die bisher geltenden Regelungen in der so genannten Mischehenfrage weiter zur Anwendung kommen zu lassen. Clemens August war bekannt als streng ultramontan denkender Kirchenfürst, der bereits als Weihbischof von Münster durch die entschiedene Zurückweisung des aus seiner Sicht allzu staatfreundlich gehandhabten Umgangs mit dem Mischehenproblem aufgefallen war.

Das Preußische Allgemeinen Landrecht von 1794, das seit 1815 auch für die neuen preußischen Westprovinzen Rheinland und Westfalen galt, sah bei konfessionsverschiedenen Ehen vor, dass die Kinder nach dem gemeinsamen Willen der Eltern erzogen werden sollten, im Streitfalle bei den Söhnen nach der Konfession des Vaters und bei Töchtern nach der der Mutter. Weil sich in den preußischen Westgebieten nun die Eheschließungen protestantischer Beamter und Offiziere mit katholischen Frauen häuften, verlangte der preußische Staat im Jahr 1825 durch eine Deklaration Friedrich Wilhelms III., dass hinfort alle Kinder konfessionsverschiedener Ehen im Bekenntnis des Vaters zu erziehen seien. Dies löste unter vielen Katholiken erhebliche Ängste vor einer schleichenden Protestantisierung der Rheinlande aus. Dem katholischen Kirchenrecht zufolge hatten beide Elternteile vor der Trauung die katholische Taufe und Erziehung ihrer Kinder zu versprechen, sodass hier ein grundlegender Dissens bestand. In der Praxis hatte man sich allerdings auf eine abgemilderte Handhabung verständigt: Konfessionsverschiedene Ehen wurden in der Regel auch ohne ausdrückliche Erklärungen zur Kindererziehung kirchlich eingesegnet und zivilrechtlich anerkannt.

Der im Mai 1836 überraschend ins Amt des Kölner Erzbischofs gekommene Clemens August suchte nun umgehend den Konflikt mit den preußischen Behörden. Zuerst griff er die staatliche Katholisch-Theologische Fakultät in Bonn an, die noch dem Geist katholischer Aufklärungstheologie verpflichtet war und in der vor allem der Dogmatiker Georg Hermes einen großen Schülerkreis um sich versammelt hatte. Hermes, ein aus dem westfälischen Dreierwalde stammender Bauernsohn, der 1807 Professor in Münster wurde, 1920 an die Universität Bonn wechselte und schon 1831 im Alter von 56 Jahren verstarb, hatte eine in der Auseinandersetzung mit der Religionsphilosophie Kants gewonnene psychologisch-anthropozentrische Glaubenslehre entwickelt, die das Christentum mit dem Freiheitsverständnis der Moderne zu verknüpfen versuchte. Er hatte lange Zeit gleichsam eine Art Monopol auf die Theologenausbildung im Rheinland inne, bevor seine Theologie – der so genannte „Hermesianismus" – im Jahr 1835 durch ein Breve von Papst Gregor XVI. verboten wurde. In der ultramontanen Bewegung avancierten Hermes und der Hermesianismus seit dem 1820er-Jahren zu einem zentralen Feindbild, von dem man sich in ostentativer Verachtung abzuwenden hatte. Auch Wilhelm von Ketteler sollte diesen Affekt gegen den Hermesianismus schon früh aufnehmen und hinfort intensiv ausleben. So berichtet er 1839 in einem Brief an seine ältere Schwester Sophie von Merveldt von den überwältigenden Eindrücken beim Besuch eines frühmorgendlichen Gottesdienstes im Kölner Dom und ergänzt: „Die einzige Störung war die Idee, ob nicht der Priester am Altare ein Hermesianer sei. Daß diese abtrünnige Sekte jetzt großentheils die heilige Stätte entweihte, war mir ein sehr schmerzlicher Gedanke."[19]

Umgehend nach seiner Amtseinsetzung hatte Droste-Vischering die Bonner Fakultät für seine Priesteramtskandidaten gesperrt. Und als er wenig später auch in der Mischehenfrage auf Konfrontationskurs ging und sich weigerte, die geltende Praxis und Gesetzeslage zu akzeptieren, war der – von manchen ultramontanen Kreisen heiß herbeigesehnte –

Zusammenstoß zwischen katholischer Kirche und protestantischem Staat gewissermaßen vorprogrammiert. In der Tat sollte sich die Verhaftung des Kölner Erzbischofs zu einem politisch-publizistischen Großereignis in bisher nicht erlebter Form entwickeln. Innerhalb weniger Monate erschienen in dieser Sache über dreihundert Flugschriften und Broschüren; die katholischen Bischöfe nahmen in schärfsten Tönen Stellung gegen den preußischen Staat; ultramontane Schriftsteller verfassten erbitterte Polemiken; und auch Papst und Regierung traten mit eigenen Stellungnahmen auf das Forum einer politisch-publizistischen Öffentlichkeit, die sich in den 1830er-Jahren noch kaum ausgebildet hatte.

Die schon 1821 gegründete Mainzer Zeitschrift *Der Katholik. Eine religiöse Zeitschrift zur Belehrung und Warnung*, die seit Langem das Sammelbecken der von der so genannten „Mainzer Schule" um Bischof Joseph Ludwig Colmar und seinen Schülern Andreas Räß, Nikolaus von Weiß und Johannes von Geissel ausgehenden ultramontanen Bewegung in Deutschland darstellte, erlebte jetzt einen enormen Aufschwung. Im Februar 1838 wurden vom Münchener Görres-Kreis zudem die *Historisch-Politischen Blätter für das katholische Deutschland* gegründet; und beide Presseorgane ereiferten sich nun vehement über das der katholischen Kirche angetane Unrecht. Dabei formulierten sie zunehmend scharfe anti-aufklärerische Positionen, bekannten sich begeistert zu kompromissloser Papsttreue, befehdeten sämtliche Traditionen des deutschen Episkopalismus und ergingen sich in polemischen Ausfällen gegen alle Vorstellungen eines nationalen Staatskirchentums. Auch viele liberale Blätter, die dem kämpferischen Ultramontanismus mit einer Mischung aus Argwohn, Häme und echter Sorge begegneten, reagierten auf die Inhaftierung des hohen kirchlichen Würdenträgers mit Empörung und Kritik. Man protestierte auch hier mit Nachdruck gegen die ebenso unklug-ungeschickte wie spätabsolutistisch-autokratische Maßnahme der preußischen Regierung, die jeder Rechtsstaatlichkeit Hohn spreche und nicht hinzunehmen sei. Aber allen

Protesten zum Trotz wurde Clemens August auf der Festung Minden bis in den April 1839 hinein festgehalten. Und erst als Friedrich Wilhelm IV. mit seinen versöhnenden Vorstellungen zur Kirchenpolitik im Jahr 1840 den Thron bestieg, sollte der preußische Staat der katholischen Kirche im Hinblick auf die Mischehenfrage und die Besetzung theologischer Professuren wesentliche Zugeständnisse machen. Clemens August, dessen Bischofstuhl mit einem Koadjutor, dem ebenfalls streng ultramontan ausgerichteten Johannes von Geissel besetzt wurde, durfte jedoch nicht nach Köln zurückzukehren.

Adlige Empörung im Münsterland

Während die Kölner Bevölkerung im Rheinland angesichts der Verhaftung ihres bis dahin eher ungeliebten Erzbischofs ziemlich gelassen blieb, kam es vor allem in Münster, aber auch in Paderborn zu tumultartigen Kundgebungen für den „Märtyrer von Minden". Die münsterländischen Adelsfamilien sahen sich „zugleich in ihrem westfälischen Adelsgefühl und in ihrem katholischen Empfinden getroffen"[20]. Seit der Verhaftung des renitenten Clemens August hielten sie, so die Dichterin Annette von Droste-Hülshoff, eine Cousine des Erzbischofs, eine „allgemeine Kirchentrauer"[21]. Allenthalben äußerte man seine Empörung, viele formulierten scharfe Protestnoten, und nicht wenige beantragten umgehend ihre Entlassung aus dem preußischen Staatsdienst. Denn ganz selbstverständlich galt ihnen die katholische Kirche, deren Bischofsämter und Domkapitel jahrhundertelang als repräsentative Versorgungsinstitutionen für die jüngeren Adelssöhne dienten, als eine vom modernen Staat unabhängige Institution göttlichen Eigenrechts, die sich jeder Form eines administrativen Hineinregierens durch die Obrigkeit vehement zu verweigern hatte.

Auch Wilhelm von Ketteler empörte sich über das Vorgehen der Regierung und erklärte in einem Brief an seinen Bruder Wilderich, dass er „einem Staate, der Aufopferung meines schon so oft verrathenen Gewissens fordert, nicht dienen will“[22]. Allerdings erteilte er dem preußischen Staatsdienst nicht, wie es seinem stürmischen Naturell entsprochen hätte, eine sofortige Absage. Vielmehr reichte er zunächst ein Gesuch um einen sechsmonatigen Urlaub zwecks weiterer „wissenschaftlicher Ausbildung im Verwaltungsfach“ ein, dem wohlwollend stattgegeben wurde. Erst ein halbes Jahr später erbat er dann die endgültige Entlassung. Für Ketteler begann nun eine längere Zeit der inneren Unsicherheit und der schmerzlichen Suche nach seiner eigentlichen Bestimmung. Die neu gewonnene Freizeit verbrachte er teils auf der Jagd, teils mit stiller Lektüre. Ihm drängte sich nun – wie sich aus der eifrigen Korrespondenz mit seinem Bruder Wilderich ergibt – die Frage auf, ob er nicht „eigentlich auf den geistlichen Stand durch den Fingerzeig aller Umstände hingewiesen“[23] sei. Und noch in einem Brief aus München vom Februar 1840 schreibt er im Blick auf einen damals anhängigen Konflikt um eine behördliche Beanstandung einer Rosenkranz-Katechese mit Feuereifer: „Ich finde, man könnte Lust bekommen, Geistlich zu werden, nur, um in diese kirchlichen Zerwürfnisse lebendiger mit einzugreifen, gewiß weder ein kirchliches noch sonst schönes Motiv, aber man wird so ganz und gar vom Geist der Opposition ergriffen … Fehlten mir nicht alle Vorkenntnisse und leider auch Nachkenntnisse zu einer derarten würdigen Opposition, so wäre mir eben diese Versuchung sehr gefährlich. Jetzt schützt mich allerdings Dummheit und Unkenntniß hinreichend.“[24]

Eine qualvolle Zeit innerer Unruhe

Allerdings hat ihn nicht allein dieser „Geist der Opposition“ zur Wahl des geistlichen Standes geführt. Zunehmend drängen sich ihm auch Motive christlicher Spiritualität und gläubig-frommer Lebensführung auf. Er nennt sich nun einen Menschen, der zu „der Erkenntniß gekommen ist oder vielmehr das immer Erkannte wieder bekennt, daß er nur zur Prüfung und zum Leiden auf Erden ist und darin Gott selbst zum Vorbilde hat", auch wenn er sich „nicht zu allen Entbehrungen bereit" finden könne. „Um mich zum geistlichen Stand würdig umzugestalten, wären größere Wunder erforderlich als Todte aufzuwecken." So empfindet er in dieser Zeit der Entscheidung ein Gefühl der „inneren Zerstörtheit", spricht von der „Trostlosigkeit der Lage" und davon, bald „ganz irre" an sich zu werden. Denn er halte sich, wie er beklagt, doch „für einen ganz behaglichen Materialisten, der sich nur zur Zeitverkürzung hier und da Kummer und Gram voraffektirt, d. h. Komödie spielt". Am Ende beneidet er sogar seine drei Hunde, denn sie trügen gegenwärtig „einen gesunderen Sinn und Herz mit sich herum wie ihr Herr"[25].

Beim Görres-Kreis in München

In dieser Situation rang sich der mittlerweise 27-jährige Ketteler dazu durch, im Frühjahr 1839 für ein Jahr nach München zu gehen, in die Stadt, die er schon aus seiner Studienzeit kannte und die damals als Hochburg des politischen Katholizismus in Deutschland galt. Dort bildete vor allem der Kreis um Joseph Görres das politisch-publizistische Zentrum des katholischen Widerstandes gegen die preußische Kirchenpolitik. Ketteler dürfte schon während seines Jura-Studiums erste Bekanntschaften mit Mitgliedern dieses Kreises geknüpft haben, und nun hoffte er wohl „dort, wo so viele erleuchtete, für das Wohl der Kirche begeisterte Männer sich zusammenfanden, … auch für sich den nötigen Rath, oder vielmehr die fehlende Schwungkraft zu gewinnen"[26].

Im Görres-Kreis ging Ketteler schon bald ein und aus. Seine Mitglieder galten ihm, wie er in einem Brief an seine Schwester notiert, „als Muster recht lebendiger Katholiken. Treue, Redlichkeit und Glauben durchdringt ihr ganzes Leben und jedes ihrer Worte. Wie verblendet doch die Welt ist! Solchen Männern wirft man revolutionäre Grundsätze und Aufreizung vor, während jeder Blutstropfen in ihnen Gehorsam gegen die

Obrigkeit bekennt, aber natürlich, und Gott sei Dank dafür – ohne Verrath an der Religion. Diese Herren leben hier übrigens in einem so freundschaftlichen Kreise, wie ihn nur Religion und Treue bilden kann, und versammeln sich täglich zur ungezwungensten heitersten Geselligkeit, wodurch sie sich gegen die Stubenhockerei schützen."[27] Bei ihnen fühlte sich Ketteler von Anfang an zuhause, auch wenn er, wie Fritz Vigener vermutet, „den Abstand seines Wissens und selbst seines Wesens von dieser in Kirchenpolitik, Kunst und Wissenschaft gläubig-klug aufgehenden Gelehrten- und Literatengemeinde"[28] stark empfunden haben dürfte.

Auch in München erhielt Ketteler zahlreiche Einladungen zu adligen Empfängen und Jagdvergnügungen, und viele seiner Briefe erzählen von stolzen Erfolgen beim Erlegen von Hühnern, Gemsen und Hirschen: „Mit meiner Büchsflinte bin ich sehr zufrieden, sie schießt famos."[29] Auch war er oft in den Alpen unterwegs, wo ihn der fromme Sinn und der religiöse Alltag der Tiroler Landbevölkerung tief beeindruckte: „Die Kirchen sind vom Morgen früh bis spät zum Abend und namentlich während der Messe immer mit Menschen von allen Ständen und jedem Alter angefüllt. Alle haben dann ihre Rosenkränze an den Händen herunter hängen, und kein Gesicht sieht man, dem nicht die tiefste innere Andacht auf den Zügen zu lesen wäre." Allerdings sei auch hier die gute Zeit des Mittelalters, als „noch der Landesherr in der Mitte und rings um ihn herum der mächtigste Adel in seinen Burgen hauste", längst untergegangen; und bitter ergänzt er: „Glücklicherweise ist jetzt die Luft von den vielen Dampfmaschinen so getrübt, daß man in solche Zeiten nicht mehr mit aller Klarheit hineinsehen und sie sich jetzt nicht mehr recht verdeutlichen kann. Sonst könnte man über den Vergleich mit der jetzigen Zeit toll und verrückt werden."[30]

Aber auch in dieser Zeit – er war im Frühsommer 1840 aus München zurückgekehrt – fand er noch nicht heraus aus seiner „tödtenden Entschlußlosigkeit", wie er Wilderich im Juli 1840 bekümmert schrieb.[31] Allerdings hatte er längst begonnen, einen kirchlich-frommen Sinn zu entwickeln und sich für die barocke Pontifikalliturgie zu begeistern. Nachdem er im Februar 1840 die feierliche Amtseinführung des neuen Bischofs von Passau miterlebt hatte, notiert er in einer Mischung aus religiöser Faszination und kämpferischer Militanz: „Ich mußte immer an die Absurdität denken, wie man Männer, die durch so erhabene Handlungen eingeweiht werden, jetzt manchen Orts als ledigliche Staatsbeamte betrachten will, und hätte gerne einige derartige Lügenpelze oder Ignoranten gegenwärtig gehabt. [...] Ich möchte gar zu gerne wissen, wie ein eifriger Bischof mit apostolischem Geiste wohl die Grundübel der jetzigen Zeit in seiner Diöcese bekämpft und den altchristlichen Geist herzustellen sucht. Wenn nicht alle die vielen Wenns wären, die mich vom geistlichen Stand abhalten, so würde ich sehnlichst wünschen, bei ihnen die Schule durchzumachen."[32]

Ein „Erbarmen Gottes an mir"

Erst ein Jahr später, im Frühjahr 1841, stand dann sein Entschluss fest, Priester zu werden. Diese Entscheidung zum geistlichen Amt betrachtete er fortan als ein ihm zuteilgewordenes übernatürliches Gnadengeschenk, als „Erbarmen Gottes an mir", das er freudig und beglückt, ohne Schwanken und Zweifeln annahm, auch wenn er selbstkritisch anmerkte: „Wenn mir Gott nur, wie er mir alles Selbstvertrauen genommen hat, so auch alles Selbstscheinen vor der Welt nehmen wollte. Damit bin ich noch lange nicht im Reinen. Vor der Welt möchte ich mir noch überall Bemerktwerden, Schein und Ehre verschaffen, und mit der festen Ueberzeugung, vor Gott und zu seiner Ehre zu wandelen, würde ich dennoch nicht vollständiges Verschwinden und Vergessensein und noch weniger Verachtung und Schmach vor der Welt ertragen können. Diese Disposition allein ist es, die mich noch mit Angst erfüllt."[33]

Im Herbst 1841 zog es ihn zurück in die bayerische Hauptstadt; diesmal zum Studium der katholischen Theologie, denn dort hatte sich neben Johann Adam Möhler vor allem Ignaz Döllinger als Streiter für die Sache des Papsttums und der katholischen Kirche einen prominenten Namen gemacht. Zwar war Ketteler von seinen ultramontanen Ratgebern, vor allem vom Eichstätter Bischof Karl August von Reisach, nahegelegt worden, das jesuitische Collegium Germanicum im Rom zu besuchen; da die preußischen Gesetze ein solches Studium im Blick auf die spätere Anstellung in Deutschland aber unmöglich machten, fiel seine Wahl, nachdem zunächst auch das Seminar in Eichstätt als Studienort erwogen wurde, schließlich auf die Universität in München. Nach ignatianischen Exerzitien in Innsbruck[34] ging es also erneut nach München; und schon im November konnte Ketteler seiner Schwester erfreut berichten: „Meine Collegien sind interessant, meine Lehrer vortrefflich, und der Geist, mit dem jetzt diese Wissenschaften vorgetragen werden, ist der der Frömmigkeit. Eine tüchtig benutzte Kniebank ist mir bei einem Professor, namentlich der Dogmatik, von größerm Werth wie einige Folianten mehr im Kopfe."[35]

Seine Studieninteressen waren stark auf das Praktische ausgerichtet; wie Vigener notiert, „auf das, was sich für Lehre und Leben, für Erziehung und Erbauung unmittelbar verwerten ließ". Denn nachdem nun endlich „der Widerstreit zwischen Zweifel und Entschluß überwunden war, ging Ketteler, wenn schon frei von Arbeitsfanatismus, stracks den geraden Weg".[36] Er suchte „in der Theologie nicht die Wissenschaft, sondern die kirchliche Unterweisung. Die Theologie war ihm die unentbehrliche Schulung für Beichtstuhl, Kanzel und Kirchenpolitik; sie sollte der Kirche untergeordnet, zugleich unmittelbar hingewendet sein auf die kirchlichen Aufgaben in der Welt."[37] Dabei dürfte die Zeit des Theologiestudiums für ihn nicht annähernd so wichtig gewesen sein wie die Zeit im Görres-Kreis, denn es „war der längst geweckte Sinn für die Kirche als Macht, der dem Theologiekandidaten die streng gefaßte Kirchlichkeit im Leben draußen schlechthin als ‚die gute Sache' erscheinen ließ, der ihn die Fesseln fühlen machte, die eine feindliche Welt dieser guten Sache überall anlegte. Es war jene geistliche Empfindung, die sich aufbäumte im Anblick des lässig duldenden Gehenlassens im eigenen Lager, bei dem Klerus und den kirchlichen Behörden"[38]; eine Empfindung, die fortan sein ganzes Denken und Fühlen prägen und die ihn als Bischof von Mainz noch in gehörige Konflikte mit seinem eigenen Pfarrklerus bringen sollte.

Nach nur drei Semestern stellte sich Wilhelm von Ketteler im Oktober 1843 der Aufnahme-Prüfung im Münsterschen Priesterseminar. In seiner Seminarzeit führte er das bis dahin nicht übliche gemeinschaftliche laute Rosenkranzbeten ein und regte regelmäßige Volksmissionen und Priesterexerzitien an. Auch schlug er vor, nach Eichstätter Vorbild die einst vom Trienter Konzil angeregten Knabenseminare zur frühen Förderung des geistlichen Nachwuchses einzurichten. „Am meisten aber liebte er es, einen engeren Kreis von gleichgesinnten Bekannten um sich versammelt zu sehen"[39]; und hier war der zentrale Gegenstand seiner mitunter etwas monologisch geführten Unterhaltungen stets „die Lage unserer heiligen Kirche in unserem deutschen Lande, wie der Bureaukratismus die Kirche so gefesselt habe, und wie die Kirche, seitdem sie durch den glorreichen Kampf des Erzbischofs Clemens August angefangen, sich der vielen Fesseln zu entledigen, auch jetzt den Kampf fortsetzen und vollenden müsse, um ihr reiches Gnadenleben in aller und jeder Hinsicht entfalten zu können."[40]

„Ganz und gar ein Bauernpastor"

Nach seiner Priesterweihe im Juni 1844 wurde Ketteler, der sich eine ländliche Kaplansstelle gewünscht hatte, als dritter Kaplan in die St.-Stephanus-Pfarrei nach Beckum geschickt. Er traf dort auf eine etwa 4000 Einwohner zählende, südöstlich von Münster gelegene Kleinstadt, zu der auch mehrere Bauernschaften gehörten. Noch bot hier der Ackerbau den meisten Menschen eine halbwegs sichere Existenzgrundlage. Die Vorläufer der beginnenden Industrialisierung machten erst allmählich, etwa im Aufbau von Kalkwerken und in den Planungen zur Köln-Mindener Eisenbahn, auf sich aufmerksam. In den Gottesdiensten trat Ketteler zumeist als flammender Bußprediger auf, der „die erschütternden Themata mit Vorzug behandelte“[41] und bei seinen Ansprachen regelmäßig „ins Schreien verfiel“[42]: „Im Predigen galt für uns Kapläne als Norm einer guten und wirkungsvollen Predigt, daß man den ganzen Montag noch heißer sein mußte, wer es nicht dahin gebracht, hatte es an Eifer fehlen lassen.“[43]

Ketteler predigte über den „Missionsverein“ und die Pflicht der Gläubigen, diesen zu unterstützen; er führte in der Gemeinde die „Herz-Mariä-Bruderschaft zur Bekehrung der Sünder“ ein, welche er in seiner Münchener Zeit kennengelernt hatte; er veranstaltete Wallfahrten und Prozessionen und führte in vielen Familien die Praxis des gemeinsamen Rosenkranzgebetes ein. Er verbrachte viel Zeit im Beichtstuhl und beim Besuch der Schulkinder, der Kranken und der Armen, denen er seine besondere Aufmerksamkeit schenkte. So weiß der Volksmund zu berichten, dass er nicht nur viele Almosen spendete, sondern auch dafür sorgte, dass die Kinder wohlhabender Bauern Butterbrote für ihre armen Klassenkameraden mit zur Schule brachten, dass er bei Besuchen auf den Höfen oft lieber mit den Dienstboten als mit dem Bauern zu Tische saß und dass er nicht selten selbst mit anpackte, wenn ältere oder kranke Dienstleute Getreide aufzuladen oder einen im Morast steckenden Karren anzuschieben hatten.

Bei alldem entwickelte Ketteler schon früh einen innigen, tief mitfühlenden Blick für die Not und das Elend seiner Mitmenschen. Alle Widerfahrnisse des Lebens galten ihm als sittliche Prüfungen und gottgewollte Sündenstrafen, die aber, wenn man sie in rechter Demut und im Wissen um die Kraft der göttlichen Gnade gehorsam zu tragen verstehe, die himmlische Seligkeit nur umso gewisser erwarten lassen. So erklärte er den Gläubigen, nachdem aus der Wallfahrtskirche im nahe gelegenen Stromberg das wertvolle „Gnadenkreuz“ gestohlen worden war, dass dies nur zu ihrem Heil geschehen sei. Denn obwohl

Gott solche Verbrechen durch das Eingreifen seiner Allmacht leicht hätte verhindern können, habe er diesen und andere Kirchenraube als „Strafen für die überhandnehmenden Sünden" zugelassen; und auch zuvor „hat Gott schon Drohungen ausgeschickt. Vor einigen Jahren eine ansteckende Krankheit (Pest); jetzt Schaden an Kartoffel und Korn (Hungersnoth); die größte endlich ist, wenn Gott uns den Glauben entzieht. Möchten wir alle diese Drohungen verstehen, und unter dem Schutze des Herzens Mariä Buße thun, so lange es Zeit ist. Amen."[44]

Zu Kettelers größten Beckumer Erfolgen gehörte der Kampf um die Gründung eines eigenen Krankenhauses, das im November 1848 als „Hospital der heiligen Elisabeth" eröffnet werden konnte. Da es bisher nur ein hoffnungslos überfordertes Armenhaus gab, bemühte Ketteler sich um eine von der Stadt- und Landgemeinde gemeinsam zu finanzierende Einrichtung, die er letztlich nur durch den Einsatz eigener Finanzmittel zu realisieren vermochte. Das neue Spital wollte er ausdrücklich unter die alleinige Leitung des katholischen Pfarrers gestellt wissen, während der Generalvikar von Münster zu einer Regelung bereit war, die dem Staat die Oberaufsicht über das neue zweistöckige Krankenhaus eröffnet hätte. Unter ausdrücklicher Berufung auf den amtsenthobenen Kölner Erzbischof Clemens August betonte Ketteler dagegen, dass er in diesen Fragen nichts so sehr fürchte wie „die Tutel des Staates, die dieser in seiner unbequemen Fürsorglichkeit so gerne überall hin und besonders auf milde Anstalten auszudehnen sucht. Schon jetzt sprechen die Gesetze bei dieser Aufsicht für den Staat, und wenn erst Heiden und Juden Minister sein werden, wohin ja der Zeitgeist mit Gewalt drängt, so können leicht neue Gesetze dem so gelenkten Staate noch größere Vorrechte einräumen."[45] Schon hier also zeigten sich die ersten Vorboten von Kettelers jahrzehntelangem Kampf um die „Freiheit der Kirche vom Staat", der später nicht nur sein Abgeordnetenmandat in der Frankfurter Paulskirche, sondern auch seine Amtsführung als Bischof von Mainz so nachhaltig prägen sollte.

Zum Allerheiligenfest des Jahres 1846 sollte Ketteler dann die Pfarrei in Hopsten übernehmen, zunächst als Pfarrverwalter, dann als Pfarrer. Hopsten war eine 2000-Seelen-Gemeinde im nördlichen Münsterland, in der zur Hälfte „sehr arme und in drückender Abhängigkeit lebende Heuerleute“[46] lebten. In einem seiner ersten Briefe aus der neuen Gemeinde schrieb er voller Elan: „Mit der Stellung, die mir Gott jetzt überwiesen, habe ich das Höchste erreicht, was ich mir für die Stellung eines Menschen auf Erden von jeher erdenken konnte. Schon ehe ich irgend einen geistlichen Standpunkt begreifen konnte, erschien mir die Stellung eines Pfarrers so erhaben, und seitdem ich den Einfluß eines Geistlichen auf schlichte einfache Naturen schon vielfach kennen gelernt habe, vermag ich natürlich auch die Bedeutung meines jetzigen Amtes noch so viel besser zu erkennen. So fehlt es mir nicht an Hochschätzung der Stelle, die mir Gott angewiesen, aber mit Angst und Furcht sehe ich auf mich bei dem Gedanken, wie ich sie ausfüllen werde. Laufen und Rennen und Arbeiten und viel und stark sprechen vermag ich wohl, aber, aber wenn sich mir nur die Gnade nicht entzieht, die mit dem Einfältigen und Demüthigen … so allgewaltig wirkt, von allem Selbstsüchtigen, selbst in dem edelsten Gewande der totalen Hingabe an den Nebenmenschen, sich aber zurückzieht. Jeder andere Feind, außer meinem eigenen Ich, macht mir keine Furcht, und in dem eigenen Ich fürchte ich nur das Selbstsüchtige, und das ist leider von Beckum heil und ganz und wohlbewahrt mit hierher transportirt worden.“[47]

Dem ultramontanen Kircheneifer, der das Selbstverständnis Kettelers und seiner priesterlichen Freunde zutiefst erfasst hatte, konnten die Zustände in der Hopstener Pfarrei mit ihren sechs zugehörigen Bauernschaften nur als „äußerst verwahrlost“ erscheinen. Kettelers Amtsvorgänger, der im Alter von 98 Jahren gestorben war, sei zwar, so notierte Ferdinand Stumpf, Kettelers Freund und späterer Nachfolger in Hopsten, „ein würdiger Priester gewesen, aber doch ein Mann seiner Zeit. Alle Marienbilder waren aus der Kirche entfernt und alles specifisch Katholische verbannt. Der Empfang der hl. Sakramente war ein sehr lauer, und es herrschte allgemeine Gleichgiltigkeit, dabei aber auch eine große Unsittlichkeit aller Stände"[48], worüber die hohe Zahl unehelicher Geburten deutlich Auskunft gebe. Hopsten bot also eine echte pastorale Herausforderung für den seeleneifrigen Pfarrer von Ketteler, und schon in seiner ersten Sonntagspredigt widmete er sich mit Feuereifer der Frage wahrer Heiligkeit und vollkommener Pflichterfüllung gegenüber den Geboten Gottes. Am Sonntag darauf predigte er über die drohenden Gefahren der Hölle, dann über die Marienverehrung und die äußeren Andachtsübungen, die man der Gottesmutter umso mehr erweisen müsse, wie diese Pflicht heute vielfach missachtet werde. Schon am vierten Sonntag aber hatte sich sein Thema grundlegend verändert. Nun sprach er über die Hungersnot und das Nervenfieber, denn längst hatte sich die erschreckende Armut, der er in und um Hopsten allenthalben begegnete, in den Vordergrund seines Fühlens und Handelns gedrängt.[49]

Straßenbettelei war in seiner Gemeinde an der Tagesordnung, weil es in der Folge einer verheerenden Missernte zu einer schweren Hungersnot gekommen war. Ketteler ging beständig von Haus zu Haus, um zu erfahren, wo die Not am größten war, und um zu sehen, wer Abhilfe schaffen und etwas geben konnte. Er kümmerte sich aufopfernd um den Erhalt und die Verteilung von Almosen. Er errichtete unter den Wohlhabenden einen Spendenverein und nahm seine Verwandten in Anspruch, um ganze Fuder Roggen von auswärts nach Hopsten bringen zu lassen. Und als seine Schwester einmal bei ihm zu Besuch war, musste sie bei Hausbesuchen in der Gemeinde überall etwas geben, bis ihre Barschaft vollständig erschöpft war. Hinzu kam der Typhus, der vor allem in den armen Familien viele dahinraffte. Ketteler ging, wie Ferdinand Stumpf berichtet, ohne jede Furcht in die Häuser der betroffenen Familien, „pflegte die Fieberkranken, machte ihnen die Betten, besorgte die Leichen und war allen alles. Diese Krankenpflege hat er auch später beibehalten, besonders bei solchen, die an ekelhaften eiternden Wunden litten, welche er mit großer Selbstüberwindung reinigte und verband."[50] Man wird es dem Hopstener Pfarrer also abnehmen können, wenn er im Jahr 1848 mit Nachdruck darauf bestand, dass er das deutsche Volk und seine Interessen sehr wohl kenne: „Ich kenne es zwar nicht aus den Volksversammlungen, ich kenne es aber aus seinem Leben. Ich lebe mit und unter dem Volke, ich kenne es in seinen Leiden, in seinen Schmerzen. Es fließen nicht viele Thränen in dem Volke, dessen Leitung mir anvertraut ist, die es mir nicht klagt, die ich nicht mit ihm theilte und zu lindern suchte. Ich habe mein ganzes Leben dem Dienste des armen Volkes gewidmet, und je mehr ich es kennen gelernt, desto mehr habe ich es lieben gelernt, ich weiß, wie große edele Anlagen unser deutsches Volk von Gott erhalten hat."[51]

So sehr sich Ketteler abmühte, den Leidenden in ihrer Not beizustehen, so nachdrücklich erklärte er ihnen in seinen Predigten, dass der gläubige Mensch „den allmächtigen, ewigen Gott als die letzte wahre Ursache von Theuerung und Krankheit, Pest, Hunger und Elend" anerkennen und verehren müsse. Denn während andere sich darüber streiten, welches die eigentliche Ursache der Kartoffelkrankheit sei, „so denkt der Christ: Es war so Gottes Wille". Und auf die Frage, warum Gott uns solche Leiden schicke, wisse der Christ zu antworten: „Wegen unserer Sünden. Hungersnoth und Krankheit sind den Christen Zuchtruthen Gottes. Wehe dem Volke! Geliebte, Wehe der Gemeinde, die dies nicht mehr erkennt! Der Christ tut also Buße in solchen Zeiten"; und er „erfüllt mit umso größerer Liebe seine Pflichten, die Werke der christlichen Liebe und überlässt die Folgen der Lenkung des allmächtigen Gottes".[52]

Der neue Pfarrer von Ketteler, der bei seinem Amtsantritt in Hopsten von vielen mit Furcht oder gar Feindseligkeit empfangen wurde, erwarb sich durch seinen unermüdlichen Einsatz gegen die Not der Zeit innerhalb weniger Monate viele Sympathien und ein hohes Ansehen in seiner Gemeinde und weit darüber hinaus. Und auch Ketteler selbst sollte bei seiner Einführung als Bischof von Mainz im Jahr 1850 von der verlorenen „heilsamen Lust“ sprechen, die ihm sein Leben als westfälischer Bauernpastor bereitet hatte: „Möge Gott es gefallen haben, mich in der Stelle eines Seelsorgers meiner abgelegten Pfarre auf dem Lande zu belassen! An der Pflege dieser einfachen Seelen, bei denen es mir eine heilsame Lust war, den Werth des Blutes Jesu unter der demüthigen äußern Erscheinung zu erkennen, hing ich mit der ganzen Glut meines Herzens, und wenn ich ihren Werth in den Augen Gottes nach Christi Lehre betrachtete, und ihn verglich mit allem, was die Welt besitzt, so hielt ich mich dort unter armen Landleuten, von denen viele Gott wahrhaft suchten und liebten, für reicher als den König Salomon in all seiner Pracht und Herrlichkeit. Keine Macht der Erde hätte mich von ihnen trennen können.“[53]

II. Die größte Aufgabe der Zeit
Aufbrüche zur sozialen Frage im Freiheitsjahr 1848

Man wird es dem eifrigen Pfarrer von Hopsten abnehmen dürfen, dass er sich für sein priesterliches Leben nichts sehnlicher wünschte als „ganz und gar ein Bauernpastor“ zu sein.[1] Allerdings sollten ihn die politischen Aufbrüche des Jahres 1848 mit neuartigen Herausforderungen konfrontieren; mit Aufgaben, die ihn – gegen seine eigenen Absichten – zu einem der wichtigsten Repräsentanten des politischen und sozialen Katholizismus im Deutschland des 19. Jahrhunderts werden ließen und ihm gleichermaßen politische Zuwendung und Abneigung, öffentliche Verehrung und Verachtung einbringen sollten.

Die Februar-Revolution von 1848 in Paris hatte die französische Monarchie hinweggefegt. In Berlin und Wien kam es zu blutigen Barrikadenkämpfen, und in ganz Deutschland sollte eine nie zuvor erlebte Fundamentalpolitisierung einsetzen, die auch die breiten Volksmassen erfasste. Überall fanden nun Demonstrationszüge und Volksversammlungen statt. Allenthalben erlebte man ein ängstliches Zurückweichen der alten Mächte vor dem Aufbegehren des Volkes und dem gewaltigen Ruf nach Recht und Freiheit. Die Breslauer Zeitung notierte im März verwundert: „Noch vor acht Tagen verhielt sich der größte Teil unserer Bevölkerung in Betreff politischer und sozialer Fragen ganz indifferent; jetzt interessiert sich alles für die Tagesfragen, und es ist etwas ganz Gewöhnliches, Männer aus der untersten Klasse des Volkes, ja selbst Frauen über politische und soziale Fragen so klare und gesunde Ansichten entwickeln zu hören, als wenn sie darüber jahrelange Studien gemacht hätten.“[2]

Mit Feuereifer wurden die so genannten „Märzforderungen“ erhoben, die das liberale Bürgertum ebenso wie die breiten Massen des Volkes erfassten: Vereins- und Versammlungsfreiheit, Meinungs- und Pressefreiheit, Einberufung einer parlamentarischen Volksvertretung, aber auch Volksbewaffnung mit freier Offizierswahl, Schwurgerichte nach englischem Vorbild und Amnestie für politische Gefangene. Immer wieder wurden auch Forderungen nach sozialen Grundrechten laut, wie etwa einer vom Staat zu gewährleistenden „Garantie der Arbeit", einer „unentgeltlichen Erziehung der Jugend" und einer staatlichen „Versorgung aller Hilflosen". Lokale Arbeitervereine und überregionale Arbeiterkongresse verlangten in ihren Petitionen an die Nationalversammlung die „Garantie einer allgemeinen socialen Gesetzgebung für ganz Deutschland". Und der vom Berliner Handwerkerverein zusammengerufene „Kongreß der Arbeitervereine" ermunterte die Abgeordneten der Paulskirche im Juni 1848, sie mögen die Frage nach den „Grundbedingungen allen socialen Lebens an die Spitze ihrer Berathungen stellen und zum Mittelpunkte des deutschen Verfassungswerks" machen.[3]

Die schwarz-rot-goldenen Farben, die noch Anfang 1848 verboten waren, leuchteten nun überall. Mit ihnen verbanden sich zahlreiche Hoffnungen auf einen wirklichen Aufbruch zur Freiheit in allen deutschen Landen. Nach den militärischen Ausschreitungen bei den Berliner Straßenschlachten vom 18. und 19. März, die über 300 Tote forderten – vor allem Handwerksgesellen und Kleinhändler, Dienst- und Arbeitsleute, aber auch Frauen, Kinder und Greise – sah sich der preußische König Friedrich Wilhelm IV. genötigt, diesen so genannten „Märzgefallenen", die auf dem Gendarmenmarkt aufgebahrt waren, beim großen Trauerzug der Berliner Bevölkerung seine Aufwartung zu machen und ihnen ehrende Anteilnahme auszusprechen. Und damit war – so schien es zumindest – der Durchbruch zu einem neuen politischen Zeitalter erreicht, das sich nun nicht länger würde aufhalten lassen.

1. Deutsche Freiheit
Als Abgeordneter in der Paulskirche

Auch in der beschaulichen Heimat Pfarrer von Kettelers gab es im März 1848 in weiten Kreisen des fortschrittlichen Bürgertums eine freudige politische Aufbruchsstimmung, aber auch Aufruhr und öffentliche Erregung im Volk. So berichtet der Landrat des Kreises Tecklenburg, zu dem Hopsten gehörte, an seine vorgesetzte königliche Behörde in Münster, dass sich sein Landkreis zwar nach wie vor „durch unerschütterliche Treue gegen des geliebten Königs Majestaet" auszeichne. Dennoch würden „kleine Häufchen Irregeleiteter" für beträchtliche Unruhe sorgen, sodass „die wohlhabenderen Bürger" begonnen hätten, „Wachen aus ihrer Mitte zum Schutze ihrer Person und ihres Eigenthums" zu bilden. Aus den Reihen des Volkes fordere man ein Ende der Polizeistunde, freie Tanz- und Musikerlaubnis sowie niedrigere Steuern; auch gebe es immer wieder „böse Gerüchte", man wolle „dem Amtmann ans Leben".[4]

Nachdem im April Wahlen zur deutschen Nationalversammlung angekündigt worden waren, sollte Ketteler, der vom Landdechant des Kreises als Kandidat vorgeschlagen worden war, in die Frankfurter Nationalversammlung gewählt werden. Ketteler dachte – gegen viele preußenfreundliche Stimmungen in seinem Wahlkreis – seit Langem großdeutsch und wollte sich nachdrücklich für die nationale Einheit einsetzen. Vor allem aber ging es ihm um die Verteidigung der bedrohten Freiheitsrechte der katholischen Kirche, um die Festschreibung ihrer Unabhängigkeit vom preußischen Staat. Dieses kirchenpolitische Kerninteresse, das ihn wie die ultramontanen Katholiken insgesamt seit den „Kölner Wirren" heftig umtrieb, wollte er in der neuen deutschen Verfassung, die die Nationalversammlung beraten und beschließen sollte, fest verankert sehen.

Mitte Mai war er bei der feierlichen Eröffnung der Nationalversammlung zugegen, als 330 Abgeordnete aus ganz Deutschland in einer festlich geschmückten Prozession vom Römer in die Paulskirche einzogen. Hier sollten nun die schon lange schwelenden Gegensätze zwischen den „demokratischen" und den „konstitutionellen" Reformkräften des Vormärz eine parlamentarische Bühne finden und den Streit um die politische und soziale Zukunft Deutschlands entscheidend prägen. Die demokratische Bewegung, die vor allem von der freiberuflichen Intelligenz, von Publizisten und Advokaten, aber auch von vielen Volksschullehrern getragen wurde, zählte zahlreiche kleine Handwerker und Handwerksgesellen zu ihren Mitgliedern. Von Baden ausgehend, entstanden in vielen Regionen Deutschlands unterschiedlich benannte demokratische Vereine, Klubs und Komitees,[5] die eine demokratische Republik auf der Grundlage eines allgemeinen und gleichen Wahlrechts forderten, in unterschiedlicher Form für die Ablösung der Feudallasten der Bauern, für das Recht auf Arbeit, für Koalitions- und Streikrecht eintraten und u. a. staatliche Arbeitsministerien und eine progressive Einkommensbesteuerung verlangten.

Dagegen befürchteten die Konstitutionellen – der Begriff des Liberalismus war zu jener Zeit noch ungebräuchlich – nichts mehr als die revolutionäre Idee einer „socialen Republik". Ihnen und ihren Vereinen ging es um eine durch Parlament und Verfassung gemäßigte Monarchie, um den Schutz des Eigentums, um Zensuswahlrecht und den Ausschluss der „Unselbständigen" aus der politischen Meinungs- und Willensbildung. Die konstitutionellen Reformkräfte wurden vor allem von den mittleren und gehobenen Klassen getragen, von höheren Staatsbeamten, Professoren, Fabrikanten und standesbewussten Handwerksmeistern. Zu ihrem Selbstverständnis gehörte es, wie Gustav Adolf Fricke, ein führendes Mitglied des Deutschen Vereins Leipzig notierte, durch entsprechende Bildungsmaßnahmen „aufgeklärte, gesetzesliebende, gemäßigte und Ruhe bewahrende Staatsbürger" hervorzubringen. Die „niederen Klassen" würden in diesen Vereinen „begreifen lernen, daß sie nur bei Achtung vor dem Gesetze … wahrhaft zu dem allerdings berechtigten Ziele gelangen können, eine geachtete, ebenbürtige Stellung unter den übrigen Staatsbürgern einzunehmen". Nicht zuletzt würden sie in diesem Rahmen, davon war Fricke überzeugt, auch „immer mehr erkennen, daß Kommunismus Unsinn ist".[6]

Ketteler, der in den ersten Wochen der Arbeit der Nationalversammlung häufig mit schwarz-rot-goldener Kokarde am Priesterhut gesehen wurde [7], suchte seinen Platz zunächst bei den radikalen Freiheitsfreunden auf der äußersten Linken. Dort hatte er aber schnell gemerkt, dass die demokratischen Kräfte mit ihrer kirchenkritischen Einstellung und ihren Forderungen nach demokratischer Pfarrerwahl, nach staatlich kontrolliertem Schulwesen und Abschaffung bestehender Bekenntnisschulen seinen Vorstellungen von der Freiheit der Kirche nun gar nicht entsprachen. Er schloss sich dann dem im Juni auf Betreiben von Fürstbischof Diepenbrock gegründeten Katholischen Club an, in dem er viele bekannte Professoren aus seiner Münchener Zeit wiedertreffen sollte. Ketteler stand in den Beratungen dieses informellen Zusammenschlusses nie in der ersten Reihe, hat sich zu den Verhandlungen im Club und im Plenum der Paulskirche aber stets eifrige Notizen gemacht. In den Debatten der Nationalversammlung selbst ist er nur ein einziges Mal zu Wort gekommen, obwohl er sich mehrfach auf die Rednerliste hatte setzen lassen. [8]

In seinem Nachlass finden sich mehrere Aufzeichnungen, in denen er eigene Positionen zu den in der Paulskirche diskutierten Fragen nach den „Grundrechten des deutschen Volkes“ skizziert oder auch als ganze Manuskripte ausformuliert hatte.[9] So hatte er im Mai und Juni mehrere Redetexte verfasst, mit denen er in die Debatten über Freiheit und Gleichheit, über Volkssouveränität und Demokratie eingreifen wollte. Ketteler entfaltet hier seine von der germanischen Rechtstradition und der politischen Romantik inspirierte Vorstellung von „deutscher Freiheit“, die nicht zentralstaatlich, sondern gemeindlich-föderal angelegt ist. Das deutsche Volk wolle nicht nur ein „souveränes“, sondern vor allem ein „freies Volk“ sein: „Es fordert Freiheit für die Familie, Freiheit für die Gemeinde, Freiheit für den Sonderstaat, und in jedem dieser Kreise will es sich selbst konstituiren … Nur wenn die

Gemeinde die Rechte der Familie, wenn der Sonderstaat die Rechte der Gemeinde, wenn die Nationalversammlung die Rechte der Sonderstaaten anerkennt, wird das deutsche Volk zu der Freiheit gelangen, die es fordert." Zu dieser Freiheit gehöre es aber, „daß wir jedem deutschen Manne es gestatten, in seiner Familie, dass wir jeder Gemeinde gestatten, in ihren Gränzen, daß wir jedem deutschen Volke gestatten, in seinem Lande nach eigener Bestimmung und eigenem Willen sich frei zu bewegen" (70f.).[10]

Das deutsche Volk wolle, so Ketteler, keine Ketten tragen, weder solche, die ihm im Namen eines absoluten Monarchen, noch solche, die ihm „im Namen eines absoluten Individuums" oder „im Namen eines absoluten Volkes angelegt" (72) werden. Auch die Idee der Volkssouveränität, die jetzt so oft im Munde geführt werde, sei und bleibe dauerhaft gebunden durch Tradition und Herkommen, „durch die ewigen Gesetze der Sittlichkeit, des Rechtes und der Liebe, wie es jeder Monarch sein sollte. Absolutismus ist hier wie dort verwerflich" (78). Grundsätzlich könne nämlich „mit jeder Staatsform die schmählichste Knechtschaft geübt werden". Denn „nicht dadurch ist schon ein Volk frei oder unfrei, daß die Form der Republik oder der Monarchie irgend wo besteht"; vielmehr gelte: „Jemehr dem Volke zu seiner unmittelbaren Selbstbestimmung überlassen ist, desto politisch freier ist es." Und in diese noch agrarisch-feudal, an Dorf und Gemeinde orientierte und vom Gewohnheitsrecht geprägte Selbstbestimmung seien auch Land und Leute eingebunden: „An dieser Freiheit nimmt auch das niedere Volk Antheil. An Staatsgeschäften kann es seiner Bildung wegen keinen Antheil nehmen. Geht daher vom Staate die Bestimmung und Regelung seines ganzen Lebens aus, so kann das Volk sich wieder selbst nicht bestimmen, und ob die hohen Herren dann in seinem Namen es knechten oder im Namen eines Despoten, ist ihm gleich. [...] Nun will das Volk in seiner Familie und Gemeinde sich selbst also bestimmen. Das ist germanisch, das ist deutsch, das macht ein edles Volk, dann hat erst das Volk Antheil an den Errungenschaften der Vorzeit" (78).

Diese „altdeutsche" Vorstellung guter politischer Herrschaft steht dem mit der Französischen Revolution zum Durchbruch gekommenen Prinzip bürgerlich-egalitärer Freiheit frontal entgegen. Das moderne Freiheitsverständnis, das die Einzelnen als isolierte Individuen betrachtet und mit gleichen, unantastbaren Rechten ausgestattet sieht und auf dieser Grundlage einen Dualismus von staatlicher Obrigkeit und ihr gegenüberstehender nivellierter Bürgergesellschaft entwirft, war dem Ketteler des Jahres 1848 fremd und inakzeptabel; und es sollte ihm zeitlebens fremd und inakzeptabel bleiben. Gegen einen derart künstlich-abstrakten Antagonismus sei die Verteidigung eines organisch-subsidiären, an den alten germanischen Freiheitstraditionen orientierten Verständnisses von Recht und Verfassung, von Herrschaft und Gesellschaft notwendig, wenn man für die Zukunft Deutschlands geordnete Verhältnisse sichern wolle. Das später so berühmte katholische Subsidiaritätsprinzip hat also in Kettelers Vorstellungen von „deutscher Freiheit" einen wichtigen Ursprung. Im Blick auf das Elternrecht in der Schulfrage spricht Ketteler in einem seiner Redeentwürfe denn auch explizit von der subsidiären Funktion des Staates: „Kein Recht ist heiliger und unverletzlicher als das Recht der Eltern auf die Erziehung und Ausbildung [ihrer Kinder]. Es ist ein unveräußerliches Recht. Der Staat hat nur ein subsidiäres Recht" (122).

In Kettelers Texten aus dem Jahr 1848 finden sich bereits alle Grundzüge seiner – am Gegensatz von Germanismus und Romanismus, von deutscher und französischer Freiheit festgemachten – Vorstellungen von guter und freiheitsfördernder Politik, die für ihn von der Frage nach der politischen Staatsform, der Monarchie oder der Republik, völlig unabhängig sind und die später auch sein Buch *Freiheit, Autorität und Kirche*[11] entscheidend prägen sollten. Mit dieser großen Schrift vom Februar 1862 sollte Ketteler eine detaillierte Programmschrift für einen selbstbewusst in die Öffentlichkeit tretenden politischen Ultramontanismus vorlegen, der die konstitutionellen Bemühungen der 1848er-Aufbrüche weder sozialromantisch-patriarchal verwirft noch einer den politisch-sozialen Zeitfragen enthobenen ästhetisch-innerlichen Auslegung des katholischen Glaubens das Wort redet. Er wirft hier – wie schon 1848 – dem Absolutismus nicht nur „in seinen alten Reminiscenzen", sondern vor allem „in seiner neuesten Form, dem ungläubigen, modernen Liberalismus" (364), den Fehdehandschuh hin und erhielt dafür zahlreiche, teils sehr scharfe Reaktionen von protestantischer, deutschkatholischer und freimaurerischer Seite.[12] Ketteler will mit dieser Schrift den Blick der Katholiken auf die großen Themen der Zeit, auf die Fragen nach Freiheit und Wahrheit, nach Glaube und Wissenschaft, nach Zentralisation und Selbstverwaltung etc. richten und sie zu einem nachdrücklichen Kampf gegen die zahlreichen Gegner christlich-germanischer Tradition und Kirchlichkeit aufrufen. Vor allem aber will er zur „Hebung der katholischen Presse" beitragen, denn diese habe „einmüthig mit der ganzen geistigen Macht, die ohne Zweifel im katholischen Deutschland vorhanden ist, in das öffentliche Leben einzutreten" – und um hier Erfolge zu erzielen, „müssen wir vor Allem wissen, was wir wollen" (226). Dann aber komme alles darauf an, kräftige Stimmen zu finden, „um Alles, was in Deutschland noch ein deutsches und ein christliches Herz hat, zum Kampfe für diese Güter und gegen diese Gegner aufzurufen" (364).

Auch wenn Ketteler also zeitlebens von seiner Sympathie für die eingelebten Traditionen einer germanisch-christlichen Monarchie nicht lassen konnte und wollte, so verstand er sich keineswegs als glühender Monarchist oder kämpferischer Feind der Republik. Vielmehr dürfte ihm wie so vielen seiner Zeitgenossen die politische Herrschaftsform einer in ihren Vollmachten eingeschränkten, die überkommenen lokalen Selbstbestimmungsrechte der mittelalterlichen Agrarverfassung ebenso wie die überlieferten ständisch-korporativen Sozialformen des wirtschaftlichen Lebens respektierenden und von daher weniger bürokratisch-zentralistisch als vielmehr ständisch-subsidiär angelegten konstitutionellen Monarchie am ehesten entsprochen haben. Jedenfalls äußert sich Ketteler noch in seiner Schrift *Deutschland nach dem Kriege von 1866*[13] dahingehend, dass wir dann, wenn wir „die Geschichte befragen und in ihren Ergebnissen eine innere Berechtigung und Nothwendigkeit erkennen", annehmen müssen, „daß die gemäßigte Monarchie die relativ beste Verfassungsform sei".[14]

Adel verpflichtet

So sehr sich Kettelers Freiheitsvorstellungen an den feudalen Ordnungsbildern eines natürlich gewachsenen, organisch gegliederten Sozialkörpers orientierten, so sehr war er in der politischen Aufbruchsstimmung des Jahres 1848 auch bereit, der Titelsucht des Adels eine deutliche Absage zu erteilen. Denn als es in der Nationalversammlung um die Frage der Abschaffung des Adelsstandes und seiner Privilegien ging, wollte er in die Debatte eingreifen und sich für die Aufhebung der Titel aussprechen. In dem Maße nämlich, so notierte er, wie der Adel „seinen inneren Werth" verloren und sich auf eine „äußere Titel- und Ehrensucht" geworfen habe, sei er zu einer „Karikatur seines ersten Gedankens geworden". Der Adel könne aber nur dann lebensfähig sein, wenn er sich seines „ursprünglichen Berufes" entsinne und sich „dem Bauernstande wieder zu nähern" beginne. Und wenn der deutsche Adel diese ursprünglichen Wurzeln verloren haben sollte, „dann ist es gut, wenn er stirbt, hat er sie, so wird er seine Stellung zur Wiedergeburt Deutschlands sich zu gewinnen wissen. In beiden Fällen stimme ich für die Aufhebung seiner Titel" (80).

Obwohl Otto Pfülf notiert, dass sich dieses Redemanuskript wohl nur „aus der idealen Begeisterung der ersten Parlamentsanfänge und der politischen Unsicherheit jener Tage"[15] erklären lasse, ist es doch ein klares Dokument des ungebrochenen Adelsstolzes des damals 37-jährigen Freiherrn von Ketteler. Er zeigt sich nämlich von den Freiheitsaufbrüchen der 1848er-Revolution in keiner Weise irritiert. Vielmehr ist er davon überzeugt, dass zumindest der alteingesessene christliche Landadel an innerem Wert und geschichtlicher Wahrheit nichts verloren habe und aus den gegenwärtigen Freiheitsstürmen gestärkt hervorgehen werde. Dass die Nationalversammlung schließlich nicht nur die Titel, sondern auch die Patrimonialgerichtsbarkeit und die grundherrliche Polizei, die persönlichen Dienste und Abgaben sowie sämtliche Lehens- und Hörigkeitsverbände für aufgehoben erklärte, dürfte jedoch nicht im Sinne Kettelers gewesen sein. Zu dieser grundlegenden Entfeudalisierung der deutschen Agrarverhältnisse scheint er sich im Jahr 1848 aber nicht öffentlich geäußert zu haben.[16] Allerdings sah er zeit seines Lebens in den noch ursprungs- und gesinnungstreuen Kreisen des alten christlichen Adels eine wertvolle Kraft „für die Erhaltung des alten, frommen, einfachen Familiengeistes und eine Schutzwehr gegen den frivolen Zeitgeist“[17], an den er sich immer wieder mit der Bitte um Hilfe und Unterstützung für seine zahlreichen Wohltätigkeitsprojekte wenden sollte, wenn auch oft nur mit spärlichem Erfolg.

In diesem Zusammenhang regte Ketteler auch die Übersetzung einer hochmittelalterlichen Schrift über die Pflichten des Adels an, die im Herbst 1868 erschien und zu der er ein ausführliches Vorwort beisteuerte.[18] Darin macht er deutlich, dass der wahre christliche Adel seine Privilegien durchaus verlieren könne, „ohne für sich und für die Welt seine Aufgabe einzubüßen“. Im Unterschied zu jenen Adelskreisen, die „im Luxus mit den großen Geldmännern und im frivolen Wesen mit den zuchtlosen Sitten mancher Gesellschaftsklassen zu wetteifern“ versuchen, erwachse der wahre Adel aus einer „unabhängigen Standesgesinnung, welche sich in den Geschlechtern, die ihm angehören, von einem Geschlecht zum andern forterbt“. Und deshalb bestehe „seine von Gott ihm gegebene Aufgabe“ darin, die alten Traditionen – den „verderblichen Zeitströmungen“ zum Trotz – unerschütterlich zu bewahren und zu verteidigen (313). Ketteler setzt seine Hoffnungen zur Renaissance des Christentums deshalb auf „adlige Jünglinge und adlige Jungfrauen, in denen die adlige Geburt durch wahren christlichen Geistesadel gehoben ist und die, wenn sie heranwachsen, im Stande sind, an dem geistigen Riesenkampf, der die Welt bewegt, ritterlich Antheil zu nehmen" (317).

Soziale Frage kein Thema

So sehr die Nationalversammlung einen klaren Bruch mit der Sozialverfassung des Mittelalters vollzogen hatte, so wenig sollte sie sich mit der sozialen Not der Gegenwart beschäftigen. Die sozialpolitischen Anliegen der Zeit fanden in den Beschlüssen über die „Grundrechte des deutschen Volks" keine Resonanz. Soziale Grundrechte zur Verbesserung der Lage der unterbürgerlichen Schichten wurden nicht formuliert; und dies war, wie Wolfram Siemann notiert, „kein Versehen, sondern eindeutige Absicht. Denn in einer wichtigen, im Februar 1849 nachgezogenen und deshalb oft übersehenen Debatte über das Recht auf Arbeit fand sich die konstitutionelle Mehrheit durch die Demokraten mit Fragen konfrontiert wie: Schutz der Arbeitslosen und Invaliden, Garantie eines Existenzminimums, Beschränkung von Frauen- und Kinderarbeit, Koalitionsrecht der Arbeiter."[19] Aber all diese Forderungen wollte sich die Nationalversammlung nicht zu eigen machen. Zur Arbeitsfrage wurde am Ende nur festgeschrieben: „Es steht einem jeden frei, seinen Beruf zu wählen und sich für denselben auszubilden, wie und wo er will" (§ 158).

Die arbeits- und sozialpolitischen Debatten der Frankfurter Nationalversammlung fanden statt, als die erwartungsvolle Aufbruchszeit vom März 1848 längst vergangen war. Damals hatten in Berlin 4000 aufbegehrende Arbeitslose die Öffentlichkeit beunruhigt und unübersehbar gemacht, dass das liberale Versprechen der Gewerbefreiheit nicht in der Lage war, die sozialen Spannungen aufzulösen. Im Gegenteil: Die Einführung der Gewerbefreiheit hatte die Handwerker nun auf die Unsicherheit eines freien Arbeitsmarktes verwiesen, dem sich viele in einer bisher unbekannten Erbarmungslosigkeit ausgeliefert sahen. Dies „mußten gerade die wandernden Gesellen erfahren, deren Wanderschaft immer unerbittlicher als hoffnungslose Arbeitssuche erfahren wurde"; und „je mehr dabei die zünftischen Absicherungen sich auflösten, um so mehr wurde neben materieller Not auch die soziale Verelendung erzwungener Vereinzelung bewusst".[20]

In der Berliner Arbeiterbewegung hatte sich im Frühjahr 1848 unter der Leitung des Buchdruckers Stephan Born, der seit Längerem mit Marx und Engels in Verbindung stand, ein „Central-Comité der Arbeiter" gegründet, in dem sich erste Ansätze einer neu erwachenden Arbeiteridentität artikulierten. In den Papieren dieses Komitees heißt es: „Wir Arbeiter waren einem großen Theile der deutschen Bürgerklasse fremde, unbekannte Wesen, an welche man die dunkelen Begriffe von Rohheit und Feigheit, Unbildung und Demuth, Dummheit und wilder Zerstörung knüpfte; konnten wir erwarten, daß man uns in einer geschichtlichen Bewegung sah, daß man uns als eine Klasse in der Gesellschaft betrachtete, die ihre eigene selbständige Entwicklung durchmacht? [...] Wir zählen uns zu den größten Theil der Nation, zu uns gehört nicht allein der Lohnarbeiter, der Geselle, zu uns gehört auch die große Zahl der kleinen Meister, die erdrückt werden durch die Concurrenz des großen Capitals, der Ackerbauer, dessen kleine Parcelle nicht mehr hinreicht, ihn und seine Familie zu ernähren, der Lehrer, der unsere Kinder unterrichtet, das Mädchen, das hinter dem Stickrahmen oder der Maschine sitzt, zu uns gehört ein Jeder, dessen Fleiß und Anstrengung überboten wird von der Macht des Capitals und untergehen muß in der freien Concurrenz. Sind wir Alle vereinigt, verfolgen wir ein heiliges Interesse, ein erhabenes Ziel, das der Befreiung des Menschen von der Nothwendigkeit, seine Arbeitskraft an einen Glücklicheren zu verkaufen, so legen wir unser Interesse nicht mehr in die Hände einzelner Menschenfreunde, so stellen wir an den Staat die Verpflichtung, dem größten Theile seiner Kinder nicht länger die Mittel zu entziehen, mit denen allein sie existieren, sich fortentwickeln und, hoffen wir es, glücklich sein können."[21]

Die Berliner Arbeiter forderten u. a. staatlich regulierte Arbeitszeiten und Mindestlöhne, aber auch staatlich geförderte „Arbeiter-Assoziationen", die sich allerdings deutlich von den verordneten Notstandsarbeiten auf den Berliner Rehbergen und den in Paris praktizierten Nationalwerkstätten unterscheiden sollten.[22] Gegenüber „derartigen Almosenarbeiten" knüpften die Forderungen der Berliner Arbeiterschaft selbstbewusst an die eigenen Traditionen korporativer Selbstverwaltung an. Sie zielten auf eine Assoziationsform, in der die Arbeiter „nicht besoldete Staatsdiener" sind, sondern „von dem Gewinne ihres Geschäftes leben müssen", sodass hier „jeder Einzelne an demselben betheiligt ist und also auch ein Interesse dabei haben muß ihn möglichst reichhaltig werden zu lassen. Jedes Mitglied der Assoziation ist Arbeiter, Unternehmer und Verkäufer zugleich und der Staat versieht nur die Dienste des Banquiers."[23]

Der Volkswirtschaftliche Ausschuss der Nationalversammlung, dem zahlreiche Petitionen aus der Arbeiterschaft vorlagen und der über diese Anliegen zu Beginn des Jahres 1849 zu beratschlagen hatte, konnte sich unter den Forderungen nach einem „Recht der Arbeit" und der Einführung von „Arbeiterassoziationen" allerdings kaum etwas anderes als die in Paris längst gescheiterten Nationalwerkstätten unter staatlicher Leitung und Bevormundung vorstellen. Er wies derartige Ansinnen denn auch frontal zurück, als er am 3. Februar 1849 einstimmig beschloss, „daß hinsichtlich des Rechtes und des Schutzes der Arbeit keine Bestimmung in die Grundrechte aufzunehmen sei"[24].

Das neue Leitbild: eine klassenlose Bürgergesellschaft mittlerer Existenzen

Unter dem Eindruck der polizeistaatlichen Erfahrungen der vergangenen Jahrzehnte lag der rechts- und freiheitstheoretische Fokus der Nationalversammlung auf den liberalen Schutz- und Abwehrrechten des Individuums gegenüber obrigkeitlicher Willkür und Allmacht. Man war in keiner Weise bereit, dem alten Polizei- und Ordnungsstaat nun auch noch neue sozialpolitische Kompetenzen und Aufgaben zuzuweisen. Zudem zeigten sich gerade die bürgerlichen Kräfte davon überzeugt, dass es einer von feudalen Bindungen und fürstenstaatlichen Fesseln emanzipierten Gesellschaft aus ihren eigenen Kräften gelingen werde, Freiheit und Wohlstand wenn nicht für alle, so doch für viele in Aussicht zu stellen.

Der dominante Grundgedanke der Frankfurter Nationalversammlung war das Bild des geistig wie materiell unabhängigen, vernunftbegabten und zur Selbstverantwortung berufenen Individuums; ein neues, alle Gesellschaftsmitglieder umfassendes Freiheitsideal, das auf die Tagesordnung der Weltgeschichte zu drängen schien und sich in absehbarer Zeit auf friedlich-reformerische Weise realisieren lassen sollte. Das freie Individuum sollte sich zum einen als ökonomisch unabhängiger Marktbürger realisieren, der auf einem freien Markt der Güter und Dienstleistungen eigenverantwortlich agieren und seinen materiellen Interessen ungehindert nachgehen kann. Zum anderen sollte es sich als politisch partizipierender Aktivbürger erfahren, der sich nicht mit der halbierten Freiheit einer nur ökonomischen Autonomie begnügt, sondern auch am politischen Meinungs- und Willensbildungsprozess des Staates beteiligt sein will. Und schließlich sollte es sich auch in den Fragen von Kunst und Literatur, von Religion, Moral und Weltanschauung als kulturell selbstentscheidungsfähiger Privatbürger erfahren können und entsprechende gesellschaftliche Anerkennung finden.

Diesem dreifachen Autonomieversprechen korrespondierte das Leitbild einer egalitären Bürgergesellschaft, dessen zukunftsweisende Faszinationskraft zunächst auch weite Kreise der unterbürgerlichen Schichten zu erreichen vermochte: das „Zukunftsbild einer klassenlosen Bürgergesellschaft ‚mittlerer' Existenzen".[25] Dieser frühbürgerliche Gesellschaftsentwurf lebt von den sozialstrukturellen Voraussetzungen einer einigermaßen homogenen Gemeinschaft freier und gleicher Staatsbürger, die nicht nur die ökonomischen Bedingungen ihrer individuellen Privatexistenz, sondern auch die politischen Bedingungen ihres gesellschaftlichen Zusammenlebens – in der Form der Republik oder der konstitutionellen Monarchie – in die eigenen Hände nehmen können und wollen. Und zu dieser Bürgergesellschaft sollen in absehbarer Zeit alle Gesellschaftsmitglieder gehören können, denn wer aufgrund mangelnder Bildung und fehlenden Besitzes zur Zeit noch vom Status eines solchen Staatsbürgers im Vollsinne ausgeschlossen ist, für den werde sich dieses Defizit durch umfassende volkspädagogische Bildungsbemühungen mit der Zeit leicht und harmonisch kompensieren lassen.

Zugeschnitten war diese Gesellschaftsvision, die jedem Individuum die gleiche Chance einräumt, sich durch Leistung und Fleiß einen zumindest bescheidenen Wohlstand zu erarbeiten, allerdings auf die Sozialverhältnisse einer vorindustriellen, dörflich-agrarischen, von freien Bauern, Handwerkern und kleinen Kaufleuten bevölkerten Lebenswelt, in der die strukturellen Grundlagen für eine sozial einigermaßen homogene Gemeinschaft selbstverantwortlicher Kleinwarenproduzenten noch gegeben schienen. So schien hier die freie Verfügung eines jeden über ein gewisses Privateigentum an Produktionsmitteln noch realisierbar zu sein, etwa in Form einer Ackerscholle oder eines Handwerksbetriebs, mit dessen Hilfe der Einzelne seine ökonomische Subsistenz selbst sichern kann. So wie sich Freiheit politisch-rechtlich durch Handlungsfreiheiten manifestiert, so realisiert sich diesem Gesellschaftsentwurf zufolge soziale und ökonomische Freiheit durch materielle Unabhängigkeit. Die Klassiker des politischen Liberalismus betonten denn auch stets, dass eigentumslose Massen, die um den Preis schlichten Verhungerns genötigt sind, jeden Tag aufs Neue ihre Arbeitskraft zu verkaufen, den Freiheitsstandards des modernen Staatsbürgertums nicht zu entsprechen vermögen. Denn wer nicht in der Lage ist, aus seinen eigenen Kräften und auf der Grundlage eigener Besitztümer unabhängig vom Wohlwollen anderer für sich zu sorgen, der ist nicht wirklich frei und unabhängig; er ist nicht in der Lage, für sich und die Seinen zuverlässig Sorge zu tragen; er ist nicht in der Lage, sich selbst und die anderen als freie und gleiche Staatsbürger zu betrachten. Deshalb auch sollte man ihn an den Staatsgeschäften, an der Verantwortung für die Geschicke des Gemeinwesens, besser nicht teilhaben lassen. Dieses frühliberale Freiheits- und Gleichheitsversprechen, „durch Bildung in Freiheit so weit aufzusteigen, bis alle am Bürgersein als allgemeinem Stand teilhaben", war im Jahr 1848, wie Wolfram Siemann betont, durchaus noch glaubwürdig, denn „das in Vormärz zu beobachtende Anwachsen des mittelständischen Bürgertums schien diese Prognose zu bestätigen".[26]

Vor diesem Hintergrund schien 1848 nur eine einzige sozialpolitische Strategie politisch und moralisch legitim zu sein: der selbstverantwortliche Aufstieg des Individuums durch Bildung, Fleiß und Tüchtigkeit. Die im März 1849 verabschiedete, jedoch nie in Kraft getretenen Paulskirchenverfassung erklärte deshalb: „Unbemittelten soll auf allen öffentlichen Unterrichtsanstalten freier Unterricht gewährt werden" (§ 157). Dieses knappe bildungspolitische Zugeständnis war die einzige Errungenschaft in Sachen sozialer Grundrechte, zu der sich die Nationalversammlung durchringen konnte, auch wenn sie „die Gefahren wachsender Konkurrenz, der Überbesetzung des Handwerks und der Überforderung gemeindlicher Armenfürsorge" durchaus erkannte und die Rechte der Freizügigkeit und der unbehinderten Gewerbefreiheit deshalb „unter dem Vorbehalt künftiger Reichsgesetzgebung" noch aussetzte.[27] Von einem echten Problembewusstsein für die neuen sozialen Fragen, die das aufziehende Zeitalter der industriekapitalistischen Moderne mit sich bringen würde, war die Mehrheit der Nationalversammlung jedoch weit entfernt.

Die Pius-Vereine und der Kampf um religiöse Freiheit

Auch dem Ketteler des Jahres 1848, der sich so hoffungsfroh in die Nationalversammlung hatte wählen lassen, ging es nicht um die soziale Frage, obwohl er mit dem Elend der Menschen wesentlich enger in Berührung gekommen sein dürfte als viele andere Abgeordnete. Die landwirtschaftliche Not, so aufopferungsvoll man ihr auch Abhilfe zu verschaffen hatte, galt ihm als ein von Menschenhand nicht zu beeinflussendes Naturereignis. Sie war ihm gottgewollte Sündenstrafe; ein Phänomen, dass vom Weltenrichter geschickt wurde und auch nur von ihm zu verhindern ist. Der Wille Gottes, der Hungersnöte und Epidemien in die Dörfer und Auen schickt, war in Demut anzunehmen; und die neuen Zeiten, in denen das beginnende Fabrikzeitalter seine eigenen Probleme und Verwerfungen hervorbringen sollte, in denen also Menschenwerk zur Ursache sozialer Not und materiellen Elends wurde, waren ihm als gesellschaftspolitische Gestaltungsaufgabe noch nicht hinreichend bewusst geworden.

Sein eigentliches Anliegen war – in der Paulskirche ebenso wie in seiner Zeit als Bischof von Mainz – der Kampf um die Unabhängigkeit der Kirche vom Staat, die auch für die katholischen Schulen und die kirchliche Schulaufsicht gelten sollte. Und nachdem diese kirchenpolitischen Fragen im August und September diskutiert und abgehandelt worden waren, schied Ketteler im Dezember als aktives Mitglied aus der Nationalversammlung aus. Er wollte möglichst rasch als Bauernpastor in seine geliebte westfälische Heimat zurückkehren und bat seinen Stellvertreter, den Warendorfer Juristen Bernhard Thüssing, sein Mandat zu übernehmen; eine Entscheidung, die ihn in seine erste Zeitungskontroverse verstricken und ihm den Vorwurf einbringen sollte, ein „Feldflüchtling aus der Nationalversammlung“ zu sein.[28]

Als in der Paulskirche über das Verhältnis des Staates zu den Religionsgesellschaften debattiert wurde, lagen der Nationalversammlung zu diesem Thema über 1000 Petitionen aus dem Volk vor, die mit Nachdruck die Freiheit der katholischen Kirche einforderten und die Beibehaltung bzw. Wiedereinführung der kirchlichen Schulaufsicht verlangten. Von den etwa 17.000 Petitionen, die die Frankfurter Nationalversammlung erreichten – Bauernvereine erbaten die Aufhebung von Feudallasten, Handwerkervereine forderten Schutz vor ungehinderter Gewerbefreiheit, das industrielle Bürgertum forderte teils Schutzzölle, teils Freihandel – entfiel also ein überraschend großer Teil auf die Fragen des Verhältnisses von Kirche und Staat. Verantwortlich dafür waren die „Pius-Vereine für religiöse Freiheit", die binnen kürzester Zeit einen wahren Petitionssturm entfacht und die Nationalversammlung nachdrücklich mit der Forderung nach voller Unabhängigkeit der Kirche vom Staat konfrontiert hatten. Im März hatte der ultramontane Mainzer Domherr Adam Franz Lennig den ersten, nach Papst Pius IX. benannten Pius-Verein gegründet und damit eine religiöse Vereins- und Petitionsbewegung ausgelöst, die innerhalb weniger Monate 1142 Petitionen mit 273.000 Unterschriften zustande bringen und nach Frankfurt zur Nationalversammlung schicken sollte.

Dieser überraschenden und für viele völlig unerwarteten „Kampagnenfähigkeit" des ultramontanen Katholizismus ist es gelungen, das Credo von der „vollen Unabhängigkeit der Kirche vom Staat" gegen die vorherrschenden Traditionen des Staatskirchentums durchzusetzen und das Verbot des Jesuitenordens rückgängig zu machen. Lediglich das schulpolitische Interesse, das Aufsichtsrecht der Geistlichen über die Schulen zu verteidigen bzw. neu zu erringen, konnten die Pius-Vereine nicht realisieren. Die Nationalversammlung hat hier am prinzipiellen Vorrang des Staates in der Schulfrage keinen Zweifel gelassen und nur den Religionsunterricht unter geistliche Beaufsichtigung gestellt. Der ultramontane Kampf um die „Freiheit der Kirche" hatte damit einen unerwarteten Sieg davongetragen, der auch bei katholischen Abgeordneten auf deutliche Vorbehalte stieß.[29] Ketteler, der in dieser Debatte nicht zu Wort gekommen war, hatte zu diesem Thema zwei knappe Redeentwürfe verfasst und sich die ultramontane Forderung nach „Unabhängigkeit aller Confessionen vom Staate" emphatisch zu eigen gemacht. Für Deutschlands Zukunft müsse grundsätzlich gelten: „Es darf keine polizeilich censurirten und subventionirten Confessionen mehr geben", so wie es auch keine „polizeilich censurirte und subventionierte Presse" mehr geben dürfe (I 5, 107).

Zwar trat die Paulskirchenverfassung nie in Kraft; die vom preußischen König Friedrich Wilhelm IV. im Januar 1850 oktroyierte preußische Verfassungsurkunde regelte die Verhältnisse zwischen dem Staat und den Kirchen in Preußen allerdings ebenfalls weitgehend im Sinne der ultramontanen Katholiken, wenn in Art. 15 festgeschrieben wird: „Die evangelische und die römisch-katholische Kirche, so wie jede andere Religionsgesellschaft, ordnet und verwaltet ihre Angelegenheiten selbständig und bleibt im Besitz und Genuß der für ihre Kultus-, Unterrichts- und Wohltätigkeitszwecke bestimmten Anstalten, Stiftungen und Fonds." Ketteler sollte diesen Artikel in seinen späteren kirchenpolitischen Kämpfen als Bischof von Mainz immer wieder als Vorbild für alle deutschen Staaten, als „Magna Charta des religiösen Friedens in Deutschland" auszeichnen und einfordern.

Freier Wettstreit der Konfessionen um die Behebung der sozialen Not

Auch wenn Ketteler in der Paulskirche keinen Blick für die Forderungen nach sozialen Grundrechten hatte, so brachte er seinen Kampf um die „volle Unabhängigkeit der Konfessionen vom Staat" doch mit dem „Interesse der Nothleidenden und Armen" in Verbindung. Er verortete den Kampf um die Freiheit der Kirche nämlich – und das ist typisch für ihn – zugleich im Kontext einer scharfen konfessionellen Rivalität. So schrieb er im Entwurf einer Rede vom August 1848: „Wer kann hier helfen, wenn nicht die Glaubensbekenntnisse? Geben Sie ihnen die Freiheit, und dann rufen Sie sie auf zum edelen Wettkampfe der Liebe und Barmherzigkeit, und Sie werden Wunder sehen. Eine Vereinigung der Confessionen durch Lehre und Wissenschaft ist viel versucht, aber bisher nicht erreicht. Wohlan, so lassen Sie die Confessionen sich messen an der Kraft der Liebe, die sie in sich haben, und wenn wir erkennen, wo die wahre Liebe, die aufopfernde, hingebende Liebe ist, dann werden wir vielleicht erkennen, wo auch der wahre Glaube ist. Ein edlerer Wettkampf läßt sich doch nicht denken, er ist aber unmöglich, so lange Sie die Freiheit nicht gewähren" (I 5, 108f.).

Ketteler greift hier zurück auf ein Motiv aus der Rede des evangelischen Theologen Karl Zittel, einem der Führer des kirchlichen Liberalismus in Baden, der 1849 Stadtpfarrer in Heidelberg werden und 1865 zu den Gründungsmitgliedern des Deutschen Protestantenvereins gehören sollte. Zittel hatte während der Debatte über die Grundrechte – im Tenor konfessioneller Versöhnung – u. a. ausgeführt, dass sich „das Volk von dem theologischen Hader abgewendet hat und kein Interesse mehr daran findet", weil heute viel stärker die Frage nach der „Organisation des religiösen Gemeinlebens" auf die Tagesordnung dränge: „Es ist ein viel tieferes Bewußtsein, was hier zu Grunde liegt. Es ist das Bewußtsein, daß es nicht mehr allein die Aufgabe der Kirche ist, die religiöse Vorstellungsweise zu uniformiren, sondern vielmehr: das religiöse Gemeinleben zu organisiren. Mit einem Worte: es ist die sociale Frage, die so gewaltig in allen Verhältnissen an uns herantritt, hier in ihrer höchsten Bedeutung, welche auch das religiöse Leben erfaßt hat, und es ist die Aufgabe aller religiösen Genossenschaften, von nun an hier den Geist der Zeit zu erkennen, zu erfassen und auf denselben im Geiste des Christenthums zu wirken. Wie soll die sociale Frage anders gelöst werden? Meine Herren, die rothe Fahne auf den Barrikaden löst sie nicht; sie kann zerstören, aber nicht aufbauen. […] Die Liebe ist es, die heilige Gottes- und Menschenliebe allein, welche im Stande ist, hier das Rechte zu finden und das Rechte zu schaffen. […] Hier ist der Boden, auf dem allein der Friede gepflanzt werden kann, hier ist der Boden, wo endlich einmal die Kirchen sich begegnen und sich die Hand zu bieten im Stande sind."[30]

Als Ketteler diese Rede hörte, hatte er sein eigentliches Thema entdeckt: die soziale Frage als Arena des konfessionellen Kampfes um die wahre Religion; die Not und das Elend der Gegenwart als Ausweis der souveränen Überlegenheit, der Göttlichkeit der katholischen Kirche, die hier einzig helfen könne, während alle anderen, wenn es um die praktische Bewährung ihrer theoretischen Glaubenssysteme und Weltanschauungen geht, zum Scheitern verurteilt seien. Während also der angehende Heidelberger Stadtpfarrer auf den Siegeszug der christlichen Liebestätigkeit und ihrer jeden konfessionellen Hader überwindenden Kraft vertraute, machte sich der Hopstener Bauernpastor auf den Weg, nun gerade den ultramontanen Katholizismus und nichts anderes als einzig aussichtsreichen Ausweg aus den seelischen und materiellen Nöten der Gegenwart zu proklamieren. Und nur wenig später sollte er auf dieses Motiv mit Nachdruck zurückkommen.

„Ich liebe diese Zeit." Eine Leichenrede im September

Die sozialen Probleme der Zeit waren es auch, die dem Ketteler des Jahres 1848 eine bleibende Prominenz verschafften und ihn zu einer im ganzen katholischen Deutschland bekannten und geschätzten Persönlichkeit werden ließen. Während er als Abgeordneter der Nationalversammlung nur eine unbedeutende Rolle spielte, sollte er am 21. September plötzlich und unerwartet ins Rampenlicht der Öffentlichkeit treten; und zwar als Leichenprediger für die preußischen Abgeordneten Fürst Felix von Lichnowsky und General Hans von Auerswald. Beide waren bei den schnell niedergeschlagenen Barrikadenkämpfen der so genannten „Septemberunruhen" überfallen und tödlich verletzt worden.[31] Anschließend wurde der Belagerungszustand über die Stadt verhängt und eine steckbriefliche Suche nach den Aufständischen begonnen. Zugleich wurden militärische Vorkehrungen „zur schnellen und kräftigen Unterdrückung anarchistischer Bewegungen und Aufstände" getroffen. Und auch die geplante Trauerfeier für die Opfer aus dem Volk durfte nicht abgehalten werden. Spätestens jetzt war unübersehbar geworden, dass die sozialen Freiheitshoffnungen der Märztage keine Chance mehr hatten und die Kraftprobe zwischen dem Volk und dem Militär endgültig zugunsten der Streitkräfte entschieden war.

Aus historisch nicht mehr aufzuhellenden Gründen fiel nun dem Hopstener Pfarrer die Aufgabe zu, bei der großen Trauerfeier für Lichnowsky und Auerswald die Leichenrede zu halten; ein öffentlicher Auftritt, der ihm schlagartig eine enorme Prominenz einbrachte, zumal diese Rede – als Kettelers erste Veröffentlichung – umgehend im Druck erscheinen sollte.[32] Ketteler weist darauf hin, dass gerade in der gegenwärtigen Zeit, „die sich stolz über die Vergangenheit erhebt" und sich selbst als „Zeit der Humanität, des Lichtes, der Aufklärung" (13) betrachte, ein „so übergrausenhafter Mord begangen" werde konnte. Diese Tat hervorgerufen habe aber nicht „unser edles, biederes deutsches Volk", sondern „jene Männer, die Christus, das Christenthum, die Kirche vor dem Volke verhöhnen, verspotten, verlachen und mit ihrem niederen Geifer beflecken"; jene, die „den Umsturz zum Prinzip erheben und das Volk von Umsturz zu Umsturz hinreißen" (14). Zugleich betont er jedoch, dass er den überall erklingenden Ruf nach Freiheit und Humanität, nach Frieden und Einheit sehr wohl höre und mit vollem Herzen „an die Wahrheit aller dieser erhabenen Ideen" glaube: „Ich liebe die Zeit schon deßhalb, weil sie so gewaltig nach der Erfüllung dieser Ideen ringt, so weit ich sie von ihrer Erreichung auch noch entfernt sehe." Allerdings gebe es nur ein Mittel, um sie zu verwirklichen, „und das ist, daß wir uns wieder hinwenden zu dem, der sie der Welt zugetragen hat, zu dem Sohne Gottes Jesus Christus. […] Mit ihm, in der Wahrheit, die er gelehrt, auf dem Wege, den er gewiesen, können wir die Erde zu Paradiese machen, können wir unseren armen leidenden Brüdern ihre Thränen trocknen, können wir Liebe, Eintracht und Brüderlichkeit, wahre Humanität in vollendeter Weise begründen, können wir, ja ich behaupte es aus der tiefsten Überzeugung meiner Seele, selbst Gemeinschaft der Güter und den ewigen Frieden herstellen und zugleich die freiesten socialen und politischen

Institutionen schaffen, ohne ihn werden wir mit Schmach, Schande und Elend zu Grunde gehen, ein Spott und ein Hohn für die Nachwelt" (15f.).

„Ein Hoch auf die Armen." Trinkspruch beim ersten Katholikentag

Als wenig später, Anfang Oktober, in Mainz die „Erste Versammlung des Katholischen Vereins Deutschlands" stattfand, der Beginn der später so berühmten Katholikentage, gehörte auch Ketteler zu den geladenen Ehrengästen. Der Vater der Pius-Vereine, Domkapitular Lennig, hatte 17 Zentralvereine nach Mainz eingeladen, zu denen damals bereits etwa 1200 Ortsvereine zählten. Ketteler ergiff auf dieser Versammlung – wie einige andere prominente Vertreter der Nationalversammlung – spontan das Wort. Auch hier äußerte er sich zu seinem Kernanliegen, der Freiheit der Kirche.[33] Neu war allerdings, dass er jetzt erstmals ausdrücklich auch von der „Aufgabe der Religion bezüglich der socialen Verhältnisse" sprach. Er rückte nun das erst wenige Wochen zuvor entdeckte Motiv der religiösen Konkurrenz ins Zentrum der Aufmerksamkeit, auf das ihn „ein würdiger protestantischer Geistlicher in der Paulskirche" gebracht habe: „Die schwerste Frage, die bei allen gesetzlichen Bestimmungen, bei allen Staatsformen noch nicht gelöst ist, das ist die sociale Frage. Ich kann es mit aller Wahrheit aussprechen: die Schwierigkeit, die Größe, die Dringlichkeit dieser Aufgabe erfüllt mich mit der größten Freude; nicht die Noth freut mich, die ich in Wahrheit in tiefstem Herzen mitfühle, nicht das Elend meiner Brüder, – nein, sondern daß es jetzt sich zeigen wird und zeigen muß, welche Kirche die Kraft der göttlichen Wahrheit in sich trage. Es wird sich zeigen, daß der katholischen Kirche die endliche Lösung der socialen Frage vorbehalten ist; denn der Staat, mag er Bestimmungen treffen, welche er will, hat dazu nicht die Kraft. Einen ähnlichen Gedanken hat ein würdiger protestantischer Geistlicher in der Paulskirche ausgesprochen. Der Kampf zwischen protestantischem und katholischem Glauben auf dem Gebiete des Dogma werde fortan ruhen, dagegen der Kampf entstehen auf dem Gebiete der socialen Fragen. Es ist wahr, die Liebe läßt sich nicht trennen von der Wahrheit, nicht vom Dogma. Liebeswerke sind die eindringlichsten Beweise. Wenn es sich zeigt, daß bei uns die Heimath der Liebe, einer werkthätigen, christlichen, zur Hülfe der armen Brüder tüchtigen Liebe sich findet, dann wird auch die Wahrheit unserer Glaubenslehren anerkannt werden" (18f.).

Nachdem seine Vorredner beim anschließenden Festmahl der Mainzer Versammlung bereits auf den Papst, die deutschen Bischöfe, die Glaubenstreue des katholischen Volkes u. ä. angestoßen hatten, brachte Ketteler bei dieser Gelegenheit noch einen feierlichen Trinkspruch auf das Wohl der Armen der Stadt Mainz aus, deren Not sie daran hindere, „unsere gegenwärtige Freude" zu teilen. Emphatisch rief er vor den versammelten Vertretern der Pius-Vereine aus: „Nach der Anordnung Gottes ist dem Einen mehr, dem Andern weniger zugetheilt; aber nur darum, damit uns Gelegenheit und Aufforderung gegeben sei, diesen Unterschied nach Kräften auszugleichen. Nicht ein Glas Wein ist es deßhalb, was ich Sie auffordern möchte, auf das Wohl der Armen zu leeren; meine Absicht ist, Sie einzuladen, daß Sie in der gegenwärtigen, für uns so frohen Stunde mit Herz und Hand zum Wohle des armen Volkes wirken, der Armuth helfend zur Seite treten. Und in dieser Gesinnung bringe ich den Armen des deutschen Volkes in Ihrer Mitte ein Hoch aus."[34]

2. Rückkehr zum Christentum
Adventspredigten in unruhiger Zeit

Nach einem kurzen Urlaub von der Parlamentsarbeit, in dem es Ketteler zurück in die geliebte westfälische Heimat zog, wo er dringende Pfarreiangelegenheiten zu klären hatte, kehrte er Ende Oktober als Abgeordneter nach Frankfurt zurück. Aber schon bald war er wieder in Mainz. Auf Anregung des dortigen Domkaplans, Johann Baptist Heinrich, der später einer seiner wichtigsten Mitarbeiter werden sollte, war er zu den Adventspredigten eingeladen worden; wohl eine Reaktion auf den großen Eindruck, den der Kettelersche Trinkspruch auf der Versammlung der katholischen Vereine hinterlassen hatte. Zwischen dem 19. November und dem 20. Dezember hielt der Pfarrer von Hopsten nun von der Mainzer Domkanzel herab vor tausenden von Zuhörern – in zeitgenössischen Berichten ist von einem „unermeßlichen Volksgedränge" und einer „tiefen Erregung" der Mainzer, „selbst im Gasthause", die Rede[35] – insgesamt sechs Predigten, die Mitte März 1849 unter dem Titel *Die großen socialen Fragen der Gegenwart* [36]auch im Druck erscheinen sollten. „Alle sechs Predigten sind reich an rhetorischen Prachtstellen"[37], wie Otto Pfülf zurecht betont; sie hatten aber, wie Fritz Vigener anmerkt, nur „wenig von dem zu sagen, was man auch damals schon unter sozialer Frage verstand"; jedenfalls sehe man nicht, dass Ketteler „die deutsche sozialpolitische Literatur des Jahres 1848 und der vorangehenden Jahre" ernsthaft zur Kenntnis genommen habe.[38]

„Das richtige Verständniß unserer socialen Verhältnisse"

Mit seinem von Domkaplan Heinrich herausgegebenen Predigtzyklus will Ketteler seinen Lesern nicht weniger bieten als „das richtige Verständniß unserer socialen Verhältnisse". Gegenwärtig komme es nämlich mehr denn je darauf an, „der Welt den Beweis zu liefern, daß alle Staatsformen nicht im Stande sind, die Wohlfahrt der Menschheit zu begründen, und dass es dazu einer anderen und höhern Kraft bedarf. Wenn die Ereignisse der Gegenwart und der nächsten Zukunft uns nur diesen Beweis unwiderleglich liefern, so wollen wir die Zeit trotz aller Trübsale glücklich preisen. Wollen wir also die Zeit erkennen, so müssen wir die sociale Frage zu ergründen suchen. Wer sie begreift, der erkennt die Gegenwart, wer sie nicht begreift, dem ist Gegenwart und Zukunft ein Räthsel" (35).

Echte Relevanz für „das Begreifen der socialen Frage" haben allerdings nur die beiden ersten Predigten, in denen es um die zwischen Konstitutionellen und Radikalen heftig umstrittene Frage nach der Legitimität des privaten Eigentums geht. Ketteler erinnert hier an die hochmittelalterlich-scholastische Eigentumslehre des Thomas von Aquin, die später zu einem klassischen Theoriestück der katholischen Soziallehre werden sollte.[39] Er erkennt in ihr eine zentrale Wahrheit, die die katholische Kirche der Welt dringend vorzulegen habe. Die gegenwärtige soziale Lage sei nämlich „eine nothwendige Folge der widernatürlichen Auffassung des Rechtes des Eigenthums, und diese eine nothwendige Folge der Verkennung unseres Verhältnisses zu Gott, der Schwächung des lebendigen Gottesglaubens" (37). In der dritten und vierten Predigt geht es ihm deshalb darum, der „Verdunkelung des wahren Gottesglaubens" (49) entgegenzutreten und an die christliche Lehre von der übernatürlichen Bestimmung des Menschen zu erinnern. Denn nur auf dem Boden dieser Glaubensüberzeugungen könne man „gesellschaftliche Ordnungen gründen, die aller Vergänglichkeit Trotz bieten" (67). In der fünften und sechsten Predigt bespricht Ketteler dann ausführlich den Wert der christlichen Familie und die Bedeutung der göttlichen Autorität der katholischen Kirche, die ebenso wie die Lehre vom Eigentum zu den unverzichtbaren Grundpfeilern gehörten, „auf denen das ganze gesellschaftliche Gebäude der Menschheit beruht" (69).

„Gott als Eigentümer …" Eine Erinnerung an Thomas von Aquin

Kettelers Predigtzyklus beginnt also mit „der Kirchenlehre vom Rechte des Eigenthums", um an diesem Thema nachzuweisen, „wie erhaben die Kirche mit ihrer Lehre über den gewöhnlichen Zeitmeinungen dasteht und welche Mittel sie besitzt, um die Uebel der Zeit zu heilen" (25). Zu den gegenwärtigen Verhältnissen diagnostiziert er: „Die Besitzenden und Nichtbesitzenden stehen sich feindlich gegenüber, die massenhafte Verarmung wächst von Tag zu Tag, das Recht des Eigenthums ist in der Gesinnung des Volkes erschüttert, und wir sehen von Zeit zu Zeit Erscheinungen auftauchen gleich Flammen, die bald hier, bald dort aus der Erde hervorbrechen – Vorboten einer allgemeinen Erschütterung, die bevorsteht. Auf der einen Seite sehen wir ein starres Festhalten am Rechte des Eigenthums, auf der anderen ein ebenso entschlossenes Läugnen jedes Eigenthumsrechtes, und wir suchen ängstlich nach einer Vermittlung zwischen diesen schroffen Gegensätzen" (26).

Eine solche Vermittlung sei aber in der „Lehre der katholischen Kirche vom Rechte des Eigenthums" zu finden, „wie sie der heilige Thomas von Aquin schon vor 600 Jahren entwickelt hat". Demnach sei zunächst festzuhalten, dass „alle irdischen Güter, ihrer Natur und ihrem Wesen nach nur Gott gehören können" (26), dem Schöpfer aller Dinge. Der Mensch könne deshalb kein volles Eigentums-, sondern nur ein Nutzungsrecht an den irdischen Gütern geltend machen. Dieses aber dürfe niemals als ein unbeschränktes Recht aufgefasst werden, „mit den irdischen Gütern anzufangen, was der Mensch will". Vielmehr habe der Einzelne die Pflicht, „die Güter so zu benutzen, wie Gott es will und festgesetzt hat" (27); nämlich so, „daß alle Menschen aus den Erdengütern ihre nothwendigen Leibesbedürfnisse erhalten" (28).

Dieses Nutzungsrecht könnten die Menschen allerdings in zweierlei Weise ausüben: gemeinschaftlich oder individuell. Sie könnten es so praktizieren, „wie es der Communismus will, um gemeinschaftlich die Güter der Erde zu verwalten und die Nutzungen zu verteilen". Sie könnten es aber auch so realisieren, dass die Menschen die Güter der Erde „geteilt besitzen, so daß dem einzelnen Menschen das Eigenthumsrecht über einen bestimmten Theil der Güter der Erde zusteht, mit der Befugniß, die daraus gezogenen Früchte zu ziehen" (28). In diesem Falle seien allerdings „zwei Momente" zu unterscheiden: das Recht des Fruchtgenusses und das Recht der Fürsorge und Verwaltung, denn so, wie uns die Güter in der Natur geboten werden, seien sie „zur Befriedigung unserer Bedürfnisse nicht geeignet. Sie müssen zunächst zum Genusse vorbereitet, also verwaltet und bearbeitet werden“ (29). Im Hinblick auf Fürsorge und Verwaltung habe man deshalb schon aus Gründen der natürlichen Vernunft „das Eigenthumsrecht der einzelnen Menschen über die Güter der Erde“ anzuerkennen, denn gemeinschaftlicher Besitz führe, wie die Erfahrung lehrt, nur allzu leicht zu Streit und Zank.

Deshalb sei nur auf diese Weise „für die gute Verwaltung der irdischen Güter selbst gesorgt“. Andernfalls würde schnell „jede gute Verwaltung vernichtet, jede Verbesserung unmöglich gemacht, und selbst die Triebfeder zu neuen Erfindungen würde im Geiste der Menschen erlahmen. Jeder würde sich auf den Anderen verlassen, die natürliche Trägheit im Menschen hätte ihr Gegengewicht verloren“; und jeder sorge nun einmal „besser für das, was ihm selbst gehöre, als was er mit Anderen gemeinschaftlich besitze“ (29). Was aber das Recht des Fruchtgenusses angehe, so beharre der heilige Thomas darauf, dass der Mensch diese Früchte „niemals als sein Eigenthum, sondern als ein Gemeingut Aller betrachten“ und deshalb „gerne bereit sein“ müsse, „den Anderen in ihrer Noth mitzutheilen“. Man sehe hier also, so betont Ketteler, die christliche Lehre „der falschen Lehre vom Rechte des Eigenthums sich widersetzen und den wahren Communismus aufstellen. Gott hat die Natur erschaffen, um alle Menschen zu ernähren, und dieser Zweck muß erreicht werden. Deßhalb soll jeder die Früchte seines Eigenthums wieder zum Gemeingute machen, um, so viel an ihm liegt, zur Erreichung dieser Bestimmung beizutragen“ (30).

Geheiligter Communismus?

Kettelers erste Predigt, die die thomasische Eigentumslehre präzise darstellt, wendet sich also scharf gegen die liberale Vorstellung vom Privateigentum und seiner willkürlichen Verwendung. Diese „gottlose Lehre vom Rechte des Eigenthums, wodurch der Mensch sich selbst zum Gott seines Eigenthums macht“ (27), habe verheerende Konsequenzen für das Zusammenleben der Menschen. Sie müsse zwangsläufig „eine Kluft zwischen Reichen und Armen bilden, wie sie die christliche Welt noch nicht gekannt hat. Während der Reiche in überreizter, raffinierter Sinnlichkeit Unermeßliches verschwendet, läßt er arme Mitbrüder in der Entbehrung des Nothwendigsten dahinschmachten und entzieht ihnen, was Gott zur Nahrung der Menschen bestimmt hat." Auf einem derart verwendeten Eigentum liege „ein schwerer Fluch, ein Berg von Ungerechtigkeit" (28).

Aber nicht nur das; die gottlose Vorstellung vom unbeschränkten Eigentumsrecht habe auch „die falsche Lehre des Communismus" hervorgebracht, die – wenn sie zur Verwirklichung käme – „unter einem menschenfreundlichen Scheine, das gerade Gegentheil, das tiefste Verderben über die Menschheit bringen, den Fleiß, die Ordnung, den Frieden auf Erden vernichten, einen Kampf Aller gegen Alle hervorrufen und so die Bedingungen des menschlichen Daseins vernichten würde" (31). Von daher erklärt Ketteler differenzierend: „Der Communismus in *dem* Sinne, daß die Güter der Erde immer wieder getheilt werden sollen, widerspricht dem Gesetze der Natur, weil er die gute Verwaltung der Erdengüter und damit die Erreichung ihres natürlichen Zweckes vernichten, Unordnung und Feindschaft verbreiten und also die Bedingungen des menschlichen Lebens aufheben würde" (30; Herv. i. O.).

Allerdings verdiene die eigentliche Idee vom Gemeineigentum der Güter durchaus Anerkennung, denn im Streit zwischen der liberalen und der radikalen Auffassung vom Eigentumsrecht biete die Lehre der katholischen Kirche gewissermaßen einen goldenen Mittelweg. Zum einen nämlich schütze sie „das Eigenthumsrecht, indem sie behauptet, daß zum Zwecke der Fürsorge und Verwaltung, im Interesse der Ordnung und des Friedens die Theilung der Güter, wie sie sich unter den Menschen entwickelt hat, anerkannt werden muß"; zugleich gelte aber auch: „Sie heiligt den Communismus, indem sie die Früchte der Eigenthums wieder zum Gemeingute Aller macht" (32).

Die thomasische Eigentumslehre sollte in den folgenden Jahrzehnten häufiger unter Kommunismusverdacht gestellt werden; nicht zuletzt seit den konfessionell aufgeheizten Zeiten des preußischen Kulturkampfes. So warnte noch im Jahr 1887 der Göttinger Dogmatiker Albrecht Ritschl, der neben Friedrich Schleiermacher als der bedeutendste evangelische Theologe des 19. Jahrhunderts gelten kann, vor der Gefahr „für die Stetigkeit und Sicherheit des öffentlichen Lebens", die von der Eigentumslehre des Thomas von Aquin ausgehe. Hier bleibe nämlich prinzipiell „der gleiche Anspruch aller einzelnen an alle Güter zur Befriedigung des Bedürfnisses", also die schon aus dem Mönchtum bekannte „Gütergemeinschaft als wesentlicher Bestandteil der christlichen Vollkommenheit anerkannt". Und deshalb habe man „das Urteil zu schöpfen, daß die sozialistischen Grundsätze von jeher in der römischen Kirche Heimatrecht haben. Die gegenseitige Verwandtschaft verrät sich in der Gegenwart endlich noch in der Sympathie mit sozialistischen Ansprüchen, welche Schriftsteller über die soziale Frage, die dem katholischen Klerus angehören, deutlich kundgeben."[40]

Auch der damalige Abt von Loccum, der liberale Lutheraner Gerhard Uhlhorn, wies im selben Jahr – angesichts der Tatsache, dass heute „der Kampf zwischen Katholicismus und Protestantismus nach einer scheinbaren Ruhepause wieder heftiger als je entbrannt ist"[41] – darauf hin, „daß zwischen den ethischen Anschauungen der Römischen Kirche und dem Socialismus eine innere Verwandtschaft besteht. Die Grundanschauung der Römischen Kirche vom Eigenthum ist selbst communistisch." Als Beleg führt er Kettelers 1848er-Aussage an, derzufolge der Mensch die Früchte der Erde „niemals als sein Eigenthum, sondern als Gemeingut aller betrachten" solle; und dies sei, so Uhlhorn, „allerdings ein durch und durch communistischer Satz".[42]

Im Jahr 1848 selbst scheint Kettelers Rede vom „geheiligten Communismus" allerdings, wie der gesamte Predigtzyklus, ohne nennenswerte öffentliche Wirkung geblieben zu sein. Erst 1854, als sich der badische Kirchenstreit auf seinem Höhepunkt befand und Ketteler gemeinsam mit den anderen Bischöfen der oberrheinischen Kirchenprovinz in scharfe publizistische Auseinandersetzungen verwickelt wurde, begann man sich auch über Kettelers Auffassungen zum Privateigentum zu mokieren. So protestiert eine anonym erschienene Schrift über den *Bischofskampf am Rhein*[43] mit Nachdruck gegen „die Operationen des romanischen Cäsaropapismus" (1). Die „Auflehnung der fünf oberrheinischen Bischöfe gegen die kirchlichen Oberhoheitsrechte der Staaten ihrer Kirchenprovinz" sind für den Autor dieser Schrift „nur ein einzelnes Moment im Kampfe der römischen Hierarchie" (5) gegen die nationalen Interessen Deutschlands und die rechtsstaatlichen Errungenschaften der modernen Staatlichkeit. Er ruft die Regierenden dazu auf, „dem einheitlichen Vorgehen der Bischöfe gegenüber eine einheitliche Solidarität der fünf Staaten der Kirchenprovinz aufs Entschiedenste geltend zu machen" (39).

In diesem Zusammenhang erinnert er auch daran, dass „die gegen die rechtmäßige Obrigkeit agitirende Klerisei und die Bischöfe" (23) nicht erst jetzt, sondern schon im Jahr 1848 für Aufruhr und Widersetzlichkeit gesorgt hätten. Dabei gilt ihm „gerade die ultramontane Partei als erste Urheberin jener Gassenkrawalle, welche später ganz Deutschland in ihren schlammigen Strudel zogen" (22). Und so kann er seine Leser beschwörend fragen: „Sind etwa jene socialistisch-kommunistischen Kanzelreden, welche Hr. Bischof von Ketteler in eine Sammlung vereinte, aus dem Gedächtnisse und Buchladen verschwunden? Waren es nicht unmittelbare Begleiter der Kirchenfürsten, welche in Mainz und anderwärts die Fahnen revolutionärer Haufen einsegneten? Waren es nicht mehrere der heute eifrigsten Kämpfer für die episkopalen Ansprüche und Uebergriffe, welche in der Paulskirche zu Frankfurt mit der äußersten Linken für ‚freies Volksthum' und ‚deutsche Volkssouverainetät' schwärmten?" (24)

Aber nicht erst spätere Stimmen aus dem protestantischen

bzw. nationalliberalen Lager sollten Protest gegen Kettelers Rede vom „wahren Communismus“ anmelden. Schon der Mainzer Domkaplan Heinrich, der die Adventspredigten als Buch herausgeben sollte und wahrscheinlich das entsprechende Material aus der *summa theologiae* des Thomas von Aquin für Ketteler zusammengestellt hatte, konnte der Versuchung nicht widerstehen, an dieser Stelle eine vorsorglich korrigierende Fußnote einzufügen.[44] Allerdings dürften sich die kirchlichen Freunde Kettelers ohnehin mit dem Gedanken beruhigt haben, dass der Pfarrer von Hopsten das Eigentum doch klar als Grundlage aller sittlichen Ordnung ausgezeichnet habe und von jeder Form staatlicher Umverteilung nichts wissen wolle.

In der Tat lässt der Ketteler des Jahres 1848 keinen Zweifel daran, dass er von „communistischen“ Vorstellungen denkbar weit entfernt ist. Soziale Ungleichheiten in der Verteilung der Erdengüter gelten ihm als gottgewollt und naturnotwendig; und er legt größten Wert darauf, dass hier alles von der tugendhaften Moralität der Einzelnen abhänge und nichts durch die kalte Gesetzlichkeit des Staates zu regeln sei. So hätte Gott zwar eine Ordnung der Welt errichten können, die von vornherein jedem den Unterhalt seines Leibes gewährleiste; „das lag aber nicht in seiner erhabenen Absicht …; er ordnete deßhalb eine ungleiche Vertheilung der Güter in Bezug auf Besitz und Verwaltung an, um so den Menschen zum Ausspender seiner Gaben an seine Mitbrüder zu machen.“ Denn „wenn bei der Vertheilung der Güter der Erde nichts mehr von dem freien Willen der Menschen abhinge, wenn darin Alles Naturnothwendigkeit wäre oder wenn diese Fürsorge durch Polizeimaßregeln oder Staatsgesetze erzwungen werden könnte, so wäre die schönste Quelle der edelsten Gesinnung in der Menschheit verstopft“ (32). Dieses moraltheologische Motiv sollte er in seinen Predigten in immer neuen Anläufen als höchste Form menschlichen Lebensvollzugs auszeichnen und anpreisen.

Die Eigentumslehre des Thomas von Aquin könne freilich, wie Ketteler ergänzt, nur dort auf fruchtbaren Boden fallen, „wo ein lebendiger Gottesglauben sich findet, da sie in Gott, in seinem Willen, in seiner Ordnung wurzelt und begründet ist" (27). Deshalb könne eine wahre Abhilfe gegen die Übel der Zeit nur dann gefunden werden, wenn es gelingt, das Projekt einer umfassenden Rekatholisierung der Gesellschaft durchzusetzen. Die erste Predigt endet denn auch mit der Aufforderung: „Noch einmal, meine christlichen Brüder, lasset uns durch die Werke der Liebe die Welt überwinden und sie zum katholischen Glauben zurückführen! Amen" (33). Auch die zweite Predigt sieht Abhilfe nur in einer raschen „Rückkehr zum Christenthume" (40). Ketteler beschäftigt sich hier nicht mit der Frage, ob und wie durch eine Änderung des geltenden liberalen Eigentumsrechts – etwa im Hinblick auf Steuer- und Erbschaftsregelungen, auf Fragen von Enteignung und Entschädigung etc. – eine nachhaltige Verbesserung der sozialen Verhältnisse erwartet werden könne. Er greift also nicht in die laufenden Debatten um die richtige politische Ordnung und Verteilung des gesellschaftlichen Reichtums ein, sondern begnügt sich mit kulturpessimistischer Verfallskritik. Hatte man seine erste Predigt noch als Beitrag zur politischen Grundsatzdebatte um das Eigentumsrecht und die zukünftige Gestaltung der Gesellschaft verstehen können, so kehrt er nun wieder zurück auf die im ultramontanen Milieu so beliebten Pfade einer larmoyanten Klage über die moderne Gesellschaft als solcher und ihren allenthalben anzutreffenden Glaubensabfall.

Unersättliche Habgier und Genusssucht hätten längst Herz und Verstand der Menschen von heute in Besitz genommen und die christlichen Tugenden der Mildtätigkeit und der Demut getilgt. Dadurch würden die Reichen gegenüber der Not der Armen in entsetzlicher Weise gleichgültig, während der Hass der Armen auf die Reichen gefährlich zunehme.

Gegen diese „Gesinnungskrankheit" (48), die die eigentliche Ursache der sozialen Übel darstelle, könne mit „äußeren Mitteln" nichts erreicht werden. So erteilt er allen in der sozialpolitischen Diskussion befindlichen Reformvorstellungen eine klare Absage: „Der Eine will helfen durch eine bessere Vertheilung der Steuern, der Andere durch verschiedene Arten von Sparkassen, der Dritte durch Organisation der Arbeit, der Vierte durch Auswanderung, dieser durch Schutzzölle, jener durch Freihandel, der Eine durch Freiheit der Gewerbe, durch Theilung des Grund und Bodens, der Andere durch das gerade Gegentheil, wieder Andere durch Einführung der Republik, womit alle Noth gehoben und das Paradies auf Erden verwirklicht sei ...". Aber all diese Vorschläge seien letztlich „Nichts als ein Tropfen im Meere. Das sehen auch Viele ein, und sie schlagen, als letztes Mittel, die allgemeine Theilung der Güter vor. Ob wir dieses Mittel noch versuchen werden, steht dahin, aber gewiß ist, daß es nicht dazu dienen würde, die Armen reich, sondern Alle arm zu machen. Für Jeden aber, der sich ein freies Auge bewahrt hat, steht es fest, daß alle Weltweisheit vor dieser Aufgabe verstummt und unvermögend ist zu helfen" (41).

Entscheidungskampf zwischen Unglaube und Kirche

Wie sehr Kettelers 1848er-Predigtzyklus den mentalen Dispositionen vormoderner Lebenswelten verhaftet bleibt, für wie selbstverständlich er die ständischen Unterschiede zwischen Armut und Reichtum hält und wie sehr es für ihn zum Los der Armen dieser Welt gehört, ihr irdisches Schicksal demütig und ergeben zu ertragen, wird dann spätestens in der dritten und vierten Predigt deutlich. Hier erklärt er erneut: „Die Ungleichheit des Vermögens, der Ueberfluß der Einen, die Dürftigkeit der Anderen an sich betrachtet, führt durchaus keine Spaltung unter den Menschen herbei, sondern ist vielmehr, bei vorherrschender christlicher Gesinnung, das festeste und schönste Bindemittel der Menschen untereinander, weil sie zur Bethätigung der christlichen Liebe, der wahrhaft brüderlichen Gesinnung Gelegenheit gibt" (48). Während also das Christentum die „Unterordnung des einen Menschen unter den andern nach einer höhern Ordnung" problemlos anerkennen könne und nicht als Gefährdung, sondern gerade als Vollendung menschlicher Freiheit verstehe, müsse „der Gottesleugner", der nur den Menschen kenne, „die volle und unbegrenzte Selbstherrlichkeit für jeden einzelnen Menschen in Anspruch nehmen". Als verpflichtendes Gesetz könne er nämlich nur das anerkennen, „was er aus eigenem freien Entschlusse sich gesetzt hat, und frei sein heißt ihm jener Zustand, wo Jeder nur verpflichtet ist, nach seinem eigenen Willen zu handeln" (52). Nach dieser „alle socialen Verhältnisse, alle gesellschaftlichen Beziehungen von Grund aus zerstörenden wahnsinnigen Lehre" (53) könne jeder Einzelne „die ganze gesellschaftliche Ordnung in Familie, Gemeinde, Staat in Frage stellen; sie ist für ihn nicht einmal da, bis er sie selbst anerkannt hat und nur so lange, wie er sie anerkennen will". Deshalb halte „der Unglaube unserer Tage" den Einzelnen sogar für berechtigt, „alles zu bekämpfen, was alle für gut halten, so lange er Selbst es nicht anerkannt hat" (53). Und Ketteler ergänzt empört: „Die Anhänger dieser Freiheitslehre mögen noch so oft behaupten, daß sie nach ihrem innern Gesetze Raub, Diebstahl, Unzucht, Trägheit u. s. w. für gut halten, ein Schrei des sittlichen Entsetzens aller Völker wird über sie richten und sie lehren, daß es ein Sittengesetz und also einen höchsten Gesetzgeber über die Willkür des einzelnen Menschen gibt, dem sich jeder im Leben unterwerfen muß, wenn er nicht als entmenschlicht angesehen werden will" (55).[45] Die vierte Predigt endet dementsprechend mit einem apokalyptischen Untergangsszenario: „So fürchte ich, daß wir, die wir in Gottlosigkeit Sodoma und Gomorrha übertroffen, auch der Strafe nicht entgehen werden. Gott aber braucht nicht die Wasserfluth über die Erde zu senden oder Feuer und Schwefel vom Himmel regnen zu lassen zu unserer Strafe; er braucht nur den Leidenschaften, die in den Lehren des Unglaubens sich zu entfesseln drohen, seinen (!) Lauf zu verstatten, und wir werden dann den Becher des Zornes Gottes bis auf die Hefe ausleeren" (68).

Menschliche Arbeit und der Wohlstand der Völker

Die Lehren des Christentums sichern aber, so Ketteler, nicht nur die sozialen Ungleichheiten, sondern auch den Wohlstand der Völker. Entweder nämlich „liegt unsere Endbestimmung außer der Welt in Gott, so daß unser Leben auf Erden nur eine Vorbereitung zu diesem Endziele ist, oder es ist unsere einzige Bestimmung hier, das Erdenleben zu genießen und dann mit den Thieren zu vergehen. Jenes behauptet der Gottesgläubige, dieses der Gottesleugner" (59). Die Anschauung der Gottesleugner müsse aber „nothwendig eine allgemeine Arbeitsscheu hervorrufen", denn jene Arbeit, „die bis jetzt die große Mehrheit aller Menschen sich noch gefallen läßt, in der der ganze Reichtum aller Völker besteht, die wir nicht einen Tag entbehren können ohne die allgemeinste Zerstörung und Verarmung ..., – diese Arbeit wird zerstört mit jener Ansicht von der Bestimmung des Menschen" (60). Bei dem armen Arbeiter nämlich werde diese Überzeugung „Haß, Neid und Mißgunst gegen den Reichen" schüren mit der Folge, dass er dann „zu jedem Mittel, außer zur Arbeit, greifen wird, um zu seinem Lebensziele zu gelangen" (61). Nur im Rahmen eines lebendigen Christentums sei also „wahre Arbeitsamkeit und freudige Ertragung der mit der Arbeit verbundenen Mühe möglich" – und es sei „eben eines der Geheimnisse des Christenthums, daß es versteht, dem Menschen jene Gesinnung einzuflößen, die ihn antreibt, mit Freude und Lust jene mühevolle Arbeit zu tragen, die sich nun einmal nicht abschaffen läßt". Dass man „jene mühevolle, täglich wiederkehrende Arbeit des Taglöhners", der „nur geringen Lohn für seine Arbeit erlangt" (66), aber auch als Verstoß gegen die Menschenwürde des Arbeiters skandalisieren könnte, wie Ketteler dies später immer wieder mit Feuereifer tun sollte, kommt in seinen 1848er-Predigten noch in keiner Weise zur Sprache.

Wie also das Christentum bei den Armen „die wahre Arbeitsamkeit hervorruft und dadurch den wahren Wohlstand begründet", so sichere es bei den Reichen die wahre Wohltätigkeit, denn der Wohlhabende, „der seine Endbestimmung in dem jenseitigen Leben sucht", wird seine Reichtümer als ein Mittel betrachten, „um durch ihre gute Verwendung den Besitz Gottes zu erlangen". Im Blick auf die soziale Frage sieht Ketteler die eigentliche Lösung deshalb in der Wohltätigkeit der Reichen und der Bescheidenheit der Armen, in der „Gesinnung eines wahrhaft christlichen Arbeiters, der mit Verachtung nicht auf die Reichen, sondern auf den Reichtum und äußeren Glanz hinblickt; der im Gefühle, daß seine Menschenwürde nicht im Reichthume, sondern in wahrer Tugend besteht, gern den ganzen äußern Tand den Reichen überlässt ..." (66f.).

Blindheiten und Sensibilitäten

Man kann dem Ketteler des Jahres 1848 also kaum attestieren, dass er seinem ambitionierten Anspruch, „die sociale Frage zu ergründen und zu begreifen", gerecht geworden ist. Für die in den demokratischen Aufbrüchen des Jahres 1848 immer wieder erhobene Forderung, die staatliche Gesetzgebung für die Lösung der sozialen Probleme in die Verantwortung zu nehmen, war er völlig unsensibel. Der moderne Territorialstaat, der sich im neuzeitlichen Herrschafts- und Regulierungsanspruch des fürstenstaatlichen Absolutismus verwirklicht hatte, in jenem Polizei-Staat, dem der vereinte Kampf der konstitutionellen und der radikalen Kräfte der 1848er-Revolution galt und gegen den sich auch die ultramontanen Kämpfe um die „Freiheit und Unabhängigkeit der Kirche" richteten, war dem Ketteler des Jahres 1848 eine ebenso fremde wie feindliche Größe. Ein solcher usurpatorischer Staat bedrohte die „deutsche Freiheit". Man hatte ihm die jahrhundertealten Rechte der Kirche ebenso wie die Eigenrechte der zahlreichen anderen sozialen Lebensformen und Gemeinschaften mühsam wieder abzutrotzen. Und die Vorstellung, dass man einem solchen

Staat nun auch noch sozialpolitische Aufgaben und Verantwortlichkeiten zuschreiben sollte, die seit je in unterschiedlicher Weise eben bei der Kirche und diesen sozialen Gemeinschaften lagen – sie war für Ketteler schlicht undenkbar; so undenkbar, dass das Ansinnen einer staatlichen Sozialpolitik, dieser große Gedanke des 19. Jahrhunderts, der seit 1848 auf der Tagesordnung der deutschen Gesellschaft stand, wohl gar nicht erst in den Fokus seiner Aufmerksamkeit geraten konnte.

So blind aber Ketteler für das Thema der Sozialpolitik zu dieser Zeit noch war, so sensibel und aufmerksam war er für die konkrete Not der Armen. Hier dürfte in der Tat eine spezifische Qualität ultramontaner Kirchlichkeit liegen, die sich durch eine hohe religiöse Wertschätzung der Notleidenden und eine besondere Nähe zu ihnen auszeichnet. Kettelers besondere Liebe zu den Armen, seine hohe Sensibilität für ihre entbehrungsreichen Lebenswelten, zeigt sich auch darin, dass er – entgegen seiner Neigung zu scharfer Mahnrede und unheildrohender Bußpredigt – schon früh ein Gespür für die Grenzen religiöser Moralisierungen entwickelte. In den Milieus der Armen könnten kirchliche Moralvorstellungen nämlich, wie er in seiner zweiten Predigt notiert, oft keinerlei Wurzeln schlagen: „Gute Lehren und Ermahnungen helfen hier eben so wenig wie einzelne Hilfeleistungen. […] Die Armen müssen erst wieder fühlen, daß es eine Liebe gibt, die ihrer gedenkt, ehe sie der Lehre der Liebe Glauben schenken. Dazu müssen wir die Armen und die Armuth aufsuchen bis in ihre verborgensten Schlupfwinkel, ihre Verhältnisse, die Quellen ihrer Armuth erforschen, die Leiden, ihre Thränen mit ihnen theilen, keine Verworfenheit, kein Elend darf unsere Schritte hemmen, wir müssen es ertragen können, verkannt, zurückgestoßen, mit Undank belohnt zu werden, wir müssen uns immer wieder durch Liebe aufdrängen, bis wir die Eisdecke, unter der das Herz des Armen oft vergraben, aufgethaut und in Liebe überwunden haben" (45). Und mit einem deutlichen Stolz auf die ultramontane Nähe zum armen Volk und dessen Anhänglichkeit zu den Pfarrern und Kaplänen, den Ordensfrauen und -männern der katholischen Kirche wirft Ketteler den demokratischen Anhängern der sozialen Republik in diesem Zusammenhang den Fehdehandschuh hin und erklärt: „Was vermögen diese Volksfreunde, um die socialen Uebel zu heilen, um die Armuth zu mildern, um die Menschen zu versöhnen? Was vermögen sie? […] Finden wir sie in den Hütten der Armen, an den Kranken- und Armenbetten? Sehen wir sie sich selbst arm machen, selbst arm leben, um den Armen zu helfen? Nichts von dem Allen. Ihre Volksliebe zeigen sie durch den Haß, den sie unter den Menschen verbreiten; sie machen sich selbst einen bequemen Tag, leben selbst wie die Reichen, sind selbst mit allen Lastern und Leidenschaften der Reichen entzündet und wagen es dennoch, die Armen auf die Reichen zu hetzen … Der Polizeistaat und unsere Volksfreunde, beide kommen nicht über die Redensarten hinaus“ (45f.).

III. Über Berlin nach Mainz

Ultramontane Anfänge im Bischofsamt

Nach den Mainzer Adventspredigten kehrte Ketteler schleunigst zurück zu seiner Gemeinde nach Hopsten, wo er nun wieder als Landpfarrer wirken wollte. Aber schon im April erhielt er ein offizielles Schreiben im Auftrag des preußischen Kultusministeriums mit der Mitteilung, dass man ihn zum Propst der St. Hedwigskirche in Berlin und zum fürstbischöflichen Delegaten für Pommern und die Mark Brandenburg zu ernennen gedenke. Ketteler war von dieser Aussicht wenig angetan und verwies nicht nur auf seine „mangelhafte wissenschaftliche Ausbildung" und seine „Unbeholfenheit in Geschäftssachen", sondern auch auf seine „natürliche Jugendliebe zum Landleben, zum Verkehr mit einfachen Menschen" sowie auf seine „Abscheu gegen das Stadtleben mit seiner Verbildung". Mit Nachdruck betonte er: „Nur wenn ich den Befehl meines geistlichen Oberen vor mir habe und so den Willen Gottes in ihm vernehmen muß, werde ich mich blindlings jedem Berufe hingeben. Bis dahin aber muss ich durchaus die Übernahme verweigern."[1]

Im Mai wurde Ketteler dann vom preußischen König zum Propst von St. Hedwig ernannt, und im Juli kam auch die entsprechende Aufforderung durch Melchior von Diepenbrock, dem zuständigen Fürstbischof von Breslau, sodass er zum Oktober 1849 in die wenig geliebte preußische Hauptstadt zog, wo er nun „das wichtigste katholische Amt in der ‚Diaspora' des protestantischen preußischen Stammlandes"[2] übernehmen sollte. Dort fand er, wie Otto Pfülf notiert, „einen kleinen Kreis treu bewährter Katholiken" vor, darüber hinaus aber „nur die ungeheuerlichste Noth und die ungeheuerlichste Mittellosigkeit, dieser Noth abzuhelfen"[3]. An Fürstbischof Diepenbrock schrieb er im Dezember: „Ich sehe vor mir ein unermeßliches Seelenbedürfniß, einen wahrhaft verwilderten Acker im Weinberge des Herrn, große Uebelstände, die gehoben werden müssen."[4] Das von der preußischen Regierung 1812 erlassene Statut über die Verwaltung der Hedwigskirche und ihrer Finanzen – sie lag nicht in der alleinigen Hand des Pfarrers, sondern in der eines „Kirchen-Collegs", in dem die Stimme des Pfarrers nur als eine unter mehreren zählte – empörte Ketteler zutiefst. Seinem Bischof gegenüber erklärte er, die Berliner Kirche habe „keine katholische Verfassung, sondern die rein protestantische Presbyterial-Verfassung, die sich kein katholischer Pfarrer gefallen lassen darf, ohne an der innersten Idee der göttlichen Hierarchie der katholischen Kirche Verrath zu begehen". Statt kraftvolle Entscheidungen zu treffen und entschlossen voranzugehen, müsse er nun alle Angelegenheiten „auf dem Schleppwege collegialischer Verhandlungen behandeln", mit der Gefahr, dass er darüber „zur Schreibmaschine wird, und das höchste, die Seelsorge, vernachlässigen muß".[5]

Von einer solchen Vernachlässigung der Seelsorge konnte aber keine Rede sein. Auch in Berlin zeichnete sich Ketteler nämlich nicht nur durch seine wortgewaltigen Predigten, sondern auch durch seine besondere Nähe und Zuwendung zu den Notleidenden aus.[6] Kettelers vorrangige Zuwendung zu den Armen scheint dabei kirchlicherseits durchaus auch mit einer gewissen Sorge beobachtet worden zu sein. Jedenfalls mochte Fürstbischof Förster, der Nachfolger Diepenbrocks in Breslau, in einem Nachruf auf den 1877 verstorbenen Ketteler nicht auf eine gewisse Kritik verzichten. So notierte er zwar, Ketteler habe, „wo er gelebt und gewirkt – in Hopsten, in Berlin, in Mainz – segensreich gelebt und gewirkt"; allerdings monierte er zugleich, dass er sich „vom Hofe zu sehr zurückgezogen" habe: „Ja, er ist so weit gegangen, daß er es übel empfand, wenn seine Kapläne sich zu viel in adligen Häusern bewegten, und daher kam es, daß er in dieser höhern Welt fremder blieb als gut war."[7]

Mainzer Kapriolen um die Bischofswahl

Eine lange Zeit des pastoralen Wirkens in Berlin war Ketteler jedoch nicht beschieden, denn schon im Februar 1850 erfuhr er von dem Ansinnen, ihn für das Amt des Bischofs von Mainz zu gewinnen. Ende 1848 war der Mainzer Bischof Leopold Kaiser verstorben, für Otto Pfühl „ein menschenfreundlicher, aber schwacher und von der Verschwommenheit der Aufklärungszeit nicht unberührter Kirchenfürst“[8]. Im Februar wurde dann der Gießener Universitätsprofessor Leopold Schmid als Nachfolger gewählt, der von der katholischen Aufklärung geprägt war, zum Teil in Tübingen, zum Teil an protestantischen Universitäten studiert hatte und vom Geist konfessioneller Begegnung und Versöhnung getragen war. Für die Minderheit der Mainzer Ultramontanen um Domkapitular Adam Franz Lennig war Schmid jedoch durch eine gänzlich unkirchliche Glaubenshaltung gekennzeichnet, sodass dessen Wahl bei ihnen erbitterten Widerstand wachrief. Otto Pfülf bringt die ultramontanen Aversionen gegen Schmid anschaulich zum Ausdruck, wenn er notiert: „War es ohnehin verhängnisvoll, einen mit seiner Kirche innerlich zerfallenen Mann an die Spitze einer Diöcese zu stellen, so erschien dies von doppelter Tragweite in der durch den Radicalismus und Deutschkatholicismus tief unterwühlten Diöcese Mainz und innerhalb der oberrheinischen Kirchenprovinz, wo durch die Eigenmacht kleiner protestantischer Regierungen die Verhältnisse der katholischen Kirche überhaupt in der traurigsten Zerrüttung sich befanden.“[9]

Auf Betreiben Lennigs wurde die Wahl Leopold Schmids, die dieser Anfang März angenommen hatte, im Dezember 1849 durch ein Breve von Papst Pius IX. offiziell kassiert;[10] ein Vorgang, der für erhebliche Empörung und scharfen Widerspruch sorgte und schließlich auch die Regierung des Großherzogtums Hessen-Darmstadt veranlasste, auf eine einvernehmliche Lösung innerhalb des hoffnungslos zerstrittenen Mainzer Domkapitels hinzuwirken. In Anwesenheit zweier Regierungskommissare einigte sich das Domkapitel dann im Februar 1850 auf eine neue Liste mit auswärtigen Kandidaten, auf der auch der Name Kettelers stand. Nachdem die Genehmigung der neuen Liste seitens der Darmstädter Regierung vorlag, hatte Domkaplan Heinrich den Berliner Propst Ketteler von diesen Vorgängen in Kenntnis gesetzt, verbunden mit der dringenden Bitte, sich einer eventuellen Wahl nicht zu verweigern. Ketteler reagierte prompt mit einem Antwortbrief an den „lieben Herrn Kaplan“ und notiert: „Gott allein weiß es, was er mit mir armem Sünder vor hat. Meine ganze Natur, bis zu ihren lezten Faseren, zieht mich zu einfachen, natürlichen Verhältnissen, die ich übersehen kann, wo ich im Stande bin, äußeres Wirken mit dem inneren Leben zu verbinden, und dagegen werde ich jezt mehr und mehr aus meinem eigensten und innersten Leben entwurzelt und in Verhältnisse getrieben, wo mir Tag und Nacht meine Unfähigkeit, selbst die ordinärste wissenschaftliche, vor Augen schwebt. Ich kann ja nicht einmal einen Satz richtig auf Latein niederschreiben und soll Bischof werden.“ Zugleich merkt er jedoch an: „Ich müßte aber alle Grundsätze, auf denen ich mein schwaches geistiges Leben erbauet habe, aufgeben, wenn ich anfangen sollte, mich selbst zu führen. Alles, was ich mir aus den Exercitien und Betrachtungen gerettet habe, zwingt mich zum Gehorsam gegen meine geist[lichen] Oberen. Wenn daher der Befehl des heil[igen] Vaters an mich kömmt, so werde ich gehen, wohin er mich ruft.“[11]

Schon im März sollte dann die Wahlbestätigung Kettelers durch den Papst in Mainz vorliegen, und zu den Ostertagen wurde sie auch in der Berliner Propsteigemeinde bekannt. Vor seinem endgültigen Abschied aus Berlin sollte Ketteler mit den Berliner Katholiken jedoch „noch einen glorreichen Tag“ erleben: die seit langer Zeit erste öffentliche Fronleichnamsprozession, die von der Hedwigskirche zur katholischen Kirche nach Spandau führte und über die ein protestantischer Korrespondent in einem Zeitungsbericht folgendermaßen berichtet: „Die Prozession wurde von den Vorübergehenden, die oft stehen blieben und das Haupt entblößten, durchweg mit sichtbarlicher Achtung aufgenommen, was mir ein sehr bedeutsames Zeichen scheint. Ich erinnere daran, daß Friedrich der Große, als man ihn um Erlaubniß anging, diese Prozession außerhalb der Kirche begehen zu lassen, die Bemerkung machte: ‚Ich erlaube es, aber ob die Straßenjungen Berlins es erlauben, das ist eine andere Frage.' Man hätte nie geglaubt, daß in der rein protestantischen Stadt, wo überdies die Skepsis und Kritik sich so tief ins Volksleben eingesessen, ein so ungewöhnlicher Umzug vorgenommen werden könne, ohne besonderes Aufsehen und Anstoß zu erregen, und hatte in den letzten Dezennien nicht einmal daran gedacht, ihn außerhalb der Kirche vorzunehmen. […] Was hier früher confessionellen Anstoß erregt hätte, brachte offenbar eine überwiegend ehrfurchtsvolle Theilnahme hervor. Die berittenen Schutzmänner, welche aus Vorsorge der Regierung außerhalb der Stadt in großer Entfernung und auf Seitenwegen den Zug begleiteten, wurden kaum bemerkt."[12]

Prunk und Probleme

Die Ernennung Kettelers zum neuen Bischof von Mainz hatte die Gemüter der Diözese keineswegs beruhigt. Die Auseinandersetzungen zwischen der Gruppe der kircheneifrigen Ultramontanen um Domkapitular Lennig und der gemäßigten Mehrheit des Mainzer Domkapitels waren noch nicht ausgestanden, und die Entscheidung des Papstes, die Wahl Leopold Schmids zum Bischof von Mainz zu annullieren, rief auf vielen Seiten Protest und Widerstand hervor. So veröffentlichte etwa das Mainzer Tagblatt am 4. April 1850 einen langen Aufruf, der eine „von Rom freie katholische Nationalkirche" forderte. Darin heißt es: „Leopold Schmid, zum Bischof von Mainz erwählt, wird ungehört verworfen, und bleibt's, trotz unserer Bitten, trotz unserer Berufung auf's Recht! – Herr v. Ketteler wird Bischof – die Bestätigung aus Rom ist für ihn da! – Beide Männer mögen gleich talentvoll, gleich ehrenhaft sein! Wir streiten durchaus nicht gegen die Persönlichkeit, aber fragen wollen wir doch: Wie stehts denn dabei mit dem Recht? […] Wem Ehre, Freiheit und Menschenwürde heilig ist, der stimmt ein in den Ruf: ‚Festhaltend an unserem Christenthum, wollen wir nicht länger ein Spielball der Hierarchie sein, nicht länger mehr rechtlos – nein, freie, gotteswürdige Menschen, allesammt gleichberechtigte Brüder wollen wir werden. Darum erkennen wir fürderhin keine Willkürherrschaft der Priester mehr an, die man uns oktroyirt. Nein, wir wählen uns selbst unsere Geistlichen, und uns bleiben sie verantwortlich – Unsere Losung sei: eine von Rom freie katholische Nationalkirche.'"[13]

Vor diesem Hintergrund kam es in Mainz auch „zu Ruhestörungen und Zusammenrottungen wider den Piusverein", weshalb man schließlich beschloss, „den Einzug des neuen Oberhirten möglichst festlich zu begehen"[14]. So fuhr Ketteler am 16. Juli 1850 mit einem reich geschmückten Dampfboot von Koblenz kommend den Rhein hinauf, wo er in Bingen erstmals den Boden seiner neuen Diözese betrat. „Hier wurde es von den zwei festlich gezierten Dampfern, welche von Mainz her mit den Deputationen zur Bewillkommnung und Aufnahme des Bischofs gekommen waren, feierlich begrüßt. [...] Der ganze Weg von Bingen nach Mainz gestaltete sich zum Triumphzug. Rechts und links des Rheines, aus der Limburger, wie der Mainzer Diöcese, waren die Gemeinden mit Kreuz und Fahnen, geführt von ihrem Geistlichen, processionsweise ausgezogen, und nahmen am Rheine Aufstellung, den vorüberfahrenden Kirchenfürsten zu begrüßen. [...] Endlich war man in Mainz, wo unabsehbare Menschenmassen und unaussprechlicher Jubel den Oberhirten begrüßten. [...] Ein Festzug von unvergleichlicher Großartigkeit führte ihn dann zum Dome, wo das Domkapitel mit seinem Decan an der Spitze den Oberhirten empfing. Ein großartiger Fackelzug beschloss den Tag."[15]

Aber so prunkvoll dieser Einzug auch ausfiel, so problembeladen sollten die Aufgaben sein, die auf den neuen Bischof von Mainz warteten. Im Gebiet seiner Diözese bildeten die Katholiken nur etwa ein Viertel der Bevölkerung. Die politische Macht im Großherzogtum lag in den Händen konservativer Protestanten, und die wenigen katholischen Beamten standen den neuen ultramontanen Aufbrüchen fremd bis ablehnend gegenüber. Auf dem Gebiet der Diözese Mainz hatten sich zahlreiche, durchaus selbstbewusste deutschkatholische Gemeinden gebildet. Auch in Mainz selbst, der einzigen größeren katholischen Stadt des Staates Hessen-Darmstadt, gab es – seit der Zeit der französischen Herrschaft – eine starke demokratische Bewegung. Auch hier lebte der kirchenkritische Geist der Freiheit und des Fortschritts; und auch die Mehrheit der Mainzer Katholiken war von den Traditionen der katholischen Aufklärung geprägt und eher nationalkirchlich als ultramontan orientiert. Von daher erfreuten sich Forderungen nach Beseitigung des Zölibats, Zulassung der Mischehen und Wiedereinführung demokratischer Diözesansynoden unter den Katholiken des Bistums breiter Beliebtheit; Herausforderungen genug also für den ultramontanen Kircheneifer des neuen Oberhirten.

Ketteler führte im Bistum Mainz nun eine bisher unbekannte kirchlich-klerikale Disziplin ein. Priester-Exerzitien und regelmäßige, im dreijährigen Turnus erfolgende Visitationen in allen Pfarreien; von der Kanzel zu verlesende Hirtenbriefe und Pastoralschreiben an die Gemeinden; Intensivierung von Prozessionen und Wallfahrten; Gründung zahlreicher Frömmigkeits- und Wohltätigkeitsvereine unter priesterlicher Leitung; von Jesuiten durchgeführte Volksmissionen etc. – all dies gehörte nun zum festen Bestandteil seiner Pastoral, wobei er insbesondere den Pfarrklerus immer wieder mahnend zum Breviergebet, zum Tragen priesterlicher Amtskleidung und zur eifrigen Darbringung des Messopfers anhielt und sich über priesterliches Fehlverhalten heftig erregen konnte.[16] Auch konnte er, wie Otto Pfülf berichtet, bei der Predigt auf der Kanzel mitunter einen solchen Furor entwickeln, „daß in einzelnen Gemeinden, welchen derart ihr Sündenregister vorgehalten worden war, Mißstimmung darüber entstand“[17]. Und auch viele Pfarrer monierten, dass aus Kettelers „ganzem Benehmen gegen uns der Hochmuth“ hervortrete, „der ein Erbübel des Adels, auch des Westfälischen ist, wo die Untergebenen wie geringere, ja ganz andere Wesen behandelt werden"[18]. In diesem Zusammenhang kam es im Dezember 1860 sogar zu einer von Lennig verfassten offiziellen Beschwerdeschrift des Mainzer Domkapitels, in dem über Kettelers „allzugroße Heftigkeit" geklagt wurde, die nicht selten „das Maaß des Erträglichen überschreitet"[19].

Kulturkämpferische Provokationen

Öffentliche Auseinandersetzungen um die soziale Frage spielten in Kettelers ersten Jahren als Bischof von Mainz keine Rolle. Dennoch sollte er seit den frühen 1850er-Jahren zum deutschlandweit bekannten „fehdelustigen Führer des deutschen Ultramontanismus"[20] avancieren, denn seit seinem Amtsantritt scheute er in der Auseinandersetzung mit den verschiedenen liberalen Strömungen im Großherzogtum Hessen keinerlei Konflikte. Streitpunkte waren vor allem kultur-, schul- und kirchenpolitische Fragen, etwa die von Vertretern der liberalen Kammermehrheit im Darmstädter Landtag geforderte Einführung der Kommunalschule in der Stadt Mainz, die man vor allem deshalb für dringlich ansah, weil „durch notorische ultramontane Einwirkungen der Geistlichkeit auf die Kinder, wie namentlich durch den ‚Verein der heiligen Kindheit', der Aberglauben in den Schulen leicht gefördert werden könnte und sonstige Unzuträglichkeiten entstünden"[21]. Bereits in seinem ersten Fastenhirtenbrief vom Februar 1851 hatte er eine erste scharfe Attacke auf die Deutschkatholiken gestartet, deren Lehre er als „das entschiedene Antichristenthum" und als „Inbegriff aller Irrlehren" bezeichnete[22]. Vertreter der deutschkatholischen Gemeinden wandten sich daraufhin – unter Hinweis auf Art. 42 der hessischen Verfassung: „Beschwerden über Mißbrauch der kirchlichen Gewalt können jederzeit bei der Regierung angebracht werden" – an die Kammer und die Regierungsbehörden in Darmstadt, allerdings ohne Ergebnis. Zur gleichen Zeit sollte Ketteler selbst den offenen Streit mit der Darmstädter Regierung suchen, denn zu Ostern erklärte er in einem einseitigen Akt, dass die Priesteramtskandidaten des Bistums Mainz ab sofort nicht mehr zum Studium an der Katholisch-Theologischen Fakultät der Universität Gießen zugelassen seien, sondern ihre Studien von nun an – unter der Oberleitung ihres Bischofs – im wiedereröffneten Priesterseminar in Mainz zu absolvieren hätten. Damit war ein deutschlandweit beachtetes Fanal gesetzt worden zu den jahrzehntelangen, teils quälend langwierig, teils kurzatmig-überhitzt geführten „Kulturkämpfen" zwischen Kirche und Staat, die die religionspolitischen Verhältnisse im Deutschland der zweiten Hälfte des 19. Jahrhunderts entscheidend prägen sollten.

Im Oktober 1829 hatte das Großherzogtum Hessen – entsprechend einem gemeinsamen Beschluss der Staaten der seit 1827 zur oberrheinischen Kirchenprovinz zusammengeschlossenen Bistümer[23] – das zum Mainzer Priesterseminar gehörige Bischöfliche Gymnasium aufgehoben und durch die Gründung einer Katholisch-Theologischen Fakultät an der Landesuniversität Gießen ersetzt. Damit sollte sichergestellt werden, dass dem Klerikernachwuchs im neu gegründeten katholischen Landesbistum des Großherzogtums Hessen-Darmstadt eine eigenständige wissenschaftliche Ausbildung ermöglicht wird. Im Januar 1830 folgte dann – im Rahmen nahezu gleichlautender Verordnungen der anderen vier Regierungen Südwestdeutschlands – eine „Landesrechtliche Verordnung über die Katholische Landeskirche", mit der der Staat Hessen-Darmstadt „die ihm zustehenden unveräußerlichen Majestätsrechte des Schutzes und der Oberaufsicht über die Kirche in ihrem vollen Umfang beanspruchte"[24].

Die Mainzer Ultramontanen, die sich seit den 1820er-Jahren formierten, hatten sich mit dieser Verordnung und der Gießener Fakultät jedoch nie abgefunden und führten seit Langem Klage darüber, dass die dort oft verächtlich als „Kathologen" bezeichneten Gießener Priesteramtskandidaten dem kirchlichen Leben entfremdet und „in den Strudel des burschikosen

Universitätslebens" hineingezogen würden[25]. Ketteler selbst hatte dazu 1850 notiert, dass die Kirche in der Ausbildung ihrer Priester seit jeher „der Wissenschaft nur die zweite Stelle angewiesen" habe, die erste aber der Erziehung „zu einem Leben voll Selbstverleugnung, Entsagung und Aufopferung", denn: „Die höchste Wissenschaft ist an sich nicht im Stande, eine Seele zu bekehren. Dazu gehört vor allem die Gnade Gottes, und diese wird nur mit dem Priester sein, der zuerst mit dem Beispiel, und dann mit dem Worte lehrt. [...] Daß aber die Universitäten zugleich die besten Anstalten für die Erziehung der Candidaten zum christlichen Leben, zur christlichen Vollkommenheit seien, kann wohl niemand behaupten."[26] Einige Zeit später schreibt er noch ergänzend: „Ich begreife in der That nicht, wie man von gebührender Ehrfurcht gegen die Beschlüsse des heiligen Concils zu Trient erfüllt sein, und doch die Meinung festhalten kann, als genügten einige Monate in einem Seminar, um ein ungebundenes, oft ausschweifendes Studentenleben in die Form der disciplina ecclesiastica umzugestalten."[27]

Seit seinem Amtsantritt war Ketteler fest entschlossen, die Priesterausbildung unter seine ausschließliche Jurisdiktion zu stellen und das Priesterseminar, das seit 1829 nur noch der unmittelbaren Vorbereitung auf die praktische Seelsorge gedient hatte, zu seiner theologischen Ausbildungsstätte zu machen.[28] Schon im Oktober 1850 hatte er der Regierung in Darmstadt die geplante Wiedereröffnung des Priesterseminars für Ostern 1851 avisiert und zur Durchführung dieser Maßnahme eine finanzielle Unterstützung der Regierung verlangt. Dabei hatte er keinen Zweifel daran gelassen, dass diese Entscheidung nach seiner festen Auffassung – den geltenden Gesetzen entgegen – in seinem alleinigen Rechtsbereich liege und keiner Genehmigung der Regierung bedürfe. Dieses Schreiben blieb seitens der großherzoglichen Regierung lange Zeit unbeantwortet. Erst kurz nach Ostern kam ein Dekret aus Darmstadt, das auf die Rechtswidrigkeit dieses Vorgehens verwies und die Eröffnung des Mainzer Priesterseminars als Ausbildungsstätte des künftigen katholischen Klerus untersagte; eine Anweisung, die von Ketteler ignoriert wurde.

Das eigenmächtige Vorgehen des Bischofs sorgte, wie zu erwarten war, für großes Aufsehen und rief geharnischte Reaktionen insbesondere seitens der liberalen Kräfte hervor, die ein scharfes Vorgehen gegen die ultramontane Eigenmächtigkeit des Mainzer Bischofs einforderten und von der Darmstädter Regierung die Verteidigung des geltenden Rechts verlangten. Das konservative Ministerium des Freiherrn von Dalwigk ließ sich jedoch, dem klaren Gesetzesbruch zum Trotz, zu keinerlei Gegenmaßnahmen veranlassen. Vielmehr traf Dalwigk, den mit Ketteler eine herzliche Abneigung gegen das moderne Bürgertum und den politischen Liberalismus verband, mit dem Mainzer Oberhirten im August 1854 eine „Geheime Convention"[29], die dem Bischof das alleinige Recht zur Auswahl und Anstellung der Geistlichen einräumte, also auf das bisherige staatliche Plazet verzichtete, das Recht auf Eröffnung tridentinischer Knabenseminare zugestand und angehende katholische Kleriker von der Pflicht zum Universitätsstudium entband. Damit war nicht nur die Fakultät in Gießen überflüssig geworden; auch der Ruf der Darmstädter Regierung geriet angesichts dieses Zurückweichens vor dem Alleingang Kettelers in arge Bedrängnis. Diese Geheimvereinbarung, die erst 1860 veröffentlicht wurde und deren Regelungen bis zum preußischen Kulturkampf der 1870er-Jahre in Kraft bleiben sollten, wurde von der liberalen Mehrheit in der Zweiten Kammer des Parlaments immer wieder heftig angegriffen. Sie sollte Ketteler in den 1850er und 1860er Jahren in zahlreiche, von beiden Seiten mit scharfer Polemik geführte politisch-publizistische Auseinandersetzungen um die „Unabhängigkeit der Kirche" und die Souveränitäts- und Herrschaftsrechte des modernen Staates führen; Auseinandersetzungen, an denen der wortgewaltige Mainzer Oberhirte, der längst „ein Prediger der Presse, ein Prediger der Broschüren" geworden war[30], zunehmend Gefallen fand und mit denen er – spätestens nach dem Tode des Kölner Erzbischofs Johannes von Geissel im Jahr 1864 – zur unbestrittenen Leitfigur des ultramontanen Katholizismus in Deutschland aufsteigen sollte.

„Nur mehr das Dogma …"

Die Mainz-Darmstädter Konvention zwischen Dalwigk und Ketteler sollte einem offenen Machtkampf des Fürstenstaates mit der römischen Hierarchie vorbeugen, auch wenn die Kurie über Kettelers eigenmächtiges Vorgehen sehr verärgert war und sich erst nach weiteren Zugeständnissen seitens der Regierung zu einer Tolerierung dieses Übereinkunft durchringen konnte. Für die oberrheinische Kirchenprovinz insgesamt sollte sich der vom ultramontanen Katholizismus provozierte Grundsatzkonflikt zwischen der katholischen Kirche und den modernen Staaten jedoch nicht verhindern lassen. Im Juli 1850 – und nicht zufällig genau am Tag der Bischofsweihe Kettelers – war ein Breve des Papstes an Hermann von Vicari, den damals schon 77-jährigen Erzbischof von Freiburg, ergangen mit der Aufforderung, neue Anstrengungen zur Wahrung der Kirchengesetze und der Kirchendisziplin zu unternehmen. In den südwestdeutschen, von Protestantismus und Aufklärung geprägten Staaten herrschten seit Langem die aus dem 18. Jahrhundert stammenden Traditionen des Staatskirchentums mit einem entsprechenden Schutz- und Aufsichtsrecht über die katholische Kirche, das den Regierungen weitgehende Herrschafts-, Mitsprache- und Kontrollbefugnisse einräumte.

Der Aufforderung des Papstes entsprechend, verlangte nun eine im März an die Regierungen verschickte „Denkschrift" der katholischen Bischöfe u. a. freie Ausbildung und freie Anstellung der Geistlichen ohne staatliches Plazet, Leitung und Überwachung des Religionsunterrichts, freie Aufstellung der Kandidaten für die Bischofswahl und freie Verwaltung des Kirchen- und Stiftungsvermögens. Diese etwa 20-seitige Denkschrift wurde umgehend veröffentlicht, um politisch und publizistisch als Fundamentalangriff auf die gesamten Traditionen des Staatskirchentums fungieren zu können; und sie sollte ihre Wirkung nicht verfehlen. Die Regierungen der südwestdeutschen Staaten, die von der liberalen Publizistik immer wieder zu scharfen Gegenmaßnahmen aufgefordert wurden, reagierten aber erst zwei Jahre später, im März 1853, als sie deutliche Zugeständnisse im Blick auf die Besetzung der Pfarrerstellen und hinsichtlich der Universitätspflicht für katholische Geistliche in Aussicht stellten. Grundsätzlich wurde aber betont, dass die Verhältnisse zwischen der katholischen Kirche und den Staaten jedoch weiterhin so geordnet bleiben müssten, dass sie „auch dem Staate keine Hemmnisse in der Förderung des allgemeinen Besten und der öffentlichen Wohlfahrt" bereiten.[31] Ketteler kommentierte dies gegenüber dem Freiburger Erzbischof mit den Worten: „Bewilligt ist so gut wie nichts, und die billigsten Anforderungen sind ungeachtet geblieben."[32]

Die katholischen Bischöfe, allen voran der Freiburger Erzbischof von Vicari, reagierten mit prompten, teils öffentlichen Protesten und erklärten im April 1853 gegenüber den Regierungen, dass sie fest entschlossen seien, „inkünftig nur mehr das Dogma und das darauf beruhende Verfassungsrecht ihrer heiligen Kirche als normirend für ihre Amtsverwaltung zu betrachten" und den geltenden staatskirchenrechtlichen Regelungen „auf das entschiedenste entgegenzutreten"[33]; eine Erklärung, die nicht zufällig klang „wie eine Kriegsdrohung"[34]. Dieser Eingabe folgte im Juni eine weitere, diesmal über 120 Seiten starke öffentliche „Denkschrift", in der die Bischöfe u. a. erklärten, die ihnen nicht zugestandenen Freiheitsrechte unbeschränkt in Anspruch nehmen zu wollen, da durch die geltenden Gesetze „der rechtliche Bestand der katholischen Kirche wesentlich gekränkt" werde.[35] Seitdem ließ insbesondere von Vicari kaum eine Gelegenheit aus, seine Entschlossenheit zum Ungehorsam gegen die geltenden Bestimmungen zu dokumentieren. Im November ließ er alle Pfarrer seiner Diözese bei Androhung der Exkommunikation einen Hirtenbrief gegen die staatlichen Kirchengesetze von den Kanzeln verlesen. Daraufhin wurde Vicaris amtliches Wirken per landesherrlicher Verordnung unter polizeiliche Aufsicht gestellt. Jede Verordnung des Oberhirten musste nun von einem Oberkirchenrat der badischen Regierung gegengezeichnet werden, der daraufhin von Vicari prompt mit dem großen Kirchenbann belegt wurde[36].

Als die badische Regierung den katholischen Priestern den Gehorsam gegenüber ihrem Oberhirten untersagte und Vicari im Mai 1854 zeitweilig mit „Hausarrest" belegte, war der erste Höhepunkt des Badischen Kirchenstreites erreicht. Er begann erst wieder abzuklingen, als sich die Regierung in Karlsruhe zu direkten Konkordatsverhandlungen mit dem Vatikan bereit erklärt hatte, nachdem zuvor verschiedene Gespräche ergebnislos geblieben waren. Kettler, der später u. a. auch als Koadjutor und möglicher Nachfolger Vicaris im Gespräch war – ein Ansinnen, das am deutlichen Widerstand der badischen Regierung scheitern sollte – war in diesem Zusammenhang als Vicaris Bevollmächtigter zweimal zum badischen Hof nach Karlsruhe gereist, hatte dort aber nicht viel erreichen können: „An Versprechungen aller Art hat es nicht gefehlt, wohl aber an bestimmten festen Concessionen."[37]

In den Verhandlungen mit Rom kam die badische Regierung, der sehr an einer kirchenpolitischen Beruhigung gelegen war, zahlreichen Forderungen der römischen Kurie weit entgegen[38], sodass sich hier ein ultramontaner Sieg abzuzeichnen begann. Allerdings scheiterte das schließlich ausgehandelte Konkordat am Widerstand des liberal geprägten badischen Parlaments, das diese Regelungen im Frühjahr 1860 mit Nachdruck verwarf. Daraufhin wurden nun einseitige staatliche Regelungen im Sinne der Zweiten Kammer der badischen Ständeversammlung eingeführt; mit der Folge, dass das neue badische Kirchengesetz vom Oktober 1860 „zum ersten Mal in einem deutschen Staat die kirchenpolitischen Zielvorstellungen des Liberalismus" in geltendes Recht umsetzte: „Kirchliche Vorschriften, die ‚bürgerliche oder staatsbürgerliche Verhältnisse' betrafen, bedurften staatlicher Genehmigung (§§ 13, 15). Als Voraussetzung für die Zulassung zu Kirchenämtern wurde der Nachweis einer ‚allgemeinen wissenschaftlichen Vorbildung' gefordert; die Regierung konnte gegen Bewerber, die ihr ‚in bürgerlicher oder politischer Beziehung' nicht genehm waren, Einspruch erheben (§ 9). Für das Kirchenvermögen wurde gemeinsame Verwaltung durch Staat und Kirche bestimmt (§ 10), die Niederlassung von Orden unterlag staatlicher Genehmigung (§ 11). Das gesamte öffentliche Schulwesen wurde dem Staat unterstellt (§ 6), aber die Ermächtigung zur Errichtung kirchlicher Schulen gewährt (§ 12)."[39]

Auf der Grundlage dieses Gesetzes sollte die katholische Kirche in den nächsten Jahrzehnten vor allem in Baden „einem weitgehenden System staatlicher Aufsicht unterworfen"[40] werden und mit der Einführung der Zivilehe und der obligatorischen staatlichen Schule nahezu alle früheren Kompetenzen an den Staat verlieren. In diesen Säkularisierungstendenzen reflektierten sich zum einen reale Zeiterfahrungen mit religiösen Erosions- und Differenzierungsprozessen; vor allem aber artikulierte sich hier der militante Antiklerikalismus einer liberalen Weltanschauungsbewegung, die immer wieder vor der Versuchung stand, den historischen Siegeszug des modernen Typus einer aufgeklärten bürgerlichen Existenz auch mithilfe gesetzlicher Vorschriften wenn nicht erzwingen, so doch wenigstens deutlich beschleunigen zu wollen. Ihren kulturpolitischen Höhepunkt erlebte diese Entwicklung in den mehrfach verschärften Vorschriften zum so genannten „Kulturexamen" für angehende katholische Pfarrer, von denen man seit 1874 neben dem Nachweis des Abiturs und eines dreijährigen Studiums an einer deutschen Universität nun zusätzlich noch eine Staatsprüfung in Philosophie und Geschichte, in deutscher und klassischer Literatur verlangte.

In all diesen Auseinandersetzungen ging es für Kettelers Kirchenverständnis in der Tat um einen Konflikt auf Leben und Tod zwischen Glaube und Unglaube, zwischen Christ und Antichrist, in den er, wie ihm von der liberalen Presse immer wieder vorgeworfen wurde, „mit weithinschallendem Kriegsruf" kampfesfreudig und allen Kompromissen abhold eingetreten war, um der ultramontanen Bewegung die Wege und Mittel zu weisen und „seinen Lebenszweck, die Wiederherstellung der Macht der Kirche, wie sie im Mittelalter war, zu erreichen“[41]. Sein 1848 entdecktes theologisches Grundmotiv von der sozialen Frage als dem entscheidenden Bewährungsfeld für die überlegene Wahrheit der katholischen Kirche und ihrer allen Religions- und Weltanschauungssystemen unendlich überlegenen praktischen Liebestätigkeit sollte darüber in den 1850er-Jahren nahezu in Vergessenheit geraten. Erst das Jahr 1863 brachte neue politische und soziale Grundsatzdebatten hervor, die auch den Mainzer Bischof von Ketteler dazu veranlassen sollten, sein seit 1848 bestehendes „sozialpolitisches Schweigen“[42] zu brechen.

IV. Arbeiter- oder Bourgeois-Ökonomie?

Kontroversen um Selbsthilfe und Staatshilfe 1863/64

In den 1850er-Jahren zeichnete sich endgültig ab, wer im „Kampf zwischen Feudalismus und Industrialismus" den Sieg davontragen sollte. Der Historiker Johannes Scherr, der in der Revolutionszeit demokratischer Abgeordneter im Württembergischen Landtag war und später in die Schweiz emigrieren musste, schrieb in seinem 1858 veröffentlichten Roman *Michel. Geschichte eines Deutschen in unserer Zeit:* „Das Kapital beherrscht alle Gesellschaftsklassen, vom König hinab bis zum Fabriksklaven. Es ist die Seele des großen Motors unserer Zeit, des Industrialismus, mit dem die moralischen und materiellen Motoren der Vergangenheit, die ich alle unter dem Namen Feudalismus zusammenfasse, einen wilden Kampf auf Leben und Tod kämpfen. Wem der Sieg zufallen werde, kann nicht zweifelhaft sein. Mit jedem neuen Dampfboot, das vom Stapel läuft, mit jedem neuen Dampfroß, das die Schienen beschreitet, fällt ein Stück Feudalismus in den Abgrund unwiederbringlicher Vergangenheit. Jede neue Maschine, deren Eisenarme der Dampf in Bewegung setzt, zerreibt ein religiöses, politisches oder soziales Dogma des Mittelalters zu Atomen. […] Ein ungeheurer Umschwung der Ansichten und Verhältnisse bereitet sich vor, alles ist auf reale Zwecke und Ziele gerichtet. Die Menschen glauben, lieben, hoffen und wollen nichts mehr, als was sich verwerten, zählen, wägen läßt und Interessen, tatsächliche, greifbare Interessen trägt. Das Nützliche, nur das Nützliche, immer und überall das Nützliche, das ist's, was unsere Zeit will und mit ungeheurer Arbeit erstrebt. Niemals ist so gearbeitet worden, wie jetzt gearbeitet wird, und wo Arbeit ist, da ist Leben, Bewegung, Zukunft."[1]

Zugleich kam es in diesen Jahren zu einer beträchtlichen Bevölkerungszunahme, mit der sich zahlreiche Hungersnöte und massive Auswanderungstendenzen verbanden. Aller Not und Unsicherheit der pauperisierten Volksmassen zum Trotz herrschte aber die weit verbreitete Aufbruchsstimmung unaufhaltsamer wirtschaftlicher Prosperität. Dabei wurde allerdings immer deutlicher, dass es mit dem Siegeszug von Aufklärung und Vernunft, von Technik und Wissenschaft keineswegs zur Ausbildung einer homogenen, den modernen Staat tragenden Gesellschaft bürgerlicher Mittelschichten kommen würde: „Im Gegenteil, es wurde offenkundig, daß die Zahl der Lohnabhängigen, die Zahl der Nichtbürger zunahm. Der Anspruch des Bürgertums, für alle sprechen zu wollen und zu können, wie man ihn 1848 noch vielfach in den Parlamenten verfochten hatte, war fragwürdig geworden." Immer häufiger wurde dieser Anspruch vom liberalen Bürgertum nun stillschweigend aufgegeben, denn „je weniger der Adel das kontrastierende Gegenüber war, desto schärfer erfolgte die Abgrenzung nach unten hin: zum Vierten Stand".[2]

Vor diesem Hintergrund erlebten auch die öffentlichen Debatten um die „sociale Frage" und die „Heilmittel zu ihrer Lösung" einen neuen Aufschwung. Um dieses Thema war es nach der blutigen Niederschlagung der 1848er-Revolution über viele Jahre still geworden; nun aber sollte es wieder publizistische Aufmerksamkeit gewinnen und insbesondere im Jahr 1863/64 eine intensive, oft mit äußerster Schärfe geführte sozialpolitische Reformdebatte zur Arbeiterfrage auslösen, an der sich alle politischen Strömungen – liberale „Manchestermänner" ebenso wie sozialistische „Aufwiegler" und konservative Anhänger eines „sozialen Königtums" – mit Verve und Leidenschaft beteiligen sollten. In dieser Kontroverse, die auf Arbeiterversammlungen und Gelehrtenkongressen, in wissenschaftlichen Fachorganen und großen Massenzeitungen, in Broschüren, Pamphleten und Manifesten heftig geführt wurde, ging es um eine grundlegende Selbstverständigung zu den großen sozialen Herausforderungen der neuen Zeit. Es ging um die Fragen nach Freiheit und Gleichheit, nach Chancen und Pflichten, nach individueller und kollektiver

Verantwortung unter den Bedingungen einer modernen, hoch arbeitsteilig organisierten Gesellschaft, die nun rasant aus dem Rahmen jahrhundertelang eingelebter Ordnungsmuster und Wertvorstellungen herausdrängte und von ihren Mitgliedern verlangte, sich politisch und moralisch auf völlig neuartige Herausforderungen einzustellen.

Diese sozialethische Selbstverständigungsdebatte entzündete sich im Frühjahr 1863 an der scharfen Kontroverse zwischen Hermann Schulze-Delitzsch, dem Frontmann des liberalen Genossenschaftswesens einerseits, und Ferdinand Lassalle, dem flammenden Agitator für eine von der liberalen Fortschrittspartei unabhängige sozialdemokratische Arbeiterpartei andererseits. Der Streit ging um die – bereits 1848 aufgeworfene, damals aber vertagte – Frage nach dem Verhältnis von individueller Selbsthilfe und kollektiver Staatshilfe, in der gleichermaßen nationalökonomische, sozialphilosophische und staatspolitische Grundsatzfragen zu klären waren. An dieser Kontroverse zwischen „Bourgeois- und Arbeiternationalökonomie"[3] beteiligten sich in den folgenden Monaten zahlreiche Wissenschaftler und Publizisten mit zum Teil sehr umfangreichen Beiträgen und Stellungnahmen; und auch der Mainzer Bischof Wilhelm von Ketteler sollte sich hier – als einzige prominente Stimme aus dem Katholizismus – mit einer eigenen Monographie zu Wort melden.[4]

1. Soziale Selbsthilfe
Hermann Schulze-Delitzsch, der Vater des Genossenschaftswesens

Die Arbeitervereine der 1848er-Revolution waren in der Ära der Reaktion durch Verhaftungen, Ausweisungen und Verbote vollständig zerschlagen worden. Seit den frühen 1860er-Jahren konnten sich aber vor allem in Sachsen und in Teilen Preußens neue Arbeiterbildungsvereine konstituieren; nicht selten auf Initiative humanistisch gesinnter Honoratioren und Politiker der liberalen Bewegung. Im Jahr 1859 war nämlich der Deutsche Nationalverein als politische Vereinigung der an Preußen orientierten Liberalen ins Leben gerufen worden. Ihm folgte 1861 die Gründung der Deutschen Fortschrittspartei – und beide waren bemüht, auch Handwerkergesellen und Lohnarbeiter für ihre politischen Reformvorstellungen zu gewinnen. Vor diesem Hintergrund gab es im Spätsommer 1862 in Berlin und in Leipzig erste Überlegungen zur Einberufung eines Allgemeinen deutschen Arbeiterkongresses, der sich u. a. mit der Frage beschäftigen sollte, welchen Wert die Gewerbefreiheit und die Freizügigkeit habe, was von den Ideen der Arbeiterassoziation zu halten sei und inwiefern sich die Arbeiterschaft als Teil der fortschrittlichen liberalen Bewegung empfinden könne und müsse. Dazu ergingen verschiedene Anfragen um Unterstützung und Beratung an prominente Politiker, Wissenschaftler und Intellektuelle, wobei sich vor allem Ferdinand Lassalle und Hermann Schulze-Delitzsch mit Nachdruck um die Sympathien der neu entstehenden Arbeiterbildungsvereine bemühten und diese für ihre unterschiedlichen Politikprojekte zu gewinnen versuchten.

Liberale Genossenschaftsideen

Der aus Delitzsch in Sachsen stammende Jurist und Patrimonialrichter Franz Hermann Schulze, der sich seit 1848 Schulze-Delitzsch nannte, gehörte seit den frühen 1860er-Jahren zu den angesehensten Persönlichkeiten des Nationalvereins und der Fortschrittspartei. Er gilt heute als der bedeutendste Protagonist einer modernen Konzeption genossenschaftlicher Selbsthilfe im 19. Jahrhundert, denn ohne ihn wären die Entstehung, die programmatische Profilierung und die rechtliche Verankerung des deutschen Genossenschaftswesens nicht zustande gekommen. Wie niemandem sonst gebührt ihm das Verdienst, einen tatkräftigen Brückenschlag zwischen dem liberalen Bürgertum und dem von Verarmung und sozialem Abstieg bedrohtem Handwerkerstand vorgenommen zu haben, um auch die Arbeiter und Handwerker für das Projekt der Gewerbefreiheit und der Marktwirtschaft zu gewinnen. Anders als die christlich-konservativ geprägten Genossenschaftstheoretiker seiner Zeit, für die die Gründung von Genossenschaften nicht zuletzt der Vermittlung sittlicher Grundsätze dienen sollte, sodass sie keineswegs, wie etwa Friedrich Wilhelm Raiffeisen und Victor Aimé Huber betonten, „zu reinen Geldgeschäften“ verkommen dürften[5], vertrat Schulze-Delitzsch, der u. a. Mitglied einer Berliner Freimaurerloge war, von Anfang an einen explizit bürgerlich-liberalen und insofern religionsfreien Genossenschaftsgedanken.[6]

Nachdem er nach politischen Maßregelungen wegen seiner politischen Ansichten während der 1848er-Zeit im Jahr 1851 den Staatsdienst quittiert hatte, widmete er sich dem Aufbau handwerklicher Genossenschaftsvereine, die sich am Prinzip der Selbsthilfe und der Selbstverantwortung orientieren sollten. Angeregt durch englische und französische Beispiele, hatte er schon 1849 in Delitzsch die erste Schuhmachergenossenschaft und eine Einkaufskooperative zum verbilligten Rohstofferwerb für Tischler ins Leben gerufen. Mit enormer Schaffenskraft wirkte er nun mit an der Gründung zahlreicher Einkaufs- und Konsumgenossenschaften sowie genossenschaftlich organisierter Vorschuss- und Kreditkassen, aus denen die späteren Spar- und Darlehenskassen bzw. Volksbanken hervorgehen sollten. Es gelang ihm, diese vielen Initiativen 1864 unter dem Dach eines Allgemeinen Verbandes der auf Selbsthilfe beruhenden Deutschen Erwerbs- und Wirtschaftsgenossenschaften zu bündeln, den er als dessen Anwalt kraftvoll leitete. Seinen größten Erfolg erzielte er im Jahr 1867, als er als langjähriges Mitglied des preußischen Abgeordnetenhauses mit der Verabschiedung des Genossenschaftsgesetzes diesen Selbsthilfe-Organisationen die volle Rechtsfähigkeit als juristische Personen verschaffen konnte. Als Schulze-Delitzsch im Frühjahr 1883 im Alter von 74 Jahren in Potsdam verstarb, waren „seine“ Genossenschaften endgültig etabliert und auf dem Weg, neben den staatlichen und privaten Marktakteuren zu einer wichtigen dritten Kraft der deutschen Wirtschafts- und Sozialordnung zu werden.

Das von Schulze-Delitzsch propagierte Genossenschaftsmodell bildet den ersten organisatorischen Versuch des politischen und ökonomischen Liberalismus, für die kleinen, vom sozialen Abstieg bedrohten Handwerker, aber auch für die neue Schicht der eigentumslosen Fabrikarbeiter ein konkretes gesellschaftliches Integrationsprojekt zu entwickeln, d. h. ihnen Mittel und Wege in Aussicht zu stellen, um ihre inferiore Klassenlage aus eigener Kraft zu überwinden und so zu Mitgliedern jener „klassenfreien Bürgergesellschaft mittlerer Existenzen" aufzusteigen, die seit dem frühen 19. Jahrhundert den normativen Kern des bürgerlichen Gesellschaftsentwurfs bildete. So sehr die liberale Bewegung den älteren Zwangsverbänden der Zünfte und Gilden den Kampf ansagte, so sehr erschien ihr die „freie Assoziation" als Königsweg zur Lösung der sozialen Frage. Der freiwillige Zusammenschluss verhieß überschaubare Sozialformen moderner, selbstbestimmter Vereine, die Bildungs- und Erziehungsaufgaben ebenso wie Aufgaben sozialer Sicherung erfüllen konnten. Das Spektrum derartiger sozialer Selbsthilfeassoziationen, über die bereits in der Pauperismusliteratur des Vormärz intensiv diskutiert wurde, reichte Mitte des 19. Jahrhunderts von reinen Kranken- und Sterbe-, Spar- und Prämienkassen auf Gegenseitigkeit über gesellige Bildungs- und Kulturvereine bis hin zu selbstverwalteten Produktionsgenossenschaften und genossenschaftlich organisierten Aktiengesellschaften.

Arbeiterkatechese zur Selbstverantwortlichkeit

Schulze-Delitzsch war im Herbst 1862 vom neu gegründeten Berliner Arbeiterverein, der unter dem Einfluss der Fortschrittspartei stand und innerhalb weniger Monate über 1700 Mitglieder gewinnen sollte, zu einer Reihe von Vorträgen über das Verhältnis von Arbeit und Kapital eingeladen worden. Zwischen Oktober 1862 und April 1863 hielt er insgesamt sechs Vorträge vor einem großen und begeisterten Auditorium, die wenig später unter dem Titel *Capitel zu einem deut-*

schen Arbeiterkatechismus[7] als Buch erscheinen sollten und rasch eine breite Resonanz fanden. Dieser 170 Druckseiten umfassende Band lässt sich gewissermaßen als „ideologische Präventivmaßnahme gegen die seit 1863 drohende Abspaltung einer selbständigen Arbeiterbewegung von der liberalen Bewegungspartei" verstehen, denn Schulze-Delitzsch verband mit ihm die Hoffnung, die Arbeiterschaft „über die prinzipielle Identität ihres Interesses mit demjenigen der Bourgeoisie" aufklären und so „die gemeinsame Front zwischen Arbeitern und Bürgern gerade auch in der aktuellen Krisensituation des preußischen Verfassungskonfliktes" aufrechterhalten zu können.[8]

Mit dem Anspruch, „gewissermaßen einen volkswirthschaftlichen Cursus für Handwerker und Arbeiter zu geben"[9], präsentiert Schulze-Delitzsch seine Ideen „socialer Selbsthülfe" im Rahmen einer liberalen politischen Ökonomie. Die Anerkennung der gerade erst entstehenden bürgerlich-kapitalistischen Wirtschaftsordnung und die normative Auszeichnung der „Selbstverantwortlichkeit" stehen im Zentrum seiner Schrift. Gewerbefreiheit und Freizügigkeit gelten ihm als „eine der ersten Forderungen der Arbeiter und als nothwendige Voraussetzung der socialen Selbsthülfe" (8), denn „die Pflicht der Selbstsorge, die Verweisung eines Jeden auf sich selbst" (5f.) mache das sittliche Fundament der modernen Gesellschaft aus: „Darauf, daß Jeder die Folgen seines Thuns und Lassens selbst trage und sie nicht Andern aufbürde, auf der Selbstverantwortlichkeit und Zurechnungsfähigkeit beruht die Möglichkeit alles gesellschaftlichen Zusammenlebens der Menschen, sowie des Staatsverbandes. […] Diese Selbstverantwortlichkeit, diese sociale Selbsthülfe, gerade bei Beschaffung der materiellen Notdurft des Daseins antasten, wo ohnehin das Thierische in unserer Natur seine dunkle Grenzlinie hat, hieße auf dem Felde des Erwerbs den Krieg Aller einführen, auf einem Felde, wo mehr als auf jedem andern Frieden und Sicherheit die Bedingungen des Gedeihens sind" (6). Eine solche Selbstverantwortlichkeit setze aber nicht zuletzt „die

Freiheit der Arbeit voraus, die Gestaltung der ungehemmten Bewegung des Arbeiters im Gebrauch seiner Kräfte und Mittel zum Erwerbe seines Unterhalts“ (6).

Jede Form der Fremdhilfe führe dagegen zum sittlichen Niedergang. Dies gelte für die konservativen Hoffnungen auf Wiedereinführung von ständischen Zunftordnungen ebenso wie für die kirchliche Almosentradition und die sozialistische Forderung nach Staatshilfe. Denn wo man den Arbeitern die individuelle Verantwortlichkeit entzieht, „da stärkt, da fördert man die Leute wahrhaftig nicht, da begünstigt man nur blos das gedankenlose in den Tag Hineinleben“ (78). Dennoch neige, wie Schulze-Delitzsch mit Bedauern betont, „noch immer eine ganze Anzahl Großbesitzer unter unseren Industriellen und Feudalen, eine gewisse Classe von Staats- und Kirchenmännern mit Vorliebe sich ihm [dem Almosen] zu, denen es um Alles eher als um den wirklichen allgemeinen Fortschritt, um die nachhaltige Hebung des Arbeiterstandes zu thun ist, indem sie die ganze Frage nur in die Hand nehmen aus Furcht vor dem rothen Gespenst“ (79).

Ähnlich wie Adam Smith und die britische Nationalökonomie vertraute auch Schulze-Delitzsch auf die wirtschaftliche Dynamik und die wohlstandssteigernden Effekte einer freien Tauschwirtschaft. Hier werde das Eigeninteresse der vielen kleinen Produzenten, der Schneider, Bäcker und Tischler, in anonymer Weise dafür sorgen, dass die „wohlthätigen Gesammtwirkungen selbst da eintreten, wo die Einzelnen, welche ihre Rolle in dem großen Schauspiel abspielen, gar nichts voneinander wissen“. Ihre Produkte und Leistungen würden nämlich „nach mannigfachem Wandern von Hand zu Hand in gewisse schließliche Endresultate zur Befriedigung des Bedarfs von Leuten zusammenlaufen, deren Dasein ihnen nicht einmal bekannt war“ (15). In diesem Rahmen sei auch das freie Kapital und das permanente Kapitalwachstum – entgegen der sozialistischen Propaganda – für die Arbeiter keineswegs eine feindliche Macht. Vielmehr müsse es für die Genossenschaften darum gehen, „das Privatkapital anzulocken, statt anzufeinden, ihm die nötigen geschäftlichen Garantien zu bieten, die im Wesen der Genossenschaft liegen, und es sich dadurch zu den marktgängigen Bedingungen dienstbar zu machen" (160). Zwar sei in einer modernen kapitalorientierten Wirtschaftsweise nicht auszuschließen, dass „vorübergehend für Arbeiter einzelner Etablissements, ja selbst ganzer Arbeitsbranchen, durch eine plötzliche Aenderung in der Betriebsweise Verlegenheiten entstehen"; solche Übergänge müssten aber „zum Heile des Ganzen durchgemacht werden, indem man den augenblicklich Nothleidenden beispringt, so gut es geht. Wie stünde es sonst mit dem Fortschritt!" (40)

Dennoch sucht Schulze-Delitzsch mit seiner Idee der Genossenschaften – anders als die Vertreter der reinen Freihandelslehre[10] – nach praktischen Hilfsmitteln und Wegen „zur Hebung der arbeitenden Classen" (72), die über Appelle an individuellen Arbeitsfleiß und Verweise auf die langfristig zu erwartenden Erfolge des freien Marktes hinausgehen. Schon früh hatte er nämlich erkannt, dass die moderne Fabrik die Handwerker in „ihrer altherkömmlichen Betriebsweise erdrückt, so daß sie je länger, je weniger zu concurrieren vermögen" (74). Deshalb müssten sich die kleinen Handwerker mithilfe geeigneter Genossenschaften vor dem sozialen Abstieg ins Proletariat schützen und ihre ökonomische Selbstständigkeit durch „sociale Selbsthülfe" dauerhaft bewahren. Dem verarmten, aber noch selbständigen Kleinmeister sollen die Genossenschaften Mittel an die Hand geben, um seine Chancen auf eine ökonomisch weiterhin selbstständige und insofern freie bürgerliche Existenz zu verbessern; etwa über Rohstoff- und Einkaufsvereine, mit denen sich Mengenrabatte und günstige Einkaufspreise für Rohmaterial und Lebensmittel realisieren lassen. Zudem sollen Magazinkooperativen die Absatzbedingungen der Produkte verbessern helfen, die von den einzelnen Mitgliedern solcher Genossenschaften „in ihren eigenen Geschäften gefertigt und im Vereinsmagazine für ihre Privatrechnung verkauft werden" (127). Aber auch dem eigentumslosen Proletarier „in seiner außerordentlichen Schwierigkeit, sich je zur gewerblichen Selbstständigkeit emporzuarbeiten" (74), sollen diese Genossenschaften, vor allem über Kredit- und Konsumvereine, Erleichterungen in seinem Bemühen um Sparsamkeit und den Erwerb eines kleinen Produktivkapitals in Aussicht stellen.

Allerdings dürfe diese Suche nach „Mitteln der Abhülfe" (76), so Schulze-Delitzsch, nicht dazu führen, dass die Freiheit und Selbstverantwortlichkeit der arbeitenden Menschen verletzt wird, denn: „Einen Schutz gegen diese Freiheit anrufen, heißt die eigene Entwickelungsfähigkeit aufgeben. Wer solchen Schutz in seinem Erwerb bedarf, weil er wirklich nicht anders bestehen kann, verdient nicht zu bestehen, denn es würde ihm dies nur gewährt werden auf Unkosten aller Uebrigen, deren Freiheit und Entwickelungsfähigkeit dann seinetwegen angetastet werden müßte, wodurch man sie auf einen gleich niedrigen Stand der Leistungsfähigkeit herunterbringen würde, wie er selbst ihn einnimmt. Dazu, zu einer Existenz auf fremde Kosten, obenein zum Nachtheil des Ganzen, hat aber Niemand ein Recht, und es widerstreitet dem Staatsinteresse, solchen Prätensionen nachzugeben" (103).

Interessenharmonie diesseits des Staates

In allen Genossenschafts-Bemühungen müsse es deshalb darum gehen, dass der Einzelne bei hinreichender Tüchtigkeit und genügendem Geschick auf dem Markt einen entsprechenden Gewinn realisieren bzw. bei fehlendem Fleiß und mangelnder Geschicklichkeit entsprechende Verluste zu gewärtigen hat. Die freien Genossenschaften müssten deshalb – im Unterschied zur „socialistischen Staats-Association" (6) – so organisiert sein, dass sie „eigener Wahl und wechselnden Interessen" der Genossen nicht im Wege stehen und diese stets „Herren ihrer selbst" bleiben können. Dazu sei vor allem ökonomische Bildung und moralische Erziehung der Arbeiterschaft notwendig; und hier gebe es erfreulicherweise schon „Tausende von Arbeiterbildungs- und volkswirthschaftlichen, von Handwerker- und Gewerbe-Vereinen", denen „die Sympathien aller vernünftigen Menschen gewiß sind" (115f.). Von den „eigentlichen Genossenschaften zum gemeinsamen Geschäftsbetriebe, in welchen die Productionen und der Verlauf der Arbeitserzeugnisse auf Rechnung und Gefahr der Gesamtheit geschieht", hält Schulze-Delitzsch deshalb schon aus arbeitsethischen Gründen eher wenig. Zwar könne man diese Form – er denkt hier vor allem an das prominente englische Beispiel der Pioniere von Rochdale[11] – durchaus als „die höchste Stufe der Genossenschaft", gleichsam als den „Schlußstein des Systems" betrachten, der „die Errichtung bedeutender, fabrikmäßiger Etablissements Seitens der bis dahin unselbständigen Arbeiter ermöglicht"; allerdings könne „nur allmählich und mit großer Vorsicht zu ihnen übergegangen werden". Und zumindest für Deutschland sei zu konstatieren, dass derartige Versuche „fast ohne Ausnahme kläglich gescheitert" seien (127).

Schulze-Delitzsch verurteilt jede wie auch immer geartete Form von Staatshilfe, insbesondere die sozialistische Forderung nach einem „Recht auf Arbeit" und einer entsprechenden „Staatsgarantie". Diese führe nämlich, so erklärt er, „mit Nothwendigkeit dahin: daß der Staat selbst Industrieanstalt, Arbeitgeber, gewerblicher Unternehmer wird, der die Arbeiter beschäftigt und lohnt, wie seine Beamten" (82). Da für die Arbeiter dann jedes individuelle Existenzrisiko wegfalle, sei hier der Trägheit und dem Schlendrian Tür und Tor geöffnet. Deshalb bedürfe es „in diesem projectirten socialen Staate für jeden eines Treibers, der ihn zwingt, seine Kräfte überhaupt erst zu gebrauchen" (85), wenn man den Wohlstand der Gesellschaft nicht gefährden wolle. Andernfalls würde sich ein solcher Staat als „ein Paradies für Schwache und Taugenichtse" entpuppen, „während Tüchtige und Geschickte, Menschen mit Unternehmergeist und Thatkraft dadurch in ihrem Aufschwunge gehemmt und gehindert werden, sich zu wirthschaftlichen Zuständen emporzuschwingen, wie sie ihren Leistungen und Bedürfnissen gemäß sind. Eine Begünstigung des

Schlechten also auf Kosten des Guten, eine Pflege der verkommenen, der kranken Elemente der Gesellschaft auf Kosten der gesunden und strebsamen, ja auf Kosten aller menschlichen Tüchtigkeit, jedes gewerblichen und humanen Fortschritts überhaupt! Und was wäre denn das für eine Art von äußerlicher Gleichheit, die man mit allen diesen Opfern zu erkaufen vermöchte? – Die Gleichheit des Elends!" (88f.)

Zwischen den Interessen der Fabrik- und Kapitalbesitzer und den von Verarmung bedrohten Handwerkern sieht Schulze-Delitzsch deshalb keinerlei Gegensatz. Und so kann er den Arbeitern zurufen: „Da ist kein Unterschied, kein Zwiespalt", vielmehr völliger Einklang in dem, „was die ganze große liberale Partei in Preußen, in Deutschland, ja in Europa auch will und verlangt, so gut wie Sie" (99). Und gegenüber den „manchester-liberalen" Vertretern des Kongresses deutscher Volkswirte[12], die bei dieser Rede als Gäste anwesend waren, kann er begeistert erklären: „Meine Herren, die deutschen Arbeiter hier und allerwärts, wo sich das rechte Leben unter ihnen regt, sie weisen die Anmuthung der Staatsgarantie, überhaupt eine Existenz durch andere als durch ihre eigene Kraft, als ihrer nicht würdig von sich zurück. Sie nehmen die volle Verantwortlichkeit dafür in Anspruch, weil sie wissen, daß nur darin die Möglichkeit der Freiheit für sie liegt" (100).

2. Solidarität in der Freiheit
Ferdinand Lassalle, der Gründer der Sozialdemokratie

Den eigentlichen Auftakt der fulminanten öffentlichen Kontroverse um „Selbsthilfe oder Staatshilfe" hatte aber nicht Hermann Schulze-Delitzsch, sondern Ferdinand Lassalle mit seiner 1862 erschienenen Schrift *Arbeiterprogramm*[13] geliefert; einer Broschüre, die zum Ausgangspunkt der sozialdemokratischen Bewegung werden sollte und ihrem Autor u. a. die Verurteilung zu einer viermonatigen Gefängnishaft wegen „Gefährdung des öffentlichen Friedens durch Aufreizung der

Angehörigen des Staates zum Haß und zur Verachtung gegeneinander" einbrachte.[14]

Aus einer wohlhabenden Kaufmannsfamilie des Breslauer Judentums stammend, war Lassalle seit seiner Jugend ein glühender Anhänger der Ideen der Französischen Revolution und 1848 an den revolutionären Aufbrüchen im Rheinland beteiligt, wo er u. a. zu Steuerverweigerung und Bürgerbewaffnung aufgerufen hatte. Als brillanter, geistsprühender Intellektueller verfügte er nicht nur über einen tiefen Gerechtigkeitssinn, sondern auch über ein ausgeprägtes Gespür für lukrative Geschäfte und erfolgreiche Börsenspekulationen. Sein oft provokant inszeniertes Selbstbewusstsein, „seine luxuriöse Lebensführung, seine Art, andere seine geistige Überlegenheit spüren zu lassen, nicht zuletzt seine teils komplizierten, teils eindeutigen Beziehungen zu Frauen, erregten nicht nur bei Gegnern Aversionen"[15]. Sie führten schließlich auch dazu, dass er schon im Alter von 39 Jahren, in plötzlicher Liebe zur bayerischen Diplomatentochter Helene von Dönniges entbrannt, an den Folgen eines leichtfertig provozierten Pistolenduells mit dem von deren Vater vorgesehenen Ehemann, einem rumänischen Adligen, verstarb.

„Die sittliche Idee des Arbeiterstandes"

Während Marx und Engels im englischen Exil ihre politischen Hoffnungen schnell auf die revolutionären Potenziale einer internationalen Arbeiterbewegung richteten, verpflichtete sich Lassalle auf das Projekt einer staatsfreundlichen sozialdemokratischen Reformpolitik im nationalen Rahmen. Denn nachdem er nach der Verbüßung mehrerer Haftstrafen im November 1849 freikam, gehörte er zu den wenigen Führern der 1848er-Revolution, „denen langjährige Kerkerhaft oder der Jammer der Emigration" erspart geblieben war, was ihn zugleich davor bewahrt hatte, „dem Vaterlande entfremdet zu werden".[16] Lassalles frühe Hoffnungen, das liberale Bürgertum mit der Arbeiterschaft im Kampf um das allgemeine und gleiche Wahlrecht verbinden zu können, waren für ihn zu diesem Zeitpunkt endgültig gescheitert, denn die begüterten bürgerlichen Schichten, die mit zunehmendem Wohlstand immer häufiger zu den Profiteuren des preußischen Dreiklassenwahlrechts gehörten, schienen ihr Interesse an diesem gemeinsamen politischen Ziel zunehmend zu verlieren. Lassalles *Arbeiterprogramm* forderte deshalb das freie, gleiche und allgemeine Wahlrecht für alle Deutschen, um die politische Vorherrschaft der Bourgeoisie zu brechen. Denn sobald ein wirklich demokratisches Wahlrecht bestehe, werde sich „die Idee des Arbeiterstandes als das herrschende Prinzip der Gesellschaft" (42) auf friedlichem und legalem Wege allgemein durchsetzen und „eine Blüte der Sittlichkeit, der Kultur und Wissenschaft herbeiführen ..., wie sie in der Geschichte noch nie dagewesen" (47) sei. Der Staat dürfe nicht länger nur einer „Nachtwächteridee" (47) des Schutzes der persönlichen Freiheit und des Eigentums verpflichtet sein; vielmehr müsse er seinen höchsten Zweck darin erkennen, „die einzelnen in den Stand zu setzen, solche Zwecke, eine solche Stufe des Daseins zu erreichen, die sie als einzelne nie erreichen könnten, sie zu befähigen, eine Summe von Bildung, Macht und Freiheit zu erlangen, die ihnen sämtlich als einzelnen schlechthin unersteiglich wäre" (49). In diesem Sinne begann Lassalle nun eine groß angelegte politische Agitation, um für die Gründung einer eigenständigen Arbeiterpartei zu werben; und im beharrlichen, allen Prozessen und Inhaftierungen zum Trotz konsequent verfolgten politisch-publizistischen Engagement für dieses Ziel „liegt seine eigentliche historische Leistung"[17].

Im Februar 1863, noch während Schulze-Delitzschs Vortragsreihe lief, erhielt Lassalle eine offizielle Anfrage des Leipziger Comites zur Vorbereitung eines Allgemeinen deutschen Arbeiterkongresses: Er möge in einer ihm geeignet erscheinenden Form seine Ansichten über die anzustrebenden Ziele der Arbeiterbewegung und die angemessenen Mittel zu ihrer Erreichung mitteilen und sich dabei auch zu der Frage äußern, ob die von Schulze-Delitzsch empfohlenen Hilfsmittel für die

Arbeiterschaft eine gangbare Perspektive darstellen könnten.[18] Lassalle hatte sich daraufhin umgehend an die Arbeit gemacht, um diese „Gelegenheit einer großen, praktischen, auf die gesamte Nation eindringenden Agitation“[19] nicht ungenutzt verstreichen zu lassen. Nur zwei Wochen später konnte er den Leipzigern sein auf dem 1. März datiertes *Offenes Antwortschreiben*[20] zusenden; jene Broschüre, die als Stiftungsurkunde der deutschen Sozialdemokratie in die Geschichte eingehen sollte und der liberalen Fortschrittspartei eine klare Absage erteilt.

Im Blick auf die soziale Frage betont Lassalle zunächst, dass man die Prinzipien von Gewerbefreiheit und Freizügigkeit heute als gesellschaftliche Gegebenheiten schlichtweg hinzunehmen habe. Die jüngst aufgebrochenen Debatten um die Wiedereinführung früherer Zunftregelungen kämen „um mehr als fünfzig Jahre zu spät“ (57). Aber auch die Förderung von Sparkassen, Invaliden-, Hilfs- und Krankenkassen habe nur einen sehr begrenzten Wert, um einzelnen, besonders leidenden Arbeitern ihr individuelles Elend erträglicher zu machen. Sie seien aber nicht in der Lage, „die normale Lage des gesamten Arbeiterstandes selbst zu verbessern und über ihr jetziges Niveau zu erheben“ (58). Den Berliner Vorträgen von Schulze-Delitzsch wirft er vor, dass sie alle „Irrtümer, Täuschungen und Selbstverblendungen“ enthalten, „die ihm mit der ganzen liberalen Schule, der er in theoretischer, nationalökonomischer Hinsicht angehört, gemeinsam sind“ (59f.). Zwar sei ihm hoch anzurechnen, dass er das einzige Mitglied der Fortschrittspartei sei, das „etwas für das Volk getan hat“ (60); dennoch könne man von seinen Vorschlägen keine wirkliche Verbesserung der Lage des Arbeiterstandes erwarten. Die Vorschuss- und Rohstoffvereine könnten nämlich nur für denjenigen von Nutzen sein, „der ein Geschäft für eigene Rechnung betreibt, also nur für den kleinen Handwerksbetrieb“, nicht aber für die täglich zunehmende Zahl der „in der fabrikmäßigen Großproduktion beschäftigen Arbeiter“ (61). Auch mit Unterstützung von Kredit- und Rohstoffvereinen könne sich der kleine Handwerksbetrieb gegen die Konkurrenz der Fabriken nicht auf Dauer behaupten. Deshalb könnten solche Vereine nur „den Todeskampf, in welchem das kleine Handwerk der Großindustrie zu unterliegen und Platz zu machen bestimmt ist, verlängern, die Qualen dieses Todeskampfes dadurch vermehren und die Entwicklung unserer Kultur unnütz aufhalten" (63). Ebenso seien Konsumgenossenschaften „gänzlich unfähig, die Verbesserung der Lage des Arbeiterstandes zu bewirken" (63). Denn auch wenn es dem Arbeiter durch genossenschaftlich organisierte Großeinkäufe von Lebensmitteln gelingt, die Reproduktionskosten seiner Arbeitskraft zu verringern, so werde dies in Bälde zu einer entsprechenden Kürzung seines Arbeitslohnes führen, sodass er auch auf diesem Wege keinerlei Verbesserung seiner Lebensverhältnisse zu gewärtigen habe.

Ehernes Lohngesetz und Produktiv-Assoziationen

Hier übe nämlich, so Lassalle, das „Eherne Lohngesetz" seine grausame Wirkung aus. Demnach gelte unerbittlich, „daß der durchschnittliche Arbeitslohn immer auf den notwendigen Lebensunterhalt reduziert bleibt, der in einem Volke gewohnheitsmäßig zur Fristung der Existenz und zur Fortpflanzung erforderlich ist. Dies ist der Punkt, um welchen der wirkliche Tageslohn in Pendelschwingungen jederzeit herum graviert, ohne sich jemals lange weder über denselben erheben, noch unter denselben hinunterfallen zu können. Er kann sich nicht dauernd über diesen Durchschnitt erheben – denn sonst entstünde durch die leichtere, bessere Lage der Arbeiter eine Vermehrung der Arbeiterehen und der Arbeiterfortpflanzung, eine Vermehrung der Arbeiterbevölkerung und somit des Angebots von Händen, welche den Arbeitslohn wieder auf und unter seinen früheren Stand herabdrücken würde. Der Arbeitslohn kann auch nicht dauernd tief unter diesen notwendigen Lebensunterhalt fallen, denn dann entstehen – Auswanderungen, Ehelosigkeit, Enthaltung von der Kinderzeugung und endlich eine durch Elend erzeugte Verminderung der Arbeiterzahl, welche somit das Angebot von Arbeiterhänden noch verringert und den Arbeitslohn daher wieder auf den früheren Stand zurückführt. […] Die Beschränkung des durchschnittlichen Arbeitslohnes auf die in einem Volke gewohnheitsmäßig zur Fristung der Existenz und zur Fortpflanzung erforderliche Lebensnotdurft – das ist also, ich wiederhole es Ihnen, das eherne und grausame Gesetz, welches den Arbeitslohn unter den heutigen Verhältnissen beherrscht" (64).[21]

Die Herrschaft dieses Lohngesetzes zu brechen, sei nur möglich, so Lassalle, wenn man „das Prinzip der freien individuellen Assoziation der Arbeiter" konsequent „auf die fabrikmäßige Großproduktion" anwendet: „Den Arbeiterstand zu seinem eignen Unternehmer machen" (70) – dies sei das einzige Hilfsmittel, denn in Fabriken, die sich in Arbeiterhand befinden, falle „jede Scheidung zwischen Arbeitslohn und Unternehmergewinn und mit ihr der bloße Arbeitslohn überhaupt fort, und an seine Stelle tritt als Vergeltung der Arbeit: der Arbeitsertrag! Die Aufhebung des Unternehmergewinns in der friedlichsten, legalsten und einfachsten Weise, indem sich der Arbeiterstand durch freiwillige Assoziationen als sein eigner Unternehmer organisiert, … das ist die einzige wahrhafte, die einzige seinen gerechten Ansprüchen entsprechende, die einzige nichtillusionäre Verbesserung der Lage des Arbeiterstandes" (70f.). Um dieses Ziel zu erreichen, sei allerdings „die stützende und fördernde Hand des Staates" (82) unverzichtbar, denn schließlich könnten die Arbeiter eigene und auf dem Markt konkurrenzfähige Produktivassoziationen nicht selber finanzieren.[22] Von dieser Forderung nach Staatshilfe dürften sich die Arbeiter, so Lassalle, auf keine Weise abbringen lassen, erst recht nicht „durch das Geschrei derer", die immer wieder behaupten, „daß jede solche Intervention des Staates die soziale Selbsthilfe aufhebe" (71). Schließlich habe der Staat schon immer „die großen Kulturfortschritte der Menschheit" (72) erleichtert und vermittelt, etwa beim Bau von Kanälen und Chausseen oder bei der Errichtung von Paketbootdiensten und Telegraphen. Und gerade heute sehe man am Beispiel der Eisenbahnen, in welchem Maße der Staat auch hier unterstützend eingreife, „meistens in der Weise, daß er mindestens die Zinsgarantie für die Aktien – in vielen Ländern noch weit größere Leistungen – übernahm" (73). Dies sei, so Lassalle, ein aktuelles Beispiel für eine „äußerst starke Intervention des Staates", die „von der gesamten Bourgeoisie gefordert wurde", gegen die niemand die „sociale Selbsthilfe" der Unternehmer eingeklagt habe und deren Effekte einzig „der reichen und begüterten Klasse" zugutekämen (73). Was der Staat aber den kapitalistischen Eisenbahngesellschaften gewähre, das könne und müsse er gerechterweise auch den vielen assoziationswilligen Arbeitern in Aussicht stellen.

Dem *Offenen Antwortschreiben* war beim Leipziger Comité ein durchschlagender Erfolg beschieden. Man beschloss dort umgehend, eine nationale Initiative zur Gründung eines Allgemeinen Deutschen Arbeitervereins (ADAV) unter Führung Lassalles zu ergreifen. Im übrigen Deutschland allerdings regte sich in der liberalen Presse und bei den Vertretern der Fortschrittspartei heftiger Widerstand. Lassalle hatte seine Broschüre in einer Auflage von 12.000 preiswerten Exemplaren drucken lassen und reiste nun umgehend nach Leipzig, um dort am 16. April eine große Rede zur Arbeiterfrage zu halten.[23] Ihr sollten in den nächsten Wochen weitere große Redeauftritte in verschiedenen deutschen Arbeitervereinen folgen, bevor es dann am 23. Mai in Leipzig zur Gründungsversammlung des ADAV kam, auf der immerhin Vertreter von elf Städten anwesend waren; kein geringer Erfolg, aber „alles in allem ein bescheidener Anfang"[24].

In den meisten deutschen Arbeitervereinen konnte sich Lassalles Programm jedoch nicht durchsetzen. Der schärfste Widerspruch kam aus dem Zentrum des preußischen Staates, aus dem Berliner Arbeiterverein, wo sich Schulze-Delitzsch nach wie vor einer verlässlichen Anhängerschaft erfreute. Dieser sollte denn auch prompt reagieren, denn der letzte der sechs Vorträge stand noch aus. So bot sich ihm die Gelegenheit, im April direkt auf die „neuerdings erschienene Broschüre von F. Lassalle“[25] zu antworten und dem Konzept der Produktivassoziationen mit Staatshilfe eine erneute Absage zu erteilen. Zwar könne man sich durchaus vorstellen, so räumt Schulze-Delitzsch ein, dass sich als „Gipfelpunkt“ der Genossenschaftsbewegung mit der Zeit auch leistungsfähige und dauerhaft erfolgreiche Produktivassoziationen der Arbeiter herausbilden; der mühsame Weg dorthin dürfe jedoch niemals mit einer großformatigen Finanzhilfe des Staates beschritten werden. Man würde sonst „in den Grundfehler der Socialisten verfallen, die da meinen, man könne den Leuten durch ihre bloße Zusammenlegung in eine Gesammtheit helfen“. Dies wäre aber gerade so, „als wenn man sich einbildet, man könne durch Addiren einer Anzahl von Nullen eine wirkliche Summe herausbringen“ (125). „Oder kann etwa der Staat, wenn er den Arbeitern das Capital garantirt, ihnen gleich nebenan durch ein Decret alle diese geistigen Eigenschaften, wie Unternehmungsgeist, Geschäftsumsicht und Erfahrung, Kenntniß der Bezugs- und Absatzquellen usw. beilegen oder so zu sagen anoktroyiren? Nein, nein, da sind denn doch unsere Arbeiter zu vernünftig, um sich so dummes Zeug vorschwindeln zu lassen, dass sie über Nacht, ohne irgend sich erst einzulernen und zu bemühen, von Obrigkeitswegen aus bloßen Arbeitern zu Leitern von großen Etablissements umgestempelt werden könnten!“ (145). Außerdem könne es „mit den Weltverbesserungsplänen dieses Herrn“ (168) schon deshalb nichts werden, weil nicht abzusehen sei, wo der Staat „die Tausende von Millionen hernehmen“ soll, die er für die vielen Fabrikgründungen braucht. Schließlich befänden sich die großen Kapitalien heute in privaten Händen, die kaum bereit sein dürften, „durch Vorstreckung von Geld und Credit zu diesem gegen sie selbst gerichteten Angriffe“ (160) beizutragen. Statt also, wie Lassalle dies tue, erneut den „unseligen Zwiespalt“ zwischen Arbeit und Kapital in die Gesellschaft zu schleudern und „gegen den Besitz zu hetzen“ (169), komme es für die deutschen Arbeiter darauf an, ohne fremde Hilfe, durch Sparsamkeit, Umsicht und Tüchtigkeit langsam, aber stetig voranzuschreiten.

„Dieser geistige Anachronismus": Lassalles Bastiat-Schulze

Lassalle hatte sich schon seit Längerem vorgenommen, eine grundsätzliche nationalökonomische Abhandlung zu verfassen, um mit der liberalen Bourgeois-Ökonomie ins Gericht zu gehen. Im Oktober 1863 begann er mit der Abfassung eines fundamentalen Gegenangriffs gegen Schulze-Delitzsch, der dann im Februar 1864 im Druck erschien: der über 270-seitige *Bastiat-Schulze*[26], eine in polemischer Schärfe verfasste, oftmals hämische Kampfschrift, die mit der Konzeption „socialer Selbsthilfe" kompromisslos abrechnet.[27] Mit diesem Buch wollte Lassalle die Köpfe der Arbeiterschaft nun endgültig für sich gewinnen, und so verlangte ein am 15. Februar von ihm erlassenes Zirkular an sämtliche Bevollmächtigte des Arbeitervereins kategorisch, dass sich jedes Vereinsmitglied ein Exemplar anzuschaffen habe[28].

Lassalle bemüht sich in dieser Schrift um den Nachweis, dass das Leitbild ökonomischer „Selbstverantwortlichkeit" im Zeitalter der „großen Industrie" längst obsolet geworden sei. Dieses Motiv gehöre nämlich zu einer bürgerlichen Aufbruchsepoche, die ihre Zeit auch in Deutschland längst hinter sich habe: „Es ist das spezielle Schicksal Deutschlands, daß in ihm die Bourgeoisie zur Blüte der Herrschaft strebt, nicht zur Zeit ihrer eigenen Blüte, wie sie dies in Frankreich und England tat, sondern zu einer Zeit, wo diese Blüte durch die gesamte Weltentwicklung bereits innerlich verfault ist. Die sogenannte bürgerliche Weltperiode ... ist im Ablaufen begriffen, und in naivster Verwechslung das Ende einer Periode für ihren Anfang nehmend, glaubt unsere Bourgeoisie Frühlingswehen und Knospendurchbruch in sich zu verspüren! Dieser geistige Anachronismus ist es, der nun fortwirkend auch in allen einzelnen die geistigen Züge des Jammerbildes bestimmt, das sie darstellt" (23f.).

Schulze-Delitzsch hatte „die Pflicht zur Selbstsorge, die Verweisung eines jeden auf sich selbst" zum „ersten Hauptgrundsatz für die Stellung des Einzelnen zur menschlichen Gesellschaft" (1863, 5f.; vgl. 1919, 44) erhoben. Dass es eine solche Selbstsorgepflicht gibt, bestreitet auch Lassalle nicht; ihre Gleichsetzung mit der „Verweisung auf sich selbst" weist er jedoch energisch zurück. Eine solche Gleichsetzung könne nämlich nur in dem Maße überzeugen, wie man „von dem Menschen der Natur gegenüber, von dem isolierten Menschen" spreche. Was für „Robinson Crusoe auf seiner einsamen Insel" zutreffe, gelte aber keineswegs auch „innerhalb der menschlichen Gesellschaft" (45). Zwar räume auch Schulze-Delitzsch ein, dass der Mensch seine Lebensziele nur im Rahmen des „Zusammenlebens und dadurch ermöglichten Austausches gegenseitiger Hilfsleistungen mit Wesen seiner Art" (1863, 11; vgl. 1919, 82) erreichen könne. Lassalle moniert an dieser tauschorientierten Wahrnehmung des sozialen Lebens jedoch, dass Schulze sich hier – wie die gesamte „liberale Bourgeoisökonomie" – noch durchgängig im Rahmen vorindustrieller Sozialverhältnisse bewege, die auf individueller Eigenproduktion und anschließendem Tausch beruhten: „Der Eine z. B. fertigt Tuch, der Andere Kleider, jener Schuhwerk, dieser Möbeln, noch Andere bauen Häuser, treiben Acker- und Bergbau usw., und Jeder giebt die gewonnenen Producte, die er nicht selbst für sich gebraucht, im Austausch gegen die Produkte der Andern hin" (1863, 15; vgl. 1919, 94f.).

Dass das Zeitalter der „großen Fabrik" aber eine Form der Arbeitsteilung geschaffen hat, die längst eine neue Gemeinsamkeit in der Produktion hervorgebracht habe, werde von Schulze-Delitzsch ebenso ignoriert wie die Tatsache, dass die Produktion heute von vornherein für den Markt bzw. den Tausch bestimmt sei: „Die heutige gesellschaftliche Arbeit bildet ganz überwiegend nicht ein nebeneinander geschehendes Vorsichgehen selbständiger Tätigkeiten, sondern eine streng ineinander eingreifende gemeinschaftliche Vereinigung vieler zur Hervorbringung desselben Produkts. Jedes Fabrikatelier,

Herr Schulze, kann Ihnen das durch den bloßen sinnlichen Augenschein zeigen" (79). Lassalle wirft Schulze deshalb vor: „Sie schildern den Arbeitern ihren eigenen Stand als – eine Welt von lauter Unternehmern! In Ihrer rosigen Phantasie verwandeln sich alle Fabrikarbeiter, diese Maschinenteile einer großen Gemeinproduktion, in lauter kleine selbständige Unternehmer, die fertige gewonnene Produkte besitzen und für eigene Rechnung verkaufen!! ... – soviel weiß doch jedes Kind von unseren heutigen Zuständen, um über diese Darstellung des heutigen Arbeitsprozesses in Lachen auszubrechen!" (95f.) Erst die heutige, ausschließlich auf Tauschwerte gerichtete Organisationsform der Arbeit, die als solche „die Quelle des großen Reichtums und zugleich der großen Armut unserer heutigen Gesellschaft" sei, mache aber die Lage des Arbeiterstandes „so überaus traurig und ungewiß" (102). Denn „jemand, der sich die Hauptnahrungsmittel für den eigenen Bedarf selbst produziert, kann nie so schnell und tief ins Elend gestoßen werden, wie jemand, der, wie unsere Arbeiter, ohne die geringste Widerstandskraft eines Kapitals täglich mit Haut und Haar auf dem Weltmarkt liegt und von jeder Zuckung desselben abhängt!" (102)

Juristische Zurechenbarkeiten und ökonomische Ballspiele

Im Blick auf das Selbstverantwortungspostulat müsse man deshalb, so Lassalle, klar zwischen der juristischen und der ökonomischen Sphäre unterscheiden. Während auf dem Gebiete des Rechts „die Selbstverantwortlichkeit unbedingter Grundsatz" sei, und zwar „aus dem sehr einfachen Grunde, weil in der Rechtssphäre jeder nur von seinen eigenen Handlungen abhängt" (53), werde auf ökonomischem Gebiete jeder in einer vielfachen Weise von Taten, Ereignissen und Vorkommnissen betroffen, die er in keinerlei Weise zu verantworten hat. Lassalle nennt hier eine „Reihe von Beispielen, die ins Millionenfache vermehrt und spezialisiert werden" (56) könnten: „Wenn z. B. heute die Rosinenernte in Korinth und Smyrna oder die Getreideernte im Mississippital, in den Donauländern und der Krim sehr reichlich ausgefallen ist, so verlieren die Korinthenhändler in Berlin und Köln, sowie die Getreidehändler, welche große Vorräte zu den früheren Preisen auf Lager haben, durch den Preisschlag vielleicht die Hälfte ihres Vermögens. Ist umgekehrt unsere Getreideernte schlecht ausgefallen, so verlieren in diesem Jahre die Arbeiter die Hälfte ihres Arbeitslohnes und mehr, der zwar im Geldausdruck derselbe bleibt, aber ihnen nur einen um so viel geringeren Teil von Nahrungsmitteln beschaffen kann. [...] Jede neue mechanische Erfindung, welche die Produktion einer Ware billiger stellt, entwertet Massen fertiger Warenvorräte derselben Art mehr oder weniger oder gänzlich und bricht Reihen von Unternehmern und Händlern die Existenz. Ja, keine neue Eisenbahn kann angelegt werden, ohne Grundstücke, Häuser und Geschäfte an diesem Ort und an dem Tor des Ortes, wo sie angelegt wird, auf das Soundsovielfache ihres Preises zu steigern und Grundstücke, Häuser und Geschäfte an einem anderen Orte oder am entgegengesetzten Tor desselben Ortes auf lange zu entwerten" (53f.; 56).

Insofern müsse man festhalten, dass sich die Ökonomie – im Unterschied zur Sphäre des Rechts, in der „jede einzelne Handlung das Produkt der individuellen Willensfreiheit" sei – als „das Gebiet der gesellschaftlichen Zusammenhänge, also das Gebiet der Solidarität oder Gemeinsamkeit" darstelle (56). An diese Einsicht schließt Lassalle nun eigene solidaritätstheoretische Überlegungen zu einer politischen Philosophie moderner Gesellschaften an, die er zugleich in eine geschichtsphilosophische Fortschrittsperspektive einordnet. Aus den unkalkulierbar komplexen Interdependenzen auf ökonomischem Gebiet ergibt sich für ihn nämlich die Pflicht, nicht länger nach Konzepten individueller Selbsthilfe, sondern nach einer „Solidarität in der Freiheit" zu suchen, die längst zu einer historischen Notwendigkeit geworden sei: „Die gesamte alte Welt und ebenso das ganze Mittelalter bis zur französischen Revolution von 1789 suchte die menschliche Solidarität oder Gemeinsamkeit in der Gebundenheit oder Unterwerfung. Die französische Revolution von 1789 und die von ihr beherrschte Geschichtsepoche, von dieser Gebundenheit mit Recht empört, suchte die Freiheit in der Auflösung aller Solidarität und Gemeinsamkeit. Sie behielt damit nicht einmal die Freiheit, sondern nur die Willkür in der Hand. Denn Freiheit ohne Gemeinsamkeit ist Willkür. Die neue, die jetzige Zeit sucht die Solidarität in der Freiheit. Das ist in Kürze der bisherige Verlauf und Sinn der Geschichte!" (51f.)

Der historischen Tatsache dieser Solidarität könne man heute nicht mehr ausweichen: „Die menschliche Gemeinsamkeit, die Solidarität läßt sich verkennen, Herr Schulze, aber sie lässt sich nicht aufheben! Wenn also gesellschaftliche Einrichtungen existieren, welche diese Solidarität nicht anerkennen und regeln, so existiert diese Solidarität deshalb nichtsdestoweniger fort, aber sie kommt nur als eine ihre Verkennung rächende rohe Naturmacht, als ein Schicksal zum Vorschein, welches Ball spielt mit der vermeintlichen Freiheit des auf sich angewiesenen einzelnen. Der eine wird hoch aufgeschnellt in diesem Spiel, das unbekannte und um so mehr unbeherrschte Mächte mit ihm treiben, hoch hinauf in den Schoß des Reichtums; hundert andere werden tief hinabgestürzt in den Abgrund der Armut, und das Rad der gesellschaftlichen Zusammenhänge geht umprägend und zerquetschend über sie und ihre Handlungen, über ihren Fleiß und ihre Arbeit hinweg. Der Zufall spielt Ball und die Menschen sind es, die in diesem Spiel als Bälle dienen" (57f.). Direkt an Schulze-Delitzsch gerichtet fährt Lassalle fort: „Nun werden Sie vielleicht, bei ernstlicher Bemühung begreifen, Herr Schulze, daß, wo der Zufall herrscht, die Freiheit des Individuums aufgehoben ist. Sie werden begreifen, daß der Zufall nichts anderes ist, als die Aufhebung aller ‚Selbstverantwortung und Zurechnungsfähigkeit' und somit aller Freiheit. Sie werden somit begreifen, daß diejenigen, welche Maßregeln einführen wollen, deren Resultat es sein muß, im Laufe der Entwicklung dieses Schalten des Zufalls zu beschränken und aufzuheben, ihn, soweit er nicht überhaupt zu beseitigen, auf die Gesamtheit aller zu verteilen und so das erdrückende Gewicht, mit welchem er sich sonst auf die Einzelnen stürzt, für alle unfühlbar zu machen, – Sie werden vielleicht begreifen, daß diejenigen, welche dieses wollen, mit dieser Beseitigung des Zufalls, mit dieser vernünftigen Berücksichtigung des Gemeinsamen und Solidarischen, welches sich nur verkennen, nicht aber durch Verkennen aufheben läßt, die Zurechnungsfähigkeit, Selbstverantwortung und Freiheit der Einzelnen erst herstellen, nicht aufheben wollen; daß sie ihr erst Raum und Boden schaffen wollen, sich vernünftig zu betätigen, während sie jetzt von den als rohe Naturmacht auftretenden gesellschaftlichen Zusammenhängen erdrückt und verschlungen wird." (58f.)

Mit dem Übergang zu den Produktionsformen des kapitalistisches Marktes überwiege heute also „die Summe der nicht wißbaren Umstände ... jederzeit unendlich die Summe der wißbaren Umstände" (60). Während aber kapitalkräftige Kaufleute und Unternehmer durch geschickte Spekulation und das Ausnutzen unterschiedlicher Konjunkturen in der Lage seien, in diesem „individuellen Glücksspiel" mitzuspielen und in glücklichen Fällen „hoch oben hinauf in den Schoß des Reichtums geschleudert" werden könnten, blieben die Arbeiter von diesen Chancen ausgeschlossen, „weil sie den Einsatz zu diesem Glücksspiel nicht vorlegen können: das Kapital" (61). Deshalb sei und bleibe, so Lassalle, der „grüne Tisch, auf welchem die Unternehmer und Spekulanten das Glücksspiel spielen, zu welchem die heutige Produktion geworden ist", immer „der Rücken der Arbeiter": „Der Arbeiter ist es, welcher mit Lohnverminderung, mit Aufopferung mühseliger Ersparnisse, mit gänzlicher Arbeits- und somit Existenzlosigkeit die notwendigen Mißerfolge in jedem Spiel der Arbeitsherren und Spekulanten bezahlt, deren falsche Spekulationen und Berechnungen *er* nicht hervorgebracht hat, deren Gier *er* nicht verschuldet und deren Glückserfolge *er* nicht teilt ..." (65; Herv. i. O.). Als Fazit notiert Lassalle am Ende lakonisch: „Arbeiterstand wie Handwerkerstand bilden daher in unserer Gesellschaft eine wirtschaftliche Abteilung, über welcher die Inschrift der Danteschen Hölle steht: ‚Die ihr hier eintretet, lasst jede Hoffnung fahren'" (62).[29]

3. Ein katholischer Lassalleaner?
Wilhelm von Ketteler, der Arbeiterbischof

Der große Erfolg der Lassalleschen Agitation für einen Allgemeinen Deutschen Arbeiterverein hatte auch im Bistum Mainz deutliche Spuren hinterlassen. Nachdem Lassalle am 20. Mai vor dem Mainzer Arbeiterverein eine flammende Rede gehalten hatte, waren auch katholische Arbeiter zur Gründungsversammlung des Allgemeinen Deutschen Arbeitervereins nach Leipzig aufgebrochen. Und spätestens jetzt dürfte Ketteler sich darüber klar geworden sein, dass auch die katholische Kirche zu diesem Thema Stellung beziehen müsse. Schon Jahre vorher hatte er – mit Blick auf Adolf Kolping und dessen Bemühungen um die Gründung katholischer Gesellenvereine – seinem Bruder Wilderich in einem Brief von der Idee berichtet, von Priestern geführte Häuser zur Unterstützung und Betreuung katholischer Wanderlehrlinge möglichst deutschlandweit zu errichten, um dem Siegeszug der liberalen Arbeiterbildungsvereine und der „Propaganda des Unglaubens" entgegenzutreten.[30] Dass es mit derartigen Pastoralinitiativen aber nicht getan sein dürfte, dass auf dem politischen Meinungsmarkt, im heftig tobenden Streit der sozialen Weltanschauungen, auch eine katholische Stimme nötig sei, auch wenn man sich damit auf unbekanntes Terrain begibt und die sicheren Verhältnisse der eigenen moraltheologischen Traditionen und Selbstverständlichkeiten verlässt; dies hatte im katholischen Deutschland jener Zeit wohl niemand so tief erkannt wie der ultramontane Bischof von Mainz.

Im September 1863 hatte der 15. Katholikentag in Frankfurt stattgefunden, der ebenfalls ganz im Zeichen der „cause célèbre des Tages"[31], der aktuellen Kontroversen zwischen Lassalle und Schulze-Delitzsch, stand und sich erstmals ausführlich mit der sozialen Frage beschäftigte. Am Ende kam man aber nur zu dem Ergebnis, dass man sich „dermalen nicht veranlaßt findet, sich über die großen socialen Zeitfragen in ihrem Verhältnisse zum Christenthum auszusprechen"[32]. Ketteler sah dies offensichtlich grundlegend anders, denn noch im selben Monat begann er mit der Abfassung seiner Schrift zur Arbeiterfrage, die im April 1864 erschien und noch im selben Jahr drei weitere Auflagen erlebte. Ketteler war damit in eine erbitterte tagespolitische Auseinandersetzung eingetreten. Er hatte sich nun auch in sozialpolitischer Hinsicht auf das Terrain der Zeitungskämpfe und Polemiken begeben; und auch hier sollte er in den nächsten Jahren nicht ungeschoren davonkommen, auch wenn die liberale Presse und Publizistik, die sich seit den 1850er-Jahren auf Ketteler und seinen militanten Ultramontanismus mitunter geradezu eingeschossen hatte, an sozialpolitischen Fragen deutlich weniger Interesse zeigte als an den staatskirchenrechtlichen Fragen mit ihren rechts-, schul- und kulturpolitischen Themen, in denen sich der protestantische Liberalnationalismus so bildungsbeflissen und zukunftsfreudig und der ultramontane Katholizismus so penetrant antimodern und aufklärungsfeindlich gebärdete.

Anonyme Kontaktaufnahmen

Schon im Januar 1864 war es zu einer interessanten Episode in der später so konfliktreichen Beziehungsgeschichte zwischen sozialdemokratischem Radikalismus und ultramontanem Katholizismus gekommen. Ketteler trug sich zu dieser Zeit mit dem Gedanken, für die Stadt Mainz mehrere Produktivassoziationen mit Hilfe gespendeter Gelder ins Leben zu rufen. In diesem Zusammenhang hatte er sich dazu durchgerungen, sich in einem Brief direkt an Lassalle zu wenden. Dieser Brief war auch insofern ungewöhnlich, da Lassalle – anders als etwa Schulze-Delitzsch oder Victor Aimé Huber – zwar als wortgewaltiger politischer Agitator für die Idee der Produktivassoziation bekannt war, jedoch über keinerlei praktische Erfahrung in der konkreten Errichtung und Begleitung solcher Unternehmungen verfügte.[33]

Mit Datum vom 16. Januar 1864 schrieb Ketteler unter einer Frankfurter Postfachadresse folgenden anonymen Brief an den in Berlin weilenden Lassalle:

„Verehrtester Herr!

Ich wende mich an Sie mit der Bitte um Rath in der Arbeiter-Angelegenheit. Ich verstehe von dieser Sache nicht mehr, als ich mit dem gesunden Menschenverstand erfassen kann. Tiefere Einsicht fehlt mir, obwohl ich das, was die Tagespresse über diese wichtige Angelegenheit bringt, lese, um mir ein richtiges Urtheil zu bilden. Ich stehe nicht ganz auf Ihrem Boden. Ich glaube nicht, daß unbedingte Gewerbefreiheit für diesen Stand zum Heile führt. Auch glaube ich, daß religiöse und moralische Potenzen mitwirken müssen, um diesem Stande zu helfen. Dagegen bin ich mit Ihnen vollkommen darin einverstanden, daß alle Unternehmungen eines Schulze-Delitzsch nur einen relativen Werth für den Zweck haben, dem Arbeiterstande zu helfen, und daß daher die Gründung von Productiv-Assoziationen für die Arbeiter, wo ihnen erstens der Arbeiterlohn und zweitens ein Antheil am Capitalgewinn zufällt, das wahre Mittel ist, um die Lage dieses zahlreichen Standes materiell zu verbessern.

Sie, verehrter Herr, wollen das Capital für diese Arbeiter hauptsächlich aufbringen durch Hilfe des Staates, und durch das Mittel der directen Wahlen wollen Sie diese Beihilfe erlangen. Ich bin bei diesem Modus nicht ganz unbedenklich. Jedenfalls scheint es mir aber gewiß zu sein, daß, wenn auf anderem Wege Capitalien für diesen Zweck gewonnen werden können, auf diese Weise die Realisierung Ihres Gedankens nicht ausgeschlossen werden soll. Ich komme damit zu dem eigentlichen Gegenstande dieses Schreibens.

Ich könnte für diesen Zweck etwa 50.000 Gulden zur Disposition stellen. Ich möchte den Versuch auf die Gränzen eines kleinen Staates in Mitteldeutschland, in dem ich wohne, beschränken. Mein Gedanke wäre der. Ich wünsche fünf verschiedene Associationen zu gründen. Eine Association für die Cigarrettenfabrikanten des Landes, eine Association für alle Handarbeiterinnen, eine Association für die eigentlichen Taglöhner und die zwei anderen für die meistverbreiteten Fabrikgeschäfte in diesem Lande. Jeder Association würden also 10.000 f (florin) zufallen. Die Kleinheit dieser Summe würde es nöthig machen, das ganze Unternehmen in kleinen Verhältnissen zu beginnen.

Ich erlaube mir nun die Frage: Halten Sie erstens diesen Plan überhaupt für durchführbar? 2. Wären Sie geneigt, mir für eine solche Association ein Project auszuarbeiten, wobei ich bemerke, daß es mir zweifelhaft ist, ob man diese 5 Assoc[iationen] unter einer Centralleitung vereinigen könnte oder sie selbstständig etabliren müßte?
3. Wenn Sie nicht geneigt wären, ein solches Project mir zuzustellen, könnten Sie mir dann vielleicht eine Persönlichkeit nennen, die gegen ein entsprechendes Honorar besondere Befähigung und Muße hätte?

Ich schicke Ihnen diesen Brief anonym und denke, daß Ihr warmes Interesse für den Arbeiterstand Sie nicht abhalten wird, deshalb mir eine Antwort zu verweigern [!]. Eine Nebenabsicht kann ich ja doch unmöglich haben, und wenn meine Sache redlich ist, habe ich, wir mir scheint, schon einen gewissen Rechtsanspruch auf Ihren Rath. Die Stellung, die ich im Leben einnehme, macht er mir fast unmöglich, meinen Namen zu nennen. Ich bitte, mir daher Ihre Antwort unter dem Zeichen MZ ... 35 nach Frankfurt poste restante zu schicken."[34]

Lassalles Reaktion ließ nicht lange auf sich warten. Schon fünf Tage später lag seine Antwort vor:

„Geehrter Herr!
Ich empfange soeben Ihren anonymen Brief. – Die Zeitungen haben meine Ansichten ganz merkwürdig entstellt, wenn sie mich, wie Sie heraus gelesen haben, in der unbedingten Gewerbefreiheit irgend ein Heil für den Arbeiterstand sehen lassen. Ich bin vielmehr ganz der entgegengesetzten Ansicht, daß die Gewerbefreiheit den Pauperismus und das Proletariat erzeugt hat, und daß mit der Gewerbefreiheit nur eine Vermehrung, niemals eine Verminderung dieser Uebel möglich ist. Nur halte ich die bloße Aufhebung der Gewerbefreiheit – etwa Zunftordnung – für ebenso unmöglich und nutzlos und sehe daher nur in der Productiv-Association auf möglichst großem Fuße ein Heil. Ich bitte Sie, da Sie sich für die Sache interessiren, mein ‚Offenes Antwortschreiben'... und mein ‚Arbeiterlesebuch' ... lesen zu wollen, damit Sie meine Ansichten näher kennen, als dies [aus?] den Zeitungen möglich ist. Auch Ihre Äußerung, daß ‚religiöse und moralische Potenzen' mitwirken müssen, unterschreibe ich mit Umänderung dieser Worte in den Ausdruck: ‚sittliche Potenzen' vollkommen und von Herzen.

Auf Ihren Wunsch aber einzugehen, und mich auf irgend Weiteres einzulassen, so lange ich Ihren Namen nicht kenne, muß mir, wie Sie bei näherer Erwägung Selbst finden werden, schlechthin unmöglich sein. Meine Lage verpflichtet mich durchaus zu höchster Vorsicht. Umgekehrt ist Ihre Absicht so wohlwollend, daß sie, welche Stellung sie auch einnehmen möchten, immer nur zu Ihrer Ehre gereichen könnte. Und überdieß können Sie meiner vollen Verschwiegenheit sicher sein. Wenn Sie sich genannt haben, werde ich nicht verfehlen, Ihnen weitere Mittheilung zu machen, resp[ective] wenn ich im Frühjahr nach Frankfurt komme, persönliche Rücksprache mit Ihnen zu nehmen."[35]

Mit diesem Antwortschreiben scheint die heimliche Liaison dann aber schon geendet zu sein, denn Ketteler sah sich offensichtlich trotz der Zusicherung „voller Verschwiegenheit" nicht in der Lage, „sich zu nennen". Jedenfalls hat er auf das

Lassallesche Schreiben in keiner Weise reagiert; und zu einer persönlichen Begegnung zwischen Ketteler und Lassalle ist es nie gekommen.[36]

Statt an Lassalle wendete Ketteler sich mit seiner Bitte um praktischen Rat nun – vermittelt über Domkapitular Heinrich, der „für einen Freund" anfragen lässt – an Victor Aimé Huber in Wernigerode, jenen „warmherzigen und sachkundigen Menschenfreund"[37], der in christlich geprägten Arbeiterassoziationen seit Langem ein tragfähiges Heilmittel gegen die sozialen Übel der Zeit sah und in seinen zahlreichen Veröffentlichungen regelmäßig auch über englische, französische und belgische Arbeitergenossenschaften berichtete. Auch Huber, der im Erwachsenenalter zum Protestantismus übergetreten war, antwortete prompt und drückte vor allem seine Freude aus, dass nun auch „die katholische Seite unseres Nationallebens"[38] dieses Thema entdecke. Aber auch auf dieses Schreiben scheint Ketteler nicht reagiert zu haben. Die zaghaften Versuche, auf diese Weise Brückenschläge zu sozialistischen oder protestantischen Kreisen der Sozialreform zu unternehmen, sind im Bistum Mainz offensichtlich nicht weiterverfolgt worden.

„Sich in derartige Dinge einmischen …"

Anfang April 1864 erschien dann Kettelers über 200 Druckseiten starkes Buch *Die Arbeiterfrage und das Christenthum*[39], das noch im selben Jahr zwei weitere Auflagen erleben sollte und im damals auch sozialpolitisch aufgescheuchten Blätterwald durchaus eine gewisse Resonanz zu entfalten vermochte.

Gleich im Vorwort erläutert Ketteler, warum er es für seine Pflicht halte, als katholischer Bischof in die laufende Kontroverse um die soziale Frage einzugreifen und sich „in derartige Dinge einzumischen". Die Arbeiterfrage habe es nämlich „mit den materiellen Bedürfnissen des christlichen Volkes" zu tun und sei von daher auch „eine Frage der christlichen Liebe". Schließlich sei Christus „nicht nur dadurch der Heiland der

Welt, daß er unsere Seelen erlöst hat, er hat auch das Heil für alle anderen Verhältnisse der Menschen, bürgerliche, politische und sociale, gebracht. Er ist insbesondere auch der Erlöser des Arbeiterstandes" (369f.). In der heidnischen Antike sei die Handarbeit zutiefst verachtet worden und ausschließlich Sache der Sklaven gewesen. Erst Christus habe die Lehre von der Gottebenbildlichkeit jedes Menschen „wieder allen Menschen, auch dem ärmsten und elendesten Knechte, verkündet. Er hat mit göttlicher Macht die Sklavenketten, die so fest geschmiedet waren, daß man sie für Naturgesetze hielt, mit denen der Mensch geboren werde, zerschlagen" (459); und wie damals die Sklavenketten zerschlagen wurden, so komme es heute darauf an, der bedrückten Lage der Arbeiter in den neu errichteten Fabriken, „diesen modernen Skavenbezirken der weißen Sklaverei" (454), den Kampf anzusagen.

Die missliche Lage des Arbeiterstandes bildet für Ketteler aber nur „einen Theil der großen socialen Frage", die sich heute eingestellt habe als „nothwendiges Ergebniß aller irrigen religiösen, politischen und wirtschaftlichen Grundsätze, die der antichristliche Liberalismus überall verbreitet" (371). Und so verwundert es nicht, dass sich Kettelers Schrift – allen stilistischen Bemühungen um Äquidistanz zum Trotz – vor allem gegen die „liberale Partei" richtet, während sie gegenüber Lassalle und dem Allgemeinen Deutschen Arbeiterverein deutliche Sympathien zu erkennen gibt.

Das erste Kapitel beginnt mit einem aufrüttelnden Fanfarenstoß: „Die sogenannte Arbeiterfrage ist in ihrem Wesen Arbeiterernährungsfrage" (372). Sie sei um vieles wichtiger als „alle sogenannten politischen Fragen" des Verfassungsrechts und der parlamentarischen Repräsentation. Diese hätten nämlich „nur für einen kleinen Theil des Volkes ihre wahre Bedeutung, nämlich für den Arbeiterstand der Feder, für den Theil, der am meisten redet und schreibt und deßhalb auch die Rednerbühne und die Presse beherrscht"; sie beträfen jedoch „kaum das Leben des eigentlichen Arbeiterstandes, der da im Schweiße des Angesichtes sein Brod verdienen muß. Das, was diese Massen des Volkes, was diese Arbeiter und Arbeiterfamilien vom Morgen bis zum Abend denken, sagen und empfinden, was sie und ihr Leben wahrhaft angeht, was ihre Lage und ihre wesentlichsten Lebensbedürfnisse verbessert und verschlechtert, wird in Wahrheit in allen politischen Tagesfragen kaum berührt“ (372).

Immer wieder sei das Volk, so Ketteler, von den Vertretern der liberalen Partei im Stich gelassen worden. Stets hätten diese den Eindruck erweckt, „als ob alle wahren Interessen des Volkes mit ihrer Thätigkeit zusammenhingen; immer haben sie unter diesem Vorwande zur entscheidenden Zeit das Volk aufgerufen; das Volk musste mit seinem Blute der Partei zum Siege verhelfen; und immer wieder, wenn der Sieg errungen war, blieb die Lage des Volkes dieselbe …“ (373). Dagegen habe sich das Christentum in unschätzbarer Weise um die Notleidenden verdient gemacht; und zwar in einer Weise, die allen Bemühungen der Liberalen unendlich überlegen sei. „Zwar haben einige Inhaber großer Geschäfte und einige Gesellschaften, auch ohne Rücksicht auf das Christenthum, in Uebung allgemeiner Humanitätsgrundsätze, für ihre arbeitsunfähigen Arbeiter einige Hilfe geschafft, was immerhin Anerkennung verdient“ (374); dauerhafte Abhilfe könne aber nur das Christentum bringen, denn „die unermeßlichen Mittel der Armenpflege, die in allen Theilen der Welt angesammelt sind, ebenso wie die zahllosen Krankenhäuser, Armenhäuser, Anstalten für alte und gebrechliche Leute, sind angeregt und gegründet durch die christliche Liebe und durch den Geist des Christenthums“ (374). Der moderne Liberalismus vermöge Ähnliches nie und nimmer zu vollbringen: „Sein eigener Geist vermag das nicht oder nur unter besonderen Verhältnissen, in einzelnen Fällen, gewissermaßen um dem Christenthum Concurrenz zu machen“ (374). Nur das Christentum könne dafür sorgen, dass man in den Armenanstalten, „nicht des Lohnes, sondern der christlichen Liebe wegen“ (375) arbeite. Wer sich dagegen der Arbeit in den Kranken-, Armen- und Invalidenhäusern nur wegen des weltlichen Lohnes widme, der werde bei erstbester

Gelegenheit „den weit lohnenderen und angenehmeren Dienst in guten und wohlhabenden Familien vorziehen, so daß jene Anstalten oft auf die schlechtesten und untauglichsten Lohndiener und Lohndienerinnen angewiesen sind" (375).

In diesem Zusammenhang präsentiert Ketteler übrigens einen Reformvorschlag, der zwar „unzeitgemäß scheinen mag", aufgrund seiner „inneren Wahrheit" aber Erwähnung verdiene: die Idee eines Armenfonds aus säkularisierten Kirchengütern. Die Säkularisation, die „ein gewaltthätiger Raub" an Kircheneigentum gewesen sei, habe nämlich auch den Armen einen schweren Verlust bereitet: „Die Kirche hat für alle Zeiten den Anspruch auf dieses frühere Eigenthum aufgegeben. Subsidiär haben aber an dem Eigenthum der Kirche die Armen ein Recht; das Kirchengut ist nach dem canonischen Rechte und nach dem Zwecke der Stifter zugleich auch Armengut. Es wäre daher eine gewisse Sühne für diesen Raub, wenn das säcularisirte Kirchengut als Armenfonds vom Staate verwendet würde. Man hätte dadurch zugleich große Hilfsmittel zu wichtigen Unternehmungen und zur Linderung der Noth" (376).

Das altkirchliche Motiv vom Kirchengut als Armengut, das Ketteler hier noch zur Sprache bringt, sollte in seinem späteren Schrifttum jedoch nicht mehr auftauchen. Dies könnte damit zusammenhängen, dass eine starke Betonung dieses Motivs von den politischen Gegnern der katholischen Kirche auch als Aufforderung zu weitergehenden Enteignungen von Kirchengütern hätte verstanden werden können. So notiert etwa das Lehrbuch des katholischen Kirchenrechtlers Johannes Baptist Sägmüller im Jahr 1909 zur Frage nach den Armen als den „Eigentümern des kirchlichen Vermögens": „Allein, damit ist wiederum nicht die Frage nach dem Eigentümer des kirchlichen Vermögens entschieden, sondern nur einer der Hauptzwecke desselben angegeben worden. Auch sind die Armen personae incertae, bilden keine Korporation, können daher als solche kein Vermögen haben. Endlich wird heute die Armenpflege im wesentlichen als Sache des Staates und der Gemeinden angesehen, und es wäre diesen durch eine solche Theorie das beste Mittel an die Hand gegeben, sich des Kirchenvermögens zu bemächtigen."[40]

Unterwegs auf fremdem Gelände

Kettelers Hauptaugenmerk liegt aber nicht auf der Verteidigung der christlichen Almosentradition. Viel wichtiger ist ihm die Frage nach den modernen Mitteln zur „Hebung des Arbeiterstandes"; und damit betritt er echtes Neuland, gewissermaßen Feindesgebiet. Während er sich in seinem Mainzer Predigtzyklus von 1848 – im sicheren Wissen um die alternativlose Überlegenheit der katholischen Liebestätigkeit – noch jeder ernsthaften Beschäftigung mit der sozialpolitischen Literatur der Zeit enthoben fühlen konnte, begibt er sich nun ohne Vorbehalt auf das Feld der Nationalökonomie, auf ein Terrain, auf dem die Kirche keinerlei Heimatrecht hat und wo sie sich schutzlos der öffentlichen Kritik aussetzt.

Für Ketteler führen die „modernen volkswirthschaftlichen Principien" (377) mit zwingender Notwendigkeit dazu, daß sich der Lohn des Arbeiters „nach der Lebensnothdurft im strengsten Sinne" bestimmt, „d. h. nach dem, was der Mensch an Nahrung, Kleidung und Obdach unumgänglich nothwendig bedarf, wenn nicht seine physische Existenz vernichtet werden soll. Die Wahrheit dieses Satzes ist durch die bekannten Controversen zwischen Lassalle und seinen Gegnern so evident gemacht, daß nur die Absicht, das Volk zu täuschen, sie bestreiten kann" (377f.).[41] Angesichts der Tatsache, dass die Arbeit heute „durchaus eine Waare geworden" (378) sei, kommt Ketteler zu dem dramatischen Ergebnis: „Es ist keine Täuschung darüber mehr möglich, daß die ganze materielle Existenz fast des ganzen Arbeiterstandes, also des weitaus größten Theiles der Menschen in den modernen Staaten, die Existenz ihrer Familien, die tägliche Frage um das nothwendige Brod für Mann, Frau und Kinder, allen Schwankungen des Marktes und des Waarenpreises ausgesetzt ist. Ich kenne nichts Beklagenswertheres als diese Thatsache. Welche Empfindungen muß das in diesen armen Menschen hervorrufen, die mit Allem, was sie nöthig haben und was sie lieben, täglich an (sic!) die Zufälligkeiten des Marktpreises angewiesen sind! Das ist der Sklavenmarkt unsers liberalen Europas, zugeschnitten nach dem Muster unsers humanen, aufgeklärten, antichristlichen Liberalismus und Freimaurerthums" (380).

Ursächlich dafür sei zunächst die von den Liberalen immer wieder beschworene Handels- und Gewerbefreiheit. Diese sei für den Arbeiter nämlich eine schlichte Täuschung: „Der arme Arbeiter lebt da in seiner Heimath, in der Nähe des Geschäftes. Man sagt ihm, es besteht Freizügigkeit, du kannst dir woanders dein Brod suchen. Wie aber kann dieser Mann mit Frau und Familie auf Reisen gehen, um diesen Versuch zu machen! Er kann nicht einen Tag den Tagelohn entbehren, ohne zu hungern" (454). Ketteler bedauert deshalb, dass auch die neu gegründete Arbeiterpartei, die sich „sonst durch eine gewisse ehrliche Consequenz vor der großen liberalen Partei auszeichnet" (382), in der unbegrenzten Gewerbefreiheit ein Prinzip erkenne, „über das nicht mehr disputirt werden könne" (382). Dennoch schlägt er sich – entgegen den im damaligen Sozialkonservatismus weit verbreiteten Stimmungslagen – nicht einfach auf die Seite der Zünftler. Er wolle keineswegs ausschließen, dass „die Gewerbefreiheit nothwendig ist" (382). Der Arbeiter habe aber ein Recht darauf, „daß seine Existenz nicht täglich durch die Concurrenz in Frage komme" (384). Deshalb seien ihm ähnliche Existenzsicherungen wie dem „reichen Kapitalisten" zu gewährleisten: „Warum sollte der Arbeiter allein täglich sein Leben lang mit dem Gedanken hinter seiner Arbeit stehen müssen: ob ich morgen noch meinen Lohn, von dem ich mit Frau und Kindern lebe, haben werde, weiß ich nicht; vielleicht kommt morgen eine Schaar hungeriger Arbeiter aus einer fernen Gegend und bietet mich ab mit meiner Arbeit, und ich muß mit Frau und Kindern hungern. Der reiche Kapitalist hat in seinem Kapital einen tausendfachen Schutz für seinen Geschäftsbetrieb …; der Arbeiter aber soll keinen Schutz haben; deßhalb wird das zünftige Gewerbe beschimpft" (384). Allerdings habe der Zunftzwang, so räumt Ketteler ein, allzu oft „der Trägheit und dem Egoismus gedient, die Waare ungebührlich vertheuert und die Consumenten durch schlechte Waare in ihrem Rechte beeinträchtigt". Dagegen habe die Gewerbefreiheit „die Waaren unermeßlich vermehrt, vielfach verbessert, den ungebührlichen Preis der Waare herabgedrückt und so den weitesten Kreisen der weniger bemittelten Menschenclassen die Befriedigung mancher Lebensbedürfnisse eröffnet" (384f.). Auch wenn Ketteler sich also eine Wiedereinführung des Zunftzwangs in modifizierter Form durchaus vorstellen konnte, so stellt er hier sich doch eher auf den Boden der neuen Wirtschaftsordnung. Eine Rückkehr zu vormodernen Wirtschafts- und Sozialordnungen fordert er jedenfalls in keiner Weise.

Die von der Gewerbefreiheit ermöglichten Konsequenzen entstehen, so Ketteler, aber ohnehin erst durch die „Uebermacht des Kapitals". Im Prozess der Kapitalkonzentration müsse der Handwerker nun mit der Fabrik konkurrieren, der er hoffnungslos unterlegen sei; und dies führe „mit mathematischer Nothwendigkeit" dazu, dass die „Masse der eigentlichen Taglöhner und Lohnarbeiter" immer größer werde. Der kleine Handwerker stehe jetzt nicht mehr anderen Handwerkern „in der allgemeinen Concurrenz gegenüber, die, wie er, essen und trinken und schlafen müssen, sondern er steht einer Maschine gegenüber, die ohne Hunger und Schlaf, rastlos, nicht mit bloßer Menschenkraft, sondern mit vieler Pferdekraft Tag und Nacht fortarbeitet. Während die arme Näherin endlich müde niedersinkt, arbeitet die Nähmaschine mit einer Geschwindigkeit, die zahllose Hände nicht erreichen können, und doch muß sie mit dem Nähpreis sich begnügen, bei dem die Maschine noch arbeiten kann. So überall und in allen Gewerbszweigen …" (386). Zwar stehe man heute erst am Beginn dieser Entwicklung, schon jetzt aber seien die Folgen absehbar, die „diese Maschinengrundsätze moderner Volkswirthschaft und Volksfreundlichkeit" hervorbringen werden:

einen immer größeren Arbeiterstand „mit der quälenden Ungewißheit: Morgen bin ich vielleicht mit meinem Weibe und mit meinen armen Kindern brodlos, nackt und ohne Obdach. Ein solcher Zustand muß das Menschengeschlecht zu einem Meere machen, das, ohne Unterlaß von den wüthendsten Winden gepeitscht, seine Fluthen, Alles zerstörend, thurmhoch in die Höhe wirft" (386).

Almosen-Aversion, Bildungs-Begeisterung und Selbsthilfe-Seligkeit

Nach dieser Lagebeschreibung, deren moralische Wucht den schärfsten sozialdemokratischen Agitationsreden in nichts nachsteht, beginnt Ketteler dann die kritische Prüfung der gegenwärtig angebotenen Heilmittel. Und auch hier fällt auf, wie sehr er die Vorschläge der liberalen und der radikalen Partei von ihrer volkswirtschaftlichen Zweckmäßigkeit her zu beurteilen versucht, statt sie einfach als „unchristlich" zu verteufeln.

Was die Vorschläge der liberalen Partei angehe, sei zwar „vielfach guter Wille" und „mancherlei Einsicht in die bestehenden Verhältnisse vorhanden", auch hätten sie „manches Wahre und Berechtigte an sich"; mit diesen dürren Zugeständnissen ist die Ketteler'sche Sympathiegrenze aber schon erreicht. Gleich im nächsten Atemzug erklärt er nämlich, diese Vorschläge hätten „eine durchaus verkehrte Grundlage; das Wahre an ihnen ist vielfach nicht neu, und das Neue nicht wahr; und sie sind endlich alle zusammen nicht im Entferntesten im Stande, den wirklichen Nothstand der arbeitenden Classe erheblich zu verbessern" (388).

Ketteler moniert zunächst, dass die „große liberale Partei" – sie besteht für ihn „vorzugsweise aus dem Freimauerthum, aus den Repräsentanten des großen Kapitals, aus dem rationalistischen Professorenthum und dem gewöhnlichen Literatenthum, das an den Tischen dieser hohen Herren ißt und für sie täglich reden und schreiben muß" (381) – von der „Verdächtigung des Almosens" nicht lassen könne. Sie suche „dem Arbeiter das Gefühl beizubringen, als ob die vom Christenthum ihm bisher gebotene Hilfe eine Art Kränkung seiner Menschenwürde" sei: „Insbesondere versucht sie den Schein zu verbreiten, als ob die bisherige Art der christlichen Liebe vielleicht gut gemeint, aber ohne rechte Einsicht und im Grund nur eine Unterstützung der Trägheit gewesen sei, während die im Geiste der Humanität und des Liberalismus geübte Liebe die Aufgabe habe, dieser Beförderung der Trägheit entgegenzuwirken und die Würde der Arbeit wieder herzustellen. Daher dieses bis zum Ekel wiederkehrende Gerede von der Macht der Selbsthilfe, von der Würde, die sie dem Arbeiterstande zu gewähren im Stande sei ..." (390f.). Hinter der demonstrativen Geringschätzung des Almosens stecke jedoch, so Ketteler, „vielfach ein verdeckter Geiz, der unter solchen Redensarten seinen Mangel an Nächstenliebe zu verbergen sucht". Außerdem treffe der Vorwurf der Beförderung von Trägheit und „Lüderlichkeit" weit weniger die kirchliche Almosenpraxis als die „amtlich-bürgerliche Armenpflege, die lediglich in der Verabreichung bestimmter Almosen zu bestimmten Zeiten durch die Polizeidiener besteht". Und schließlich müsse man zur Kenntnis nehmen, dass all jene, die „den Mißbrauch des Almosens ganz verhüten" wollen, am Ende „unfehlbar oft in die äußerste Härte gegen Jene fallen, die des Almosens würdig sind" (391).

Auch mit der Rede von der Bildung werde „ein wahrer Humbug mit dem Arbeiterstande getrieben" (396). Die liberalen Arbeiterbildungsvereine wollten nämlich „das ganze Leben des Arbeiters nach allen Seiten hin, materiell und geistig, selbst seine Vergnügungen, seine Erholungen, selbst sein Familienleben umschließen und unter die Hand bringen" (395). Ihre Leiter gehörten, so Ketteler, zum größten Teil zu jenem städtisch-bürgerlichen Milieu, das „dem Christentum und der übernatürlichen Offenbarung" schon lange entsagt habe und nun allenthalben Propaganda mache, „um die Bildung, an der sie selbst todtkrank sind, auch im Arbeiterstande zu verbreiten" (397). Die zahlreichen Kulturveranstaltungen dieser Arbeiterbildungsbewegung könnten aber „an der materiellen Lage des Arbeiterstandes im Großen und Ganzen nicht das Mindeste verändern“ (396).

Vor allem aber sei es eine „thörichte Selbstüberhebung“, wenn sich die liberale Partei anmaße, „die Bedeutung der Selbsthilfe und der Würde, die sie dem Arbeiter verleiht, erfunden und als neue Wahrheit der Welt verkündet“ (392) zu haben. Diese Pflicht der Selbsthilfe, die vor allem in der Pflicht zur Arbeit bestehe, habe nämlich, „so lange es Menschen gegeben hat, noch Niemand geläugnet“. Allerdings habe erst das Christentum mit seiner Lehre vom jenseitigen Leben den wahren Sinn der menschlichen Arbeit offenbart. Von daher habe – und hier wiederholt Ketteler nun moraltheologische Theoriestücke seiner 1848er-Adventspredigten – nur der christliche Arbeiter „für seine Stellung in der menschlichen Gesellschaft einen hinreichenden Grund, der ihn beruhigen kann“ (394). Der „ungläubige Liberalismus“ dagegen könne nicht verhindern, „daß der Arbeiterstand seine Lage im Vergleich zu den Classen, denen alle Genüsse des Lebens zu Gebote stehen, für eine Naturwidrigkeit ansieht und sich der Meinung hingibt, diese Unordnung müsse durchaus ihren Grund in den mangelhaften politischen und socialen Einrichtungen, also von der Bosheit anderer Menschen, von denen diese herstammen, haben; es müsse daher einen Fortschritt geben, wo die Triebe aller Menschenherzen, die Befriedigung fordern, mit irdischen Genüssen ausgefüllt werden könnten, es müsse Volksfreunde geben, die durch politische und sociale Einrichtungen diesen Zustand allgemeiner irdischer Sättigung hervorzuzaubern im Stande wären“ (393). Genau dies aber sei auf dieser Erde, wie der Christ wisse, ein Ding der Unmöglichkeit.

Statt sich aber wie 1848 auf die Forderung nach einer umfassenden Rechristianisierung der Gesellschaft zu fixieren, beschäftigt sich Ketteler nun mit dem eigentlichen Herzstück der liberalen Sozialreform, der Idee der sozialen Selbsthilfe in den freien Genossenschaften. Dazu notiert er in drei Sätzen: „erstens, was diese Ideen Wahres an sich haben, ist nicht neu;

zweitens, das Wahre bieten sie uns in der schlechtesten Form; und drittens, sie leisten nicht im Entferntesten, was sie versprechen, nämlich eine wahrhaft durchgreifende Verbesserung der materiellen Lage des gesammten Arbeiterstandes" (399).

Wie noch nie jemand an der Pflicht zur Selbsthilfe durch eigene Arbeit gezweifelt habe, so habe auch noch nie jemand bestritten, „daß Association und Genossenschaft ein Mittel sei, die Kraft des Einzelnen zu vermehren" (399). Dies sei schon immer verstanden worden, seitdem sich „die ersten Hirten zu Stämmen vereinigten, um gemeinschaftliche Zwecke mit gemeinschaftlicher Kraft zu verfolgen". Deshalb solle man, so führt Ketteler energisch aus, „doch uns Deutschen nicht einreden wollen, daß das Genossenschaftswesen dem Gehirne eines modernen Volksfreundes entsprungen sei. [...] Familie, bürgerliche Gemeinde, Staat, christliche Gemeinde, Innungen und Zünfte und zahllose andere Formen ruhen sämmtlich auf der einen Idee, daß nach einem Naturgesetze die Menschen sich verbinden müssen, wenn sie nach allen Seiten ihres Lebens ihre Bestimmung erreichen und ihre nothwendigen Bedürfnisse befriedigen wollen" (399f.). In diesem Sinne kann Ketteler grundsätzlich erklären: „Im Grunde und in Wahrheit ist das ganze Menschengeschlecht eine große Association, wo sich Alle gegenseitig helfen und Jeder täglich bekennen muß, daß er mit dem stolzen Gedanken der Selbsthilfe von dem ersten bis zum letzten Augenblick seines Lebens nicht ausreicht" (401). Allerdings bestehe ein fundamentaler Unterschied zwischen der katholischen und der liberalen Wahrnehmung des Genossenschaftsgedankens. Das moderne Genossenschaftswesen wolle die Individuen nämlich künstlich miteinander verbinden, „während Gott die Menschen organisch einigt" (401). In diesem Sinne habe „die Vorsehung die allerverschiedensten organischen Entwickelungen sich gestalten lassen, in denen der Mensch Schutz und Hilfe findet" (390). Die liberalen Vorstellungen dagegen seien vergleichbar mit dem Vorschlag, „alle Pflanzen, alle Bäume, alle Thiere, alles organische Leben in der Natur durch einen chemischen Proceß in seine letzten

Stoffe aufzulösen und dann diese Stoffe wieder durch mechanische Kräfte in Thätigkeit zu setzen" (402).

Wenn heute die liberale Bewegung die Idee der Genossenschaft anpreise, dann habe sie übrigens, wie Ketteler nicht ohne Schadenfreude notiert, in einem „gewissen Widerspruch" bereits eingestanden, dass ihr Prinzip individueller Selbsthilfe offensichtlich doch nicht ausreiche, denn schließlich sollen alle diese neuen Genossenschaften ihre Mitglieder wieder „gegen die Wirkung der allgemeinen Concurrenz" in Schutz nehmen. Sie schaffen damit „in gewissem Sinne wieder Zoll- und Gewerbegrenzen, durch die man die Folgen der allgemeinen Concurrenz abwenden will. Die liberale Partei müßte, wenn sie ganz folgerecht handeln wollte, die Genossenschaften verbieten, statt sich das Verdienst beizulegen, sie zu fördern. Sie widersprechen der reinsten modernen Volkswirthschaft und haben etwas Finsterlich-Mittelalterliches, ja Ultramontanes. Aber freilich, die Natur ist stärker als aller theoretische Unverstand" (400f.).

„Lassalle unwiderlegt und unwiderleglich"

Wichtiger als diese theoretisch-programmatische Widersprüchlichkeit des liberalen Genossenschaftsgedankens ist für Ketteler aber die Tatsache, dass diese Vereinigungen grundsätzlich nicht in der Lage seien, dem Arbeiterstand aufzuhelfen. Dies „ist in neuerer Zeit hinreichend und evident bewiesen. In dieser Hinsicht sind die Ausführungen von Lassalle unwiderlegt und unwiderleglich" (401).[42] Sowohl die Vorschuss- als auch die Rohstoffvereine könnten für den Lohnarbeiter, so erklärt Ketteler mit Lassalle, keine Bedeutung haben; und auch für das Kleingewerbe könnten sie nur von geringem Nutzen sein. Ebenso sei, wie Lassalle verdeutlicht habe, angesichts des ehernen Lohngesetzes auch von den Einkaufs- und Konsumvereinen keine echte Hilfe zu erwarten. Als Fazit hält Ketteler deshalb fest, „daß alle die Maßregeln der liberalen Partei, weit entfernt, den Wohlstand und das Gedeihen des

Arbeiterstandes zu heben, ihn vielmehr mit dem größten Verderben bedrohen" (404).

Es ist also nicht völlig aus der Luft gegriffen, wenn man Ketteler später als einen „ins Katholische übersetzten Lassalle" qualifizieren sollte. So notiert der evangelische Theologe und damalige Loccumer Abt Gerhard Uhlhorn 1887 im historischen Rückblick: „Sobald die socialistische Bewegung durch Lassalle größere Bedeutung gewonnen, hat der Bischof v. Ketteler diese Bedeutung mit scharfem Blick erkennend den ersten Schritt gethan, einen katholischen Socialismus zu schaffen, um dadurch womöglich die socialistische Bewegung in das Fahrwasser der Römischen Kirche zu leiten ... Ketteler ist eigentlich der ins Katholische übersetzte Lassalle, denn was er an positiven Vorschlägen zur Lösung der socialen Frage giebt, ist von Lassalle entlehnt und kommt auf die von diesem vorgeschlagenen Productivassoziationen hinaus."[43] Uhlhorn verzichtet in diesem Zusammenhang nicht darauf, sich über die rückständische Mittelalterlichkeit der katholischen Wirtschaftslehre zu mokieren – sie kenne „keine andere Lösung der socialen Frage als Herstellung der mittelalterlichen Volkswirthschaft. Ihre Ethik reicht eben nicht weiter, sie entspricht der mittelalterlichen Wirtschaftsordnung und diese ihr, beide sind unzertrennlich verknüpft, darum kann man von dieser Ethik aus zu gar keinem anderen Ziel kommen."[44] Allerdings sieht er sich auch genötigt, einen besorgten Hinweis zum Zustand der protestantischen Kirchengemeinden anzubringen. Er ergänzt nämlich: „Wenn ich ehrlich sein soll, muß ich sagen, daß ich den gerade den protestantischen Geistlichen oft gemachten Vorwurf, sie seien Kapitalistenpastöre, sie hielten es mit der herrschenden Klasse, aber für die Nothleidenden fehle ihnen der Sinn, für so ganz unberechtigt nicht halten kann. [...] Wehe aber unserer Kirche, wenn die nothleidenden Massen das Gefühl bekämen, daß in dem katholischen Priester ein wärmeres Herz für sie schlüge als in dem protestantischen Pastor."[45]

Nach dieser vernichtenden Verurteilung der liberalen Reformprogramme wendet sich Ketteler nun den „Vorschlägen der radicalen Partei" zu, denen er mit einer für einen katholischen Bischof nicht nur ungewöhnlichen, sondern fast schon gefährlichen Sympathie begegnet. Lassalle und seine Partei hätten nicht nur „das unbestreitbare Verdienst", die Lage des Arbeiterstandes „mit unerbittlicher Schärfe und Wahrheit aufgedeckt zu haben"; sie hätten auch „überzeugend bewiesen", dass die Vorschläge der liberalen Partei nicht in der Lage seien, „den Arbeiterstand vor dem Verfalle zu bewahren". Vor allem aber hätten sie darauf aufmerksam gemacht, dass man Mittel und Wege finden müsse, durch die „dem Arbeiterstande eine neue und reichere Erwerbsquelle neben dem nothdürftigen Arbeitslohn eröffnet wird" (405).

Lassalle habe darauf hingewiesen, dass der gesamte Geschäftsgewinn eines Unternehmens, der nach Abzug des Tagelohnes für die Arbeiter und der Zinsen für das geliehene Fremdkapital übrig bleibt, dem Eigentümer der Fabrik, nicht aber den dort beschäftigten Arbeitern zufalle. Dies scheine aber, so Ketteler, „der natürlichen Gerechtigkeit und dem an sich richtigen Maßstabe nicht ganz zu entsprechen. Der Arbeiter verwendet sein Fleisch und Blut und nützt zugleich das Kostbarste, was der Mensch an irdischen Gütern hat, seine Gesundheit, damit ab, er verarbeitet täglich gleichsam ein Stück seines Lebens. Der Kapitalinhaber dagegen verwendet in der Arbeit nur eine todte Summe Geldes. Es scheint daher unbillig, wenn der überschießende Gewinn *ausschließlich* dem todten Kapitale und nicht auch dem verwendeten Fleisch und Blute zufällt" (406; Herv. i. O.). Zwar sei es unmöglich, genau zu bestimmen, welche Faktoren – neben dem investierten Kapital und der körperlichen Arbeit auch die bei der Produktion der Ware verwendete Intelligenz, die bei ihrem Verkauf verwendete Mühe etc. – im erzielten Verkaufserlös der Ware zusammenfließen; dennoch müsse man dafür sorgen, dass dem Arbeiter als „Miteigenthümer des Fabrikgeschäftes, in dem er arbeitet", ein entsprechender Anteil vom Geschäftsgewinn zufällt. „Er hätte dann seinen Tagelohn und später seine Dividende am Gewinne des ganzen Geschäftes" (406).

Das entscheidende Problem sei nun, wie man den Arbeitern mit ihren leeren Händen zu diesem Kapital verhelfen könne. Zwar gebe es in England und Frankreich einzelne Produktivassoziationen von Arbeitern, die sich ohne fremde Kapitalhilfe gründen könnten; dieses „merkwürdige Resultat" stelle aber eine seltene Ausnahme dar. Denn so sehr diese Initiativen „unser ganzes Interesse verdienen, so werden sie doch, insofern sie lediglich und allein durch die Kraftanstrengung der Arbeiter selbst geschaffen werden sollen, im Vergleich zur Gesammtmasse des Arbeiterstandes nur in demselben Verhältnisse dastehen, in welchem ein einzelner glücklicher Geschäftsmann, der sich vom Trödelmarkt zum Millionär in die Höhe geschwungen hat, zur Gesammtmasse seiner früheren Standesgenossen steht" (407). Die radikale Partei fordere deshalb, dass „der Staat dem Arbeiterstande zu Hilfe eilen und ihm die zu dem Geschäfte nöthigen Kapitalien leihen und schenken" (408) müsse. Um aber mit Staatshilfe finanzierte Produktivassoziationen in großen Ausmaßen und auf legale Weise auf den Weg zu bringen, müsse man zunächst für die Einführung eines wahrhaft demokratischen Wahlrechts kämpfen. Ketteler macht sich die Forderung nach einem freien und gleichen Wahlrecht in diesem Zusammenhang durchaus zu eigen. Allerdings hält er die Perspektiven einer praktischen Umsetzung der Produktivassoziationen für wenig aussichtsreich. Vor allem aber erteilt er der Forderung nach Staatskrediten für die Arbeiter auf Kosten der wohlhabenden Schichten aus gerechtigkeitstheoretischen Gründen eine vollständige Absage.

Die Idee des freien und gleichen Wahlrechts – eine politische Überzeugung, die auch im politischen Liberalismus skeptisch betrachtet wurde[46] – spielte Kettelers scharfem Antiliberalismus gewissermaßen in die Karten. Zwar sei er weit davon entfernt, so notiert er, „in demokratischen directen Wahlen ein Ideal zu verehren"; angesichts des jetzigen Wahlrechts, das die wohlhabenden Schichten privilegiere und zur Übermacht der liberalen Partei in den Kammern und Parlamenten führe[47], erklärt er aber mit einer gewissen Resignation, „selbst directe Wahlen in diesem Sinne dem gegenwärtigen verderblichen Wahlsysteme vorzuziehen. Die directen Wahlen haben gewiß große Gefahren; sie können in der Hand der Demagogen auch das Volk irreführen ... Die ersten directen Wahlen würden vielleicht uns große Unordnungen bringen. Die Masse unseres Volkes glaubt aber noch an Gott und an Christus; sie kennt noch die zehn Gebote Gottes und das Gewissen. Wir hegen daher die Ueberzeugung, daß unser deutsches Volk nach solchen Erfahrungen bald wieder dahin kommen würde, den Zusammenhang, in dem auch eine Wahl mit dem Gewissen steht, zu erkennen, und sobald dies einträte, wären wir schon wieder gerettet" (425).

Gegenüber einer massenhaften Einführung von Produktivassoziationen bleibt er jedoch skeptisch. Was ihre Praktikabilität angehe, seien nämlich gravierende Einwände zu erheben. So fragt er, was passieren würde, wenn die Regierungen tatsächlich die Einrichtung der ersten Produktivassoziationen verkünden und konkret planen würden. „Es genügt, diese Situation sich klar zu machen, um zugleich zu erkennen, daß der ganze Plan unausführbar ist", denn „jeder Arbeiter, jede Gewerbe- und Arbeitergenossenschaft würde sich zuerst und vor Allen und am meisten berechtigt halten. Jeder Volksvertreter würde für den Kreis seiner Wahlmänner denselben Standpunkt geltend machen", so dass das ganze groß angelegte Reformprojekt „zu einem allgemeinen Kampfe und zu den fürchterlichsten Revolutionen führen und endlich ohne alles Resultat bleiben müßte" (419). Wer dagegen zu der Vorstellung neige, „daß alle jene Arbeiter, die von der Wohltätigkeit dieser Subsidien noch auf lange Zeit ausgeschlossen blieben, ihre dürftige Lage mit himmlischer Geduld ertragen würden, bis endlich auch sie an die Reihe kämen, der kennt weder die menschlichen Verhältnisse noch die menschlichen Leidenschaften“ (420). In der Tat hat Ketteler hier einen wichtigen Punkt getroffen, der auch für Lassalle selbst und die Vertreter der radikalen Partei eine erhebliche Herausforderung darstellte.

Absagen an den Staat

Kettelers zentraler Einwand betrifft aber nicht die empirische Umsetzbarkeit der Produktivassoziationen, sondern ihre moralische Legitimität. Hier zeigt sich bei aller Sympathie eine fundamentale Differenz im Staats- und Eigentumsverständnis zwischen dem sozialistisch-reformerischen Volkstribun und dem ultramontan-katholischen Arbeiterbischof. Ketteler fragt nämlich grundsätzlich: „Hat der Staat das Recht, in dieser Art die Staatsmittel zu verwenden? Hat eine Kammer, überdies eine Kammer, die vielleicht großentheils aus den Besitzlosen besteht, das Recht, durch Majoritätsbeschlüsse in der vorgeschlagenen Art das Eigenthum zu besteuern?“ (408f.) Und er beantwortet alle diese Fragen mit einem entschiedenen Nein.

Die vom göttlichen Naturgesetz verbürgte Unantastbarkeit des privaten Eigentums sei nämlich eine unverzichtbare Grundlage allen gesellschaftlichen Lebens und dürfe nicht zur Disposition parlamentarischer Mehrheitsentscheidungen stehen. Das Christentum wisse noch darum, so Ketteler, „daß die Menschen die Gesetze nicht willkürlich machen, sondern vielmehr das auf der göttlich gesetzten Ordnung beruhende Recht finden und aussprechen sollen“, weil „das Gesetz seine bindende Kraft nicht aus dem Menschenwillen, sondern aus dem ewigen göttlichen Willen empfängt“ (414). Wenn man aber mit der gegenwärtig herrschenden liberalen Partei „die Verbindung des menschlichen Gesetzes mit der lex aeterna, dem ewigen Gesetze, das in der ewigen Intelligenz Gottes ruht“ (412), nicht anerkenne und stattdessen die „Majestät des Volkswillens“ (413f.) behaupte, seien alle Gesetze „ganz und gar Menschenwille und Nichts als Menschenwille“ (413). Dann aber sei nicht einzusehen, „welches gegründete Bedenken man dann erheben will, wenn die Masse der Menschen, die kein Eigenthum besitzen, einmal durch Majorität den Beschluß faßt, daß die Besitzenden ihnen einen Theil als Anleihe überlassen sollen. In diesem Fall kann es nicht ausbleiben, daß sie später noch weiter gehen und statt der Anleihe einen Theil als Eigenthum fordern. [...] Warum soll denn aber um Himmels Willen diese Majestät auf ein Mal vor dem Geldbeutel der reichen Liberalen stehen bleiben? [...] Wenn diese liberalen Majoritäten mit der Souveränität ihres Willens die tausendjährige Stellung der Kirche mit Hohn wegdecretiren und unser christliches Gewissen mit allen seinen Fasern kränken dürfen, dann werden bald andere Majoritäten nachkommen, die ganz und gar auf demselben Boden und mit derselben Majorität nicht nur Millionen als Subsidien für die Arbeitervereine, sondern noch ganz andere Dinge fordern werden. Vom Standpunkt der liberalen Partei und jener Wissenschaft, die im Namen der Regierung von so vielen Lehrkanzeln gelehrt wird, ist daher, was die Gerechtigkeit der von Lassalle vorgeschlagenen Maßregeln angeht, wohl sicherlich gar kein Bedenken zu erheben. Es ist vielmehr nur ein unendlich bescheidener Anfang ganz anderer Dinge, die da kommen müssen" (414).[48]

Ketteler verteidigt hier also – ähnlich wie 1848 – mit Nachdruck die Unantastbarkeit des Privateigentums. Zugleich erinnert er daran, dass die Kirche dem Einzelnen nie „ein absolutes, unbeschränktes Recht" auf sein Eigentum eingeräumt, sondern stets betont habe, dass jeder, „der sich in der äußersten Noth befindet, berechtigt ist, wenn ihm gar kein anderes Mittel mehr übrig bleibt, diese äußerste Noth zu befriedigen, wo und wie er es vermag" (415). Aus diesem Mundraub-Recht ergibt sich für Ketteler aber auch – und damit geht er über seine 1848er-Position hinaus – das Recht der Staatsgewalt, die Gemeinden zur Armenfürsorge zu verpflichten; und zwar als „Zwangspflicht". Auf dieser Grundlage nämlich dürfe der Staat, „wie dies auch überall geschehen ist, die Gemeinden verpflichten, also die Eigenthümer in den Gemeinden, für ihre

Armen zu sorgen, d. h. von ihrem Eigenthum so viel herzugeben, wie nöthig ist, um diesen Armen die Lebensnothdurft zu gewähren". Ketteler kommt hier erstmals klar und deutlich auf den Unterschied zwischen „den Pflichten der Gerechtigkeit und den Pflichten der christlichen Nächstenliebe" zu sprechen und erklärt: „Ueber diese Grenze hinaus kennt aber die Theologie eigentlich keine Zwangspflicht zur Milderung der Noth der Mitmenschen, sondern nur eine moralische Pflicht, eine Pflicht der christlichen Nächstenliebe. Der Eigenthümer kann auf dem gerichtlichen Wege gezwungen werden, alle seine Rechtspflichten zu erfüllen, er kann gezwungen werden, auf dem Wege der Besteuerung die allgemeinen Gemeindesteuern und Staatslasten zu tragen; ich glaube aber nicht, daß der Eigenthümer gezwungen werden kann, über jenes vorher angegebene Maß hinaus dem Mitmenschen zur Verbesserung seiner materiellen Lage sein Eigenthum abzutreten. Hier tritt der Unterschied ein zwischen den Pflichten der Gerechtigkeit und den Pflichten der christlichen Nächstenliebe" (415). „Die staatliche Zwangsgerechtigkeit geht nur bis auf eine gewisse Grenze, die zum Schutze Aller und zur Ordnung nothwendig ist. Von da an beginnt das Gebiet der Freiheit, auch der Freiheit des Eigenthums, das aber wieder ganz ein Gebiet der Pflicht ist, aber der Pflicht in der höchsten und edelsten Form, wo der Mensch in freier Pflichtbestimmung, in freier Erkenntniß seines Verhältnisses zu Gott, zu den Nebenmenschen und zu seinem Vermögen, sich seines Vermögens theilweise entäußert, um die Werke der Nächstenliebe zu üben" (416).

Dass für Ketteler die sozialen Verantwortlichkeiten nicht beim Staat, sondern beim Individuum liegen, sodass er hier – mit durchaus „liberaler" Schlagseite – eher für die Moralität der Person als für das Recht des Staates plädiert, wird an dieser Stelle hinreichend deutlich, wenn er ergänzt: „Dieses zur Freiheit und freien menschlichen Thätigkeit, ich möchte sagen, zur Würde der Persönlichkeit so wesentlich gehörende Verhältniß wird aber durch das Project der durch Majoritäten decretirten Staatshilfe gänzlich aufgehoben" (416). Deshalb sei zur Forderung nach Staatshilfe als Fazit festzuhalten, dass sie „über die von Gott gesetzten rechtmäßigen Grenzen der Thätigkeit der staatlichen Gesetzgebung hinausgeht und in ein Gebiet eingreift, wo die Staatsgewalt kein Recht mehr hat" (414).

Fünf bischöfliche Hilfsmittel

Nach dieser Absage an das Lassallesche Programm steht Ketteler nun vor der Aufgabe, seine eigenen Lösungsvorschläge präsentieren zu müssen. Nach wie vor setzt er seine Hoffnungen unbeirrt auf das Christentum „mit seinem schöpferischen Geiste" (428). Von der die katholische Sozialromantik so tief prägenden Idealisierung der mittelalterlichen Lebenswelten ist er jedoch weit entfernt. Vielmehr notiert er durchaus unsicher, dass sich „jetzt noch nicht bestimmen läßt, welche neuen Wege die christliche Liebe und der christliche Geist einschlagen wird, um aus der socialen Noth einen neuen Triumph des Christenthums zu bereiten" (430).

Er könne deshalb „nur bescheidene Gedanken" (430) beitragen. Konkret nennt er fünf Hilfsmittel, von denen allerdings nur das letzte die Idee der Produktivassoziationen aufgreift. Die Erörterungen zu den ersten vier Hilfsmitteln bewegen sich dagegen wieder ganz im Rahmen der Morallehren der 1848er-Adventspredigten und nehmen die Frage nach realisierbaren Perspektiven einer systematischen staatlichen Arbeiterpolitik nicht in den Blick. Das erste Hilfsmittel sei der weitere Auf- und Ausbau von „Anstalten für den arbeitsunfähigen Arbeiter" (432), denn „die Kranken- und Armenpfleger der Kirche sind wahre Freunde des Arbeiterstandes, die ihm mehr Liebe an Krankenbetten und in der Pflege des Alters erweisen als alle diese hohlen Schwätzer der liberalen Partei zusammengenommen, deren Liebe nur in Redensarten und in der Ausgießung ihres antichristlichen Parteihasses besteht" (434). Das zweite Hilfsmittel bilde die christliche Ehe und Familie „mit ihrer unerschöpflichen Opfer- und Liebeskraft für den Arbeiter und seine Kinder" (438). Das dritte Hilfsmittel seien die Wahrheiten des Christentums, die allein dem Arbeiter „die wahre Bildung geben" (439) und ihn mit seinem niederen Stande innerlich versöhnen könnten. Das vierte Hilfsmittel besteht für Ketteler in den „socialen Kräften" des Christentums, wie sie sich gegenwärtig etwa in den Kolpingschen Gesellenvereinen artikulieren.

Erst als fünftes Hilfsmittel nennt er dann „die Förderung der Produktiv-Associationen", denn in ihnen liege „eine herrliche Idee, die unsere Theilnahme und Unterstützung im allerhöchsten Grade verdient" (449). Ketteler bezieht sich hier ausdrücklich auf Viktor Aimé Huber, der „denselben Gedanken theils durch Anstrengung der Arbeiter selbst, teils durch freiwillige Unterstützung verwirklichen" wolle und dazu vorschlage, „überall in ganz kleinen Verhältnissen mit diesen Associationen zu beginnen". Deutlich kritischer als Huber merkt Ketteler jedoch an, dass derartige „Geschäftsunternehmungen armer Arbeiter mit geringem oder gar keinem Kapital" kaum erfolgreich sein könnten gegen „die reichen Kapitalisten oder jene Gesellschaften, die Millionen zusammenschießen", da sie „von diesen Riesengeschäften, die überall entstehen, in immer wachsenden kolossalen Verhältnissen, förmlich zertreten und erdrückt" (450) werden.

„Wenn der Lassalle'sche Plan unberechtigt und unausführbar ist, wie wir unbedingt glauben, und wenn es daher keine anderen Mittel gibt, als die Herr Professor Huber vorschlägt, so wäre man versucht, den ganzen herrlichen Gedanken der Productiv-Associationen als eine schöne unfruchtbare Phantasie aufzugeben oder jedenfalls darauf zu verzichten, ihn in einer solchen Ausdehnung zu realisiren, daß dadurch doch wenigstens einem namhaften Theile der armen Arbeiter geholfen werde" (451). Von einer derartigen Resignation will Ketteler jedoch nichts wissen. Stattdessen setzt er darauf, „daß die Kräfte, die im Christenthum die Herzen bewegen, auch auf diesem Gebiete dem Arbeiterstande zu Hilfe eilen und die Idee der Produktiv-Associationen im größeren Umfange verwirklichen werden. Es gehören dazu große Kapitalien, und ich bin weit von dem Gedanken entfernt, daß sich diese Hilfe für den Arbeiterstand wie auf einmal und plötzlich und überall verwirklichen werde; ich sehe aber diese Verwirklichung wie von ferne und hoffe, daß die Fundamente hierzu von christlichen Seelen bald hier, bald dort in Angriff genommen werden" (451f.).

Zwar sei heute „der Stand der reichen Kaufleute, der reichen Industrie und der großen Kapitalisten in seiner Mehrzahl dem Christenthum ziemlich ferne". Aber schon früher habe es eine Zeit gegeben, „da auch die alten reichen römischen Patrizierfamilien, in denen die römische Matrone nur zum Putze ihres Körpers sich von einigen hundert Sklavinnen bedienen ließ, dem Christenthum sehr ferne standen, und doch kam die Zeit, wo die Kinder dieser Familien die Sklaven entließen, mit ihrem ganzen Vermögen Italien mit Wohlthätigkeitsanstalten für die armen Sklaven bedeckten und selbst aus Liebe für Christus ihr Leben dahingaben. Das Christenthum ist so wunderbar! Wer heute sein Feind ist, fällt morgen vor dem Kreuze anbetend nieder..." (452). Von daher ist sich Ketteler sicher, dass es nicht schwerfalle, „wenn es denn Gottes Wille ist, ... nach und nach auch die größten Kapitalien zusammenzubringen, die zur Schaffung der Produktiv-Assoziationen nöthig wären" (452). Konkret setzt Ketteler seine Hoffnungen aber weniger auf Bekehrungen des wohlhabenden Bürgertums als auf den noch fortbestehenden christlichen Adel, der „in früherer Zeit einen Theil der großen Klosterstiftungen der Kirche als Opfer dargebracht" habe: „Mir scheint, es könnte kaum etwas Christlicheres und Gottgefälligeres geben, als wenn eine Corporation zusammenträte, um für diesen Zweck an einer Stelle, wo die Noth der Arbeiter besonders groß ist, eine derartige Produktiv-Association der Arbeiter auf christlicher Grundlage zu begründen" (455).

In diesem Zusammenhang betont Ketteler – am Ende seines Buches – noch einmal mit Nachdruck seine grundsätzlichen theologischen Vorbehalte gegenüber einer steuerfinanzierten

Staatshilfe. Es gebe nun einmal, so führt er aus, „zwei Systeme der Besteuerung, das eine übt der Staat, das andere das Christenthum. Der Staat besteuert durch äußeren Zwang nach Steuergesetzen, Steuerlisten und durch Steuerboten; das Christenthum besteuert durch das innere Gesetz der Liebe, und der Steuerzwang und die Steuertaxe und der Steuerbote sind da der freie Wille und das Gewissen." Und diese innere Besteuerung habe in der Geschichte des Christentums schon immer „den reichsten Ueberfluß aller denkbaren Mittel hervorgebracht" (452). Mit siegessicherer Überzeugung verweist Ketteler hier u. a. auf die Erfolgsgeschichte der seit 1860 erneuerten Tradition des so genannten „Peterspfennigs" zur Finanzierung des Unterhalts des Papstes und der römischen Kurie, die „in den letzten fünf Jahren allein dem hl. Vater dreiundzwanzig Millionen dargereicht" habe: „Mögen unsere Gegner von den Nutzen der Verwendung dieser Gaben denken, was sei wollen; sie müssen doch wenigstens zugeben, daß die Kirche, die eine solche Realität zu Tage bringt, eine entsprechende innere Kraft besitzt, die sie nicht haben. Wie sollten da dem Christenthum die Mittel vorenthalten bleiben zur Schaffung der nöthigen Anstalten für den Arbeiterstand?" (453)

„Der Bischof hat socialistische Bücher gelesen." Publizistische Repliken

Kettelers *Arbeiterfrage* ist in den hitzigen Kontroversen der Zeit nicht unbeachtet geblieben. Und wie zu erwarten war, fielen die Reaktionen nicht immer freundlich aus.[49] Der Mainzer Bischof war längst zur Symbolfigur des katholischen Ultramontanismus geworden, der von breiten Kreisen der liberalen, protestantischen und deutschkatholischen Publizistik regelmäßig ins Visier genommen wurde. Zwar ging es ihnen vor allem um die anhängigen kirchen- und kulturpolitischen Themen, aber auch das Kettelersche Interesse an der Arbeiterfrage blieb nicht unkommentiert. Insbesondere seine klare Sympathie für die „radicale Partei" und seine scharfen Invektiven, seine nicht selten gehässigen Ausfälle gegen die „liberale Partei" und die „reichen Kapitalisten" erregten dabei immer wieder Anstoß und Protest, übrigens auch in katholischen Presseorganen.

So sehen die katholischen *Kölnischen Blätter* Schulze-Delitzsch „zu hart" und Lassalle „zu milde" beurteilt. Schließlich habe Schulze immerhin „für die Arbeiter thätig gewirkt", während Lassalle „bis Dato nur raisonnirt und oft recht gefährlich raisonniert hat". Was Schulze angehe, so müsste doch „Manches aus seiner Theorie und Praxis sehr gut in's Katholische zu übersetzen sein"; was dagegen Lassalle beträfe, „so hätten wir gewünscht, daß der Verfasser das so raffinirt sophistische Gespinste, womit dieser gewandte Schriftsteller die Augen zu täuschen weiß, einmal mit der rücksichtslosen Schärfe seines Verstandes auseinander gezogen und mit dem Lichte seiner Wahrheitsliebe beleuchtet hätte. Er erscheint uns zu gnädig gegen dieses intellectuelle und intelligente Oberhaupt des gegenwärtigen Radicalismus." Dennoch spricht dieses Blatt seine „innigste Freude" darüber aus, dass nun endlich ein Bischof „die Arbeiterfrage mit so edelm Mannesernst aufgegriffen hat", nachdem „wir bisher die Versuche auf dem Boden der Arbeiterfrage den Gegnern unserer Grundanschauungen überlassen haben. […] Möge es dem Bischof Emmanuel von Mainz gelingen, seine Amtsbrüder im Hirtenamte zu einem Bündnis für Pflege des Arbeiterstandes zu vereinigen, damit hier gerade die Kraft des deutschen Episkopates sich entwickele."[50]

Deutlich feindselig fällt dagegen das Urteil des 1844 – als Reaktion auf den Schlesischen Weberaufstand – gegründeten „Centralvereins in Preußen für das Wohl der arbeitenden Klassen" aus, der der Ketteler'schen Schrift in seiner Vereinszeitschrift schon deshalb eine ausführliche Besprechung widmete[51], weil sie „von einem der hervorragendsten Mitglieder derjenigen Partei herausgegeben wurde, die sich am schroffsten dem Einfluß geistiger Entdeckungen entgegen stemmt". Der „mißtrauische Bischof von Mainz", ein „aristokratischer Kirchenfürst und tapferer Kämpe des eifernden Katholizismus", verfüge zwar über eine „Meisterschaft der Rede" (140), allerdings bringe seine Schrift kaum praktische Vorschläge zur Hebung der Lage der Arbeiterschaft bei, „wenn man nicht eine neue Belebung der Religion für durchführbar und dauerhaft halten will. Was dagegen fast auf jeder Seite breit hervortritt, ist eine maßlose Verketzerung der volkswirthschaftlichen Lehren" (151), gepaart mit „fortwährenden Ausfällen auf die reichen Fabrikanten" (149). „Der Bischof hat socialistische Bücher gelesen" (143); und auch wenn es der Verfasser „aufrichtig mit der Sache" meine, sei die Schrift dadurch „nicht minder gefährlich, so dass die Beleuchtung der in ihr niedergelegten Ansichten uns als Pflicht erschien" (151).[52] Besonders intensiv ist diese „Beleuchtung" jedoch nicht ausgeführt worden. Zu Kettelers Auffassung vom Lohngesetz und der Übermacht des Kapitals heißt es lediglich: „Mit Einwendungen gegen seine Theorie der Ursachen halten wir uns nicht auf" (143).

Die ausführlichste Reaktion auf Kettelers *Arbeiterfrage* stammt von dem deutschkatholischen Mainzer und Darmstädter Prediger Wilhelm Hieronymi, der bereits zuvor mehrfach mit polemisch-kritischen Broschüren gegen den Ketteler'schen Kampf für die „Freiheit der Kirche" Stellung bezogen hatte und sich nun auch mit dem neu entdeckten Interesse der „ultramontanen Priesterschaft" an den irdischen Problemen der Arbeiterfrage auseinandersetzt.[53] Er notiert zu dieser Schrift u. a.: „Radicalismus und Ultramontanismus reichen sich von hinten die Hand" (25). Dabei vermutet er, dass es Ketteler weniger um die Frage der Arbeiterernährung als um die Frage der Kirchenerhaltung gehe, denn schließlich sei „die Noth, in welcher die Kirche sich gegenwärtig befindet und später befinden wird, weit größer ... als die Not der Arbeiter. Die Kirche bedarf der Hilfe der Arbeiter, darum verspricht sie den Arbeitern Hilfe und wird auf einmal so arbeiterfreundlich, daß es rührend ist zu hören und zu lesen" (7). Dass diese Strategie zur Einbindung der Arbeiterschaft aber aufgehen werde, bezweifelt Hieronymi: „Es liegt ein seltsamer Widerspruch darin, wenn der Herr Verfasser als Bischof Klöster errichtet und die apostolische Armuth preist, auf der andern Seite aber die Armuth als höchstes Lebensübel darstellt, und deßhalb den Arbeitern durch das Einschreiten der Kirche einen höhern Lohn verheißt, einen Lohn, der über die nothwendigsten Lebensbedürfnisse hinausgehend Lebensbequemlichkeiten und Genuß verschafft. Könnte die Kirche dies Versprechen in vollem Maße verwirklichen, so könnte es dahin kommen, daß die Arbeiter, des Himmels vergessend, die Erde als ihre eigentliche Heimath betrachten, wodurch dann die Nothwendigkeit der Kirche selbst in Frage kommen könnte. ‚Armuth aber, lehrt Jesum Christum erkennen'" (4). Die Kirche bleibe von daher „besser bei ihrer bisherigen geistlichen Aufgabe und mischt sich nicht in Dinge, die nicht ihres geistlichen Amtes sind" (11).

Ohnehin aber werde das Volk, so Hieronymi, schon wissen, „ob ihm durch Ablaß, Mirakel und Reliquien, oder durch Arbeit und eine vernünftige Staatsgesetzgebung zu helfen ist" (8). Zwar sei anzuerkennen, „daß der Lohn der bloßen körperlichen Arbeit in unserer, wie in allen Zeiten nicht mehr aufbringt, als zur Nothdurft des Lebens gehört" (21) – „und dabei wollen wir es denn auch bewenden lassen" (23); wiederholte Geldunterstützungen jedoch würden „nicht den Arbeitern, sondern nur den Faulenzern zu Gute kommen, und die Arbeit würde in dem Maße aufhören, als die Geldmittel fließen" (12). Deshalb sei es höchste Zeit, dass man aufhöre, „wie der Herr Verfasser und seine Partei, die Arbeit als eine Strafe Gottes zu betrachten" (31). Vielmehr müsse man anerkennen, dass einzig Arbeit und Fleiß, Selbstverantwortung und Sparsamkeit mit der Zeit zu einer Besserung der Lage der Arbeiterschaft führen könnten. Und so gibt Hieronymi seinen Lesern am Ende „noch eine gute Regel in der Arbeiterfrage. Sie heißt: ‚Hilf dir selbst, so wird auch Gott dir helfen'" (60).

Während der Tenor der liberalen, protestantischen und deutschkatholischen Reaktionen auf Kettelers *Arbeiterfrage* also, wie zu erwarten war, durchgehend negativ war und dabei wenig argumentativ ausfiel, ist diese Schrift in der breiten nationalökonomischen Debatte der Zeit kaum zur Kenntnis genommen worden. Weder John Prince-Smith noch Wilhelm Roscher, weder Victor Aimé Huber noch Gustav Schmoller scheinen darauf reagiert zu haben. Lediglich Albert Schäffle, der konservative, damals aber durchaus mit demokratischen Tendenzen sympathisierende Tübinger Professor für Volkswirtschaftslehre, dem eine „Vermittlung der Bourgeoisie und der Socialdemokratie" (346) vorschwebte, widmete ihr eine systematische Würdigung.[54] Kettelers Buch sei, so notiert er, insofern „eine besonders interessante Schrift", weil sie deutlich mache, dass die soziale Frage „auf ökonomischem Gebiet allein nicht ausgetragen werden könne" (353). Sie lasse sich „nur im Zusammenwirken aller sittlichen Potenzen der Gesellschaft" (358) lösen, sodass „die objektiven Organismen der Gesellschaft", Staat, Kirche, Gemeinde, keineswegs „überflüssig geworden" (354) seien. Als Fazit hält Schäffle deshalb fest: „Kettelers Ausführung in diesem Sinne gegen den Exceß des ökonomischen Liberalismus ist zum Theil sehr gelungen, nur leider auch sehr getrübt durch ziellose negativ bleibende Anklagen gegen Gewerbe- und Handelsfreiheit, worüber er – der hochwürdige Prälat möge uns die Meinung nicht verübeln – fachwissenschaftlich nicht hinlänglich competent urtheilt" (354).

V. Im Greisenalter des Liberalismus

Durchbrüche zur Staatsverantwortung in der Reichsgründungszeit

Nach der Veröffentlichung seiner *Arbeiterfrage* sollte Ketteler als sozialpolitischer Publizist längere Zeit nicht mehr öffentlich in Erscheinung treten. Er war jetzt wieder ganz und gar mit den kirchenpolitischen Macht- und Selbstbehauptungskämpfen um die „Freiheit der Kirche" beschäftigt, die seine politisch-publizistische Schaffenskraft vollauf in Anspruch nahmen. Insofern ist Ketteler in der deutschen Öffentlichkeit allemal eher als angriffslustige Frontfigur des ultramontanen Katholizismus denn als warmherziger Arbeiterbischof bekannt geworden. Nach seiner Monographie von 1864 erschienen zur Arbeiterfrage nur noch Gelegenheitstexte bzw. einzelne Kapitel aus politischen Programmschriften, in denen die soziale Frage nur ein Element neben anderen – und für Ketteler auch wichtigeren – Themen und Anliegen darstellte. Dennoch wird man mit Otto Pfülf festhalten können, dass diese Schriften trotz ihres bescheidenen Umfangs „zu seinen besten und fruchtbarsten Leistungen auf diesem Gebiete" gehören.[1]

1. Zwischen Empörung und Einsicht

Erkundungen auf Fremdgebiet

Kettelers hoffnungsfrohe Zuversicht in den Geist der christlichen Liebe, der es ihm ermöglichen werde, die fünf Produktivassoziationen, von denen er schon in seinem anonymen Brief an Lassalle gesprochen hatte, auch ohne Staatshilfe ins Leben zu rufen, stieß im Jahr 1865 auf unerwartete Schwierigkeiten und Enttäuschungen.[2] Nach der bitteren, für ihn auch persönlich schmerzlichen Erfahrung, im christlichen Adel für dieses Unterfangen auf Ablehnung und Distanz zu stoßen, sollte er sich zu den Produktivassoziationen nur noch sporadisch äußern. Stattdessen drängte sich ihm nun – langsam, aber deutlich – die Einsicht auf, dass es ohne Staatshilfe wohl doch nicht gehen werde; und diese Einsicht sollte sich schon im Herbst 1865 erstmals klar artikulieren.

Die Stiftungsfestrede vom Herbst 1865: eine Sensation

In einer Ansprache zum Stiftungsfest des Katholischen Gesellenvereins in Mainz vom November 1865 kommt Ketteler noch einmal auf die Debatte um das Verhältnis von Selbsthilfe und Staatshilfe zu sprechen[3]; und hier plädiert er zum ersten Mal klar und deutlich für die Notwendigkeit einer finanziellen Hilfe des Staates für den Arbeiterstand. Diese Rede markiert insofern durchaus eine politisch-publizistische Sensation; und so verwundert es nicht, dass sie nicht nur vom katholischen *Mainzer Abendblatt*, sondern umgehend auch von der Zeitung des Allgemeinen Deutschen Arbeiter-Vereins (ADAV), dem *Social-Demokrat*, abgedruckt worden ist.

Ketteler spricht hier von einem spezifischen Zusammenhang zwischen gesellschaftlicher Zivilisation und individueller Selbsthilfe, der das Motiv der Selbsthilfe unter den Bedingungen moderner Gesellschaften zunehmend veralten lasse, denn „je gebildeter eine Nation ist, desto mehr hängt der Mensch in allen seinen Verhältnissen von Tausenden von Händen ab. Die Thiere des Waldes dagegen sind ausschließlich auf Selbsthilfe angewiesen. Die Selbsthilfe charakterisirt zunächst uncivilisirte Zustände, und es muß deshalb Jedermann frappirt werden, wenn eine Partei diese Worte unaufhörlich im Munde führt, welche die socialen Zustände der Gegenwart verbessern will" (686). Aber nicht nur die liberale Selbsthilfeparole erfährt hier erneut eine schroffe Absage. Auch der sozialdemokratischen Staatshilfe-Option sei es „bis heute noch nicht gelungen, über die Art und Weise, wie diese Staatshilfe geleistet und wie dadurch dem Arbeiter geholfen werden soll, mit sich selbst in's Reine zu kommen" und für die Umsetzung ihrer Idee der Produktivassoziationen „einen klaren und durchsichtigen Ausdruck zu gewinnen" (686). Es scheine ihm, dass die Arbeiter hier „noch lange ruhig zuwarten" müssten, bis dereinst „alle die tausendjährigen Anschauungen und Einrichtungen über die Rechts-, Eigenthums-, Erbschaftsverhältnisse u.s.w. in dem civilisirten Europa umgestürzt und von Grund aus eine neue Ordnung der Dinge geschaffen und ein bis jetzt noch gespensterhaftes Project von ‚Arbeiterstaat' realisirt werden" (686) könne.

Auch wenn Ketteler nach wie vor betont, dass die wichtigsten Mittel zur Hebung des Arbeiterstandes nach wie vor nur von der Religion geliefert werden könnten, so setzt er jetzt erstmals klar und deutlich auf den Staat und erklärt: „Für den Staat, für die ganze Gesellschaft kann es in unseren Tagen kaum ein höheres Interesse geben, als den Arbeiterstand vor dem Verderben zu bewahren. Wenn der Staat sich verpflichtet hält, große und wichtige Unternehmungen durch Staatshilfe zu unterstützen und zu befördern, dann darf er sich auch der Unterstützung des Arbeiterstandes nicht entziehen" (688). Die Forderung nach Staatshilfe nimmt er dabei ausdrücklich auch gegen den weit verbreiteten Verdacht in Schutz, eine solche Hilfe müsse zwangsläufig in Konkurrenz zur christlichen Nächstenliebe treten und damit zur Schwächung der zentralen Handlungsvollzüge kirchlichen Lebens, gar zur Unterminierung der Kirche als solcher beitragen. Vielmehr betont er mit Nachdruck, dass wir auch dann, wenn einmal alle „schreienden Mißverhältnisse" beseitigt sein werden, „immer noch Reiche und Arme, Gesunde und Kranke, Begabte und Unbegabte, Glückliche und Unglückliche u. s. w. unter uns haben, die Gelegenheit bieten, die Werke der christlichen Nächstenliebe und Barmherzigkeit zu üben" (688).

Damit hat Ketteler eine deutliche Kehrtwendung vorgenommen und sich nun doch – ganz im Sinne der Lassalleaner – unmissverständlich der Idee der Staatskredite angeschlossen, auch wenn er das Stichwort der Produktivassoziationen in dieser Ansprache offensichtlich bewusst vermeidet. Er sollte diese „herrliche Idee" jedoch – all ihren Umsetzungsschwierigkeiten zum Trotz – nie wirklich aufgeben; und noch in seinem sozialpolitischen Programm des Jahres 1873 sah er in der Gründung von Produktivgenossenschaften eine entscheidende Möglichkeit, um „auf friedlichem Wege die ausschließliche Herrschaft der reinen Lohnarbeit zu brechen“[4].

„Nicht unvereinbar“: Drei sozialdemokratische Arbeiter und ein Pfarrer aus Dünnwald

Kettelers Sympathien für den Lassalleschen Arbeiterverein waren in den 1860er-Jahren offensichtlich nicht abgeklungen, auch wenn er zunehmende religionsfeindliche Tendenzen in den Reihen der sozialdemokratischen Führerschaft mit Sorge betrachtete. Dies wird an einer interessanten Episode deutlich, die sich im Frühjahr 1866 zutrug[5].

Mit Schreiben vom 21. Mai 1866 hatten sich nämlich drei katholische Mitglieder des ADAV aus Dünnwald bei Köln, Adolph Kruse, Carl Wilhelm Erlinghage und Lambert Schuhmacher, an Ketteler gewandt und darüber geklagt, dass ihr Pfarrer ihnen in der Beichte die Absolution so lange verweigern wolle, bis sie aus diesem Verein ausgetreten seien. Der Pfarrer selbst hatte sich diesem Brief angeschlossen mit der Bitte um eine klärende Antwort auf die Frage, ob er nicht in dieser Weise „seine Pfarrkinder von etwaigen Irrwegen abzuhalten“ habe.[6] Ketteler antwortete nur vier Tage später in einem ausführlichen Schreiben, dass die Entscheidung dieser Frage zunächst einmal nicht ihm, sondern dem Bischof von Köln gebühre. Grundsätzlich sei er aber der Meinung, dass die Mitgliedschaft im ADAV „mit den Pflichten eines aufrichtigen katholischen Christen nicht unvereinbar“ sei. Die Ansichten Lassalles seien „in ihrem Urtheile über jene Volkswirthschaftslehren, die nur den Geldmännern zu Nutze sind, wohlbegründet, und auch in ihrem positiven Theile enthalten sie ohne Zweifel viel Wahres“. Schließlich sei auch Lassalle selbst „zwar bekanntlich kein gläubiger Christ, aber auch … kein gehässiger Feind christlich-katholischer Denkweise“ gewesen. Allerdings scheine der ADAV jetzt verstärkt unter den Einfluss „der Gottlosigkeit und des Unglaubens“ zu geraten und darauf hinzuarbeiten, „unser katholisches Volk unkatholisch zu machen“; und falls dieser Eindruck, der noch durch eine „eingehende Untersuchung“ geklärt werden müsste, berechtigt sei, wenn also dies der Charakter des ADAV sein und werden sollte, dann „kann ein gläubiger Katholik unmöglich an demselben Antheil nehmen“.[7]

Auf dieses Antwortschreiben reagierte der Dünnwalder Pfarrer, Johann J. von der Burg, am 5. Juni mit dem „herzlichsten Dank“ an Ketteler, seinen Gemeindemitgliedern den Austritt aus dem Verein „nahe gelegt“ zu haben. Er merkt aber an, dass der erste Teil des Briefes – den er den Arbeitern noch nicht ausgehändigt hatte – bei ihm und seinem Dechanten „einige Bedenken“ ausgelöst habe. Denn der erste Abschnitt des Briefes, der die Mitgliedschaft im ADAV nicht ausschließt, könne „nur nachtheilig auf meine Arbeiter einwirken“. Er werde sie nämlich, davon war der Pfarrer überzeugt, „erst recht in der Theilnahme an diesem Vereine befestigen, indem sie es mit diesem Schreiben wie mit Ihrem Buche machen und die günstigen Aussprüche ausbeuten, während sie die nachtheiligen Bemerkungen einfach ignorieren. Ew. Gnaden dürfen nicht vergessen, daß die armen Arbeiter äußert schlau geleitet werden.“ Das Lassallesche System sei aber „vom christlichen Standpunkte aus zu verdammen ..., selbst wenn wir damit den unbarmherzigen Geldsäcken einen Gefallen thäten“. Von der Burg bittet Ketteler deshalb inständig, „in einem neuen Schreiben an die Arbeiter diesen ersten Theil gütigst unterdrücken zu wollen“.[8]

Auf dieses Ansinnen reagierte der Mainzer Bischof offensichtlich deutlich verärgert. Nur zwei Tage später teilte er dem Dünnwalder Pfarrer nämlich äußerst knapp mit: „Ich ersuche Sie nunmehr, in meinem Auftrage an die betreffenden Arbeiter zu eröffnen, daß ich erstens aus mangelnder Kenntnis der dortigen Verhältnisse und zweitens, weil mir als fremdem Bischof die Entscheidung nicht zukomme, zu meinem Bedauern nicht in der Lage sei, ihre Anfrage, ob ihnen mit Recht die

Theilnahme an den Sakramenten verweigert werden dürfe, wenn sie dem Arbeiterverein angehören, zu beantworten, und ich bitte deshalb, sie dringend zu ermahnen, sich entweder als gute Katholiken der Entscheidung ihres Herrn Pfarrers zu fügen oder aber sich an ihren Bischof zu wenden."[9] Mit dieser Antwort vom 7. Juni war die Angelegenheit freilich noch nicht beendet, denn knapp drei Wochen später traf in Mainz ein Schreiben der drei Dünnwälder Lassalleaner ein, das Bischof Ketteler über den weiteren Verlauf der Dinge in Kenntnis setzte. Die Absender beschwerten sich darüber, dass sich ihr Pfarrer nicht an die Absprache gehalten habe, den Antwortbrief aus Mainz erst in ihrer Gegenwart „zu eröffnen und auch ganz vorzulesen". Stattdessen habe er ihnen nur die Kopie eines Teiles des Briefes ausgehändigt, der „von dem Herrn Pfarrer eigenständig für uns abgeschrieben" worden sei. Vor allem aber beklagten sie, dass der Pfarrer ihnen die österlichen Sakramente verweigert habe und ihnen so von der Kanzel herab und vor der ganzen Gemeinde „der Lebensfaden abgeschnitten" worden sei. Deshalb ginge ihre Bitte nun dahin, Bischof Ketteler möge in der anhängigen Frage baldigst eine Entscheidung treffen, „damit wir wieder zu unserem völligen Rechte gelangen, sonst steht zu bezweifeln, ob wir als Katholiken zu der Kirche bleiben, indem wir nach unseren Prinzipien mit völligem Unrecht durch unseren Herrn Pfarrer von der ganzen Gemeinde abgeschieden worden sind"[10].

Deutschland nach dem Kriege von 1866

Zu Beginn des Jahres 1867 erschien Kettelers zweite große Programmschrift unter dem Titel *Deutschland nach dem Kriege von 1866.*[11] Der Mainzer Bischof verfolgt darin die Absicht, nach dem Sieg Preußens gegen Österreich unter den deutschen Katholiken um Unterstützung für die sich anbahnende „kleindeutsche Lösung" zu werben; ein durchaus riskantes Ansinnen, mit dem er sich in weiten Kreisen des politischen Katholizismus keine Freunde machen sollte. Die soziale Frage kommt in diesem Buch – wie schon in *Freiheit, Autorität und Kirche*, seiner ersten ultramontanen Programmschrift aus dem Jahr 1862 – nur am Rande vor.

Die deutschen Katholiken standen in den 1860er-Jahren noch ganz in der Tradition des alten Reiches und fühlten selbstverständlich großdeutsch. Der verlorene Krieg des katholischen Österreich gegen das protestantische Preußen war für sie eine schmerzliche Niederlage, mit der sie sich nicht einfach abfinden wollten. Ketteler dagegen stellt sich nun demonstrativ auf den Boden der veränderten politisch-territorialen Verhältnisse und plädiert ohne Vorbehalt für den „Anschluß der Südstaaten an den Nordbund" (3). Dabei hat ihn nicht zuletzt die Aussicht gelockt, dass der kirchenfreundliche preußische Verfassungsartikel zum Verhältnis von Staat und Kirche, der ihm seit Langem als „Magna Charta des religiösen Friedens in Deutschland" (64) galt, nun auch in die Verfassung des neuen, verkleinerten Gesamtdeutschlands eingehen und der katholischen Kirche endlich die ersehnte „Freiheit vom Staate" sichern könnte. Die für die Katholiken so schmerzliche Anerkennung der Vormachtstellung Preußens erscheint ihm, so erklärt er mit Nachdruck, „fast als die einzig mögliche Lösung …, wenn wir nicht Gefahr laufen wollen, bei der nächsten Katastrophe zu Grunde zu gehen oder, was für uns dasselbe ist, mit dem linken Rheinufer französisch zu werden" (3f.).

Auch diese Schrift steht wieder ganz im Zeichen der Auseinandersetzung zwischen modernem Liberalismus und altdeutscher Tradition, zwischen Romanismus und Germanismus, denn der Mainzer Bischof ist davon überzeugt, dass sich dieser weltanschauliche Grundsatzkonflikt mittlerweile zu einer dramatischen, gerade apokalyptisch anmutenden Entscheidungssituation zwischen Gut und Böse, zwischen Glaube und Unglaube, zwischen Christ und Antichrist aufgeladen habe. Für die Katholiken könne es nur „ein Staatswesen mit deutscher Freiheit, nicht mit Franzosenfreiheit" geben: „Wir fordern Organisation statt Maschine; Selbstregierung in vollkommenster Ausdehnung, soweit dadurch nicht andere wohlerworbene Rechte gekränkt werden, statt Centralisation; wir fordern Theilnahme des Volkes am öffentlichen Leben, soweit dadurch die Einheit der Regierung und das monarchische Prinzip – das uns kein Absolutismus ist – nicht verletzt wird: wir fordern diese Selbstregierung und diese Theilnahme am öffentlichen Leben realisirt in germanischen Formen, in den naturnothwendigen Verbänden, in denen das ganze politisch-sociale Leben sich bewegt, nicht in dem bloßen Geldverbande, den der Census und die Vermögenstaxation begründet; wir fordern in einem Worte Natur statt Kunst, Gotteswerk statt Menschenwerk" (62). Dagegen sei der moderne „Gott-Staat", dem Liberale wie Sozialisten gleichermaßen huldigten, die „letzte und höchste Empörung", zu der es die Menschheit in ihrer Auflehnung gegen den Willen Gottes bringen könne, bevor dann „alle, die daran Antheil nehmen, in den ewigen Abgrund stürzen" (115).

Robert Malthus und das fehlende Gedeck beim Gastmahl der Natur

Im Schlusskapitel dieser Schrift beschäftigt sich Ketteler – unter der Überschrift „Christ-Antichrist"[12] – auch mit der Lage des Arbeiterstandes. Er kommt dabei u. a. auf die sozial- und bevölkerungspolitischen Positionen der englischen Gelehrten Robert Malthus und John Stuart Mill zu sprechen und wirft ihnen vor, sie würden Mittel und Wege zur Lösung der sozialen Frage vorschlagen, „von denen man hätte glauben sollen, daß sie ihrer Grausamkeit und ihrer Unsittlichkeit wegen nur im Heidenthume hätten geltend gemacht werden dürfen" (122). Robert Malthus, der ehemalige Landpfarrer und spätere Professor für Politische Ökonomie – er erhielt den weltweit ersten Lehrstuhl für dieses neue Fach am 1805 gegründeten *East India College*, einer von der Ost-Indien-Kompanie eingerichteten Ausbildungsstätte für 15- bis 18-jährige Schüler – hatte 1798 anonym die erste Fassung seines berühmten *Essay on the Principle of Population* veröffentlicht. Galt eine wachsende Bevölkerungszahl bis dahin als Voraussetzung für die wirtschaftliche und politische Prosperität eines Staatswesens, so warnte Malthus nun vor der Gefahr eines dramatischen Bevölkerungswachstums. Bei guter Versorgungslage würden sich die Menschen nämlich in geometrischer Progression (2,4,8) vermehren, während sich die Summe der zur Verfügung stehenden Nahrungsmittel nur in arithmetischer Reihung (2,3,4) vergrößern könne. Deshalb müsse eine kluge Regierung rechtzeitig Maßnahmen zur Kontrolle (*checks*) der Bevölkerungsentwicklung ergreifen, um einer gleichsam mit Naturnotwendigkeit drohenden Übervölkerung entgegenzuwirken. Zwar lehnte Malthus Maßnahmen zur künstlichen Empfängnisverhütung als sittlich verwerflich ab, sehr wohl aber plädierte er für eine kluge Beschränkung (*prudential restraint*) der Kinderzahl, etwa durch späte Heirat u. ä. Auch dürften die verschärften Einweisungen der Armen in bewusst abschreckend gestaltete Arbeitshäuser, wie sie mit der elisabethanischen Armengesetzgebung von 1834 einhergingen, ganz in seinem Sinne gewesen sein.

Für den malthusianischen Pessimismus kennzeichnend ist auch das berühmt-berüchtigte – angeblich aus der Erstfassung des *Essays* stammende, in späteren Auflagen aber gestrichene – Bild vom „Gastmahl der Natur", zu dem nicht alle geladen seien. Demnach habe ein Mensch, „der in einer schon okkupierten Welt geboren wird, wenn seine Familie nicht die Mittel hat, ihn zu ernähren, oder wenn die Gesellschaft seine Arbeit nicht nötig hat, nicht das mindeste Recht, irgend einen Teil von Nahrung zu verlangen. Er ist wirklich zu viel auf der Erde. Bei dem großen Gastmahl der Natur ist durchaus kein Gedeck für ihn gelegt. Die Natur gebietet ihm abzutreten, und sie säumt nicht, selbst den Befehl zur Ausführung zu bringen."[13]

John Stuart Mill und „die Kinder erzeugenden armen Familien"

Ähnliche Positionen wie Robert Malthus vertrat Mitte des 19. Jahrhunderts auch John Stuart Mill, der zu dieser Zeit zu den einflussreichsten Sozialphilosophen Großbritanniens gehörte und sich u. a. für das Frauenwahlrecht und die Abschaffung der Sklaverei, für Kapitalfreiheit, Freizügigkeit und Chancengleichheit einsetzte, wobei er zur Lösung der sozialen Frage vor allem an Kapital- und Gewinnbeteiligung für die Arbeiter und notfalls auch an öffentliche Arbeitsbeschaffungsmaßnahmen dachte. Mill setzte seine Hoffnungen auf eine aufgeklärt-wohlwollende Herrscherelite, die sich vor allem um die Bildung und Moralität der unteren sozialen Klassen bemühen sollte. Jugendarbeitsschutzgesetze u. ä. lehnte er als Eingriffe in die Gewerbefreiheit ab. Außerdem hielt er die Arbeiterschaft noch nicht für reif genug, um politische Verantwortung zu übernehmen. Auch vor Überlegungen zur Geburtenkontrolle scheute er nicht zurück. So verlangte er im Falle drohender Übervölkerung eine staatliche Gesetzgebung, die Eheschließungen unter den Armen verbietet[14], womit er weit über Malthus hinausging, der ein solches Ansinnen noch deutlich abgelehnt hatte.

Ketteler zufolge gilt für Mill wie für Malthus die sozialpolitische Maxime: „Die Gesellschaft hat ihre notleidenden Mitglieder zu unterstützen, kann dafür aber verlangen, daß diejenigen, welche aus öffentlichen Mitteln ernährt werden, sich der Heirath enthalten. Das einzige Mittel, die sociale Noth zu beseitigen, besteht in der allgemeinen Verbreitung vernünftiger und freiwilliger Selbstbeherrschung hinsichtlich der Zahl zu erzeugender Kinder." Und deshalb habe die Regierung das Recht und die Pflicht, „diese Selbstbeherrschung auf dem Wege der Gesetzgebung zu fördern. Es kann nicht eher besser werden, bis die Kinder erzeugenden armen Familien mit denselben Gefühlen betrachtet werden wie Betrunkenheit oder eine andere physische Ausschweifung" (123). Diese drastischen Formulierungen übernimmt Ketteler aus einem Beitrag der *Historisch-Politischen Blätter* des Jahres 1866, in dem diese Sätze ohne Belegstelle – und wohl zu Unrecht – als wörtliche Zitate Mills ausgegeben werden.[15] Ketteler verweist darauf, dass in der Folge derartiger Lösungsvorschläge in London gegenwärtig pro Jahr bereits über 10.000 Kinder getötet würden[16]. Und angesichts dieser auch für Deutschland zu erwartenden Gräuel steht für ihn fest, dass nur das „sittlich religiöse Band zwischen den Menschen" (126) den verheerenden Folgen der sozialen Frage Einhalt gebieten könne, denn wo die Menschen diese Aufgaben „ohne Christus erfüllen wollen, da ist Tod, Verderben, Untergang, Kampf Aller gegen Alle und der Fluch Gottes" (127). Ketteler positioniert sich hier also ähnlich dramatisch wie schon 1848. Die pragmatische Suche nach Ansätzen einer realistischen Staatshilfe ist hier wieder deutlich in den Hintergrund getreten, um erneut von einer religiösen Pauschalverurteilung der Moderne überlagert zu werden, die zu konkreten Lösungsperspektiven wenig beizutragen hat.

Die Liebfrauenpredigt bei Offenbach: die „Magna Charta der christlichen Arbeiterbewegung"

Erst im Sommer 1869 sollte sich Ketteler wieder offensiv und programmatisch zur Arbeiterfrage äußern. Er war zu dieser Zeit damit beschäftigt, für die im September in Fulda geplante Konferenz der deutschen Bischöfe einige Papiere zur Arbeiterfrage auszuarbeiten; und so bot sich ihm die Gelegenheit, fünf Jahre nach seiner *Arbeiterfrage* mit einer neuen Publikation zur sozialen Frage an die Öffentlichkeit zu treten. Obwohl es diesmal nur eine kleine Broschüre werden sollte, ist zu konstatieren, dass sie fundamentale Neuakzentuierungen erhält und bis heute zu Recht als „Magna Charta der christlichen Arbeiterbewegung" gilt.[17]

Für seine neue Stellungnahme wählte Ketteler einen besonderen Anlass: die Abschlussandacht am Ende einer Visitationsreise im Dekanat Seligenstadt, die am 25. Juli 1869 auf der Liebfrauenheide bei Klein-Krotzenburg im Landkreis Offenbach stattfinden sollte und zu der man vor allem die Fabrikarbeiter dieser Gegend eingeladen hatte. Die groß angelegte und von langer Hand geplante Predigt erschien schon wenige Wochen später unter dem Titel *Die Arbeiterbewegung und ihr Streben im Verhältniß zu Religion und Sittlichkeit.*[18] Die erste

Auflage von 5000 Exemplaren war innerhalb weniger Tage vergriffen; und noch im gleichen Jahr erschienen drei weitere Auflagen dieser Schrift, die allerdings außerhalb der katholischen Reihen nur geringe Resonanz gefunden zu haben scheint.[19]

Überraschenderweise thematisiert Ketteler die Frage der Staatshilfe hier in keiner Weise. Der mit der Stiftungsfestansprache vom November 1865 erreichte Durchbruch wird also nicht aufgegriffen und weitergeführt. Nachdem er sich 1867 erneut so massiv gegen den absolutistischen „Gott-Staat" ausgesprochen hatte, dürfte es ihm auch kaum möglich gewesen sein, gerade diesem Staat, mit dem er in scharfen weltanschaulichen Konflikten lag, noch zusätzliche Kompetenzen zuzusprechen – und dies auch noch auf dem ureigenen Aufgabengebiet der Kirche, der Sorge für die Armen. Hier lag für Ketteler und den ultramontanen Katholizismus seiner Zeit ohne Zweifel ein erhebliches Dilemma. Zwar hatte man längst erkannt, dass eine wirkliche Abhilfe der Not ohne Hilfe des Staates nicht zu haben sein wird. Wie man eine solche Forderung nach Staatshilfe aber erheben kann, ohne damit zugleich die soziale Überflüssigkeit der Kirche einzugestehen, ohne also gegenüber dem liberalen Gegner gewissermaßen auf ganzer Linie zu kapitulieren und die Kapitulationsurkunde auch noch auf eigenen Wunsch, aus innerer Überzeugung selbst auszufertigen; dies war in keiner Weise abzusehen. Denn wenn man der katholischen Arbeiterschaft, um die die Kirche nach ihrer Entfeudalisierung verschärft zu ringen begann, um sich eine entsprechende Massenbasis im Volk zu sichern, in ihrer Not nicht mehr den religiösen Trost einer jenseitigen Seligkeit, sondern nur noch den Ruf nach einer unsicheren Staatshilfe anbieten kann, die nicht in den eigenen Händen, sondern in der Kompetenz eines protestantisch-national geprägten Behördenapparates liegt, dann schien man die Axt an die Wurzel der eigenen Existenz zu legen. Das Problem jedenfalls, wie der Katholizismus zu einer eigenen sozialpolitischen Position jenseits moralisierender Tugendappelle und wohlfeiler Himmelsvertröstung, jenseits liberaler Selbstverantwortlichkeit und sozialistischer Staatshilfe finden könne, stand nun unerbittlich im Raum und sollte die Selbstverständigungsdebatten des sozialen Katholizismus in den nächsten Jahrzehnten nicht wenig beunruhigen.

Trade unions und strikes

Im Zentrum der Liebfrauenpredigt steht die Anerkennung der Legitimität gewerkschaftlicher Zusammenschlüsse. Ketteler spricht hier sich ohne Vorbehalte für das – seinerzeit noch streng verbotene – Kampfmittel der Arbeitsniederlegungen aus; ein sozialpolitisches Bekenntnis, dessen Bedeutung kaum hoch genug eingeschätzt werden kann, denn gewerkschaftliche Organisationsformen, gar Streik und Arbeitsverweigerung, galten dem damaligen Katholizismus noch ganz selbstverständlich als inakzeptabel. Als Ketteler seine Offenbacher Predigt hielt, lag die eigentliche Blütezeit der Streikbewegung noch in weiter Ferne.[20] Der große Bergarbeiterstreik im Ruhrgebiet, der erste organisierte Massenstreik in Deutschland, der nach wenigen Wochen erfolglos abgebrochen werden musste, sollte erst zwanzig Jahre später stattfinden; und auch die vielen unorganisierten Streikmaßnahmen der frühen 1870er-Jahre, die für die Arbeiter zumeist in einem Fiasko endeten, waren zu dieser Zeit noch nicht absehbar. Unter dem Repressionsdruck der Ära der politischen Reaktion waren die im Freiheitsjahr 1848 entstandenen Ansätze einer gewerkschaftlichen Selbstorganisation der Arbeiter untergegangen. Die noch verbliebenen Organisationen wurden 1854 endgültig verboten, nachdem schon die alte preußische Gewerbeordnung von 1845 ein gewerkschaftliches Koalitionsverbot ausgesprochen und „Verabredungen zur Arbeitseinstellung" mit einjähriger Gefängnisstrafe belegt hatte. Gewerkschaftliche Zusammenschlüsse galten als aufrührerische Organisationen, ihre Führer wurden nicht selten mit Freiheitsstrafen belangt oder des Landes verwiesen. Dennoch kam es in den 1850er-Jahren im Rahmen des industriellen Aufstiegs immer wieder zu spontanen und oft chaotisch verlaufenden Arbeitsniederlegungen auf lokaler Ebene: Zwischen 1852 und 1859 zählte man über 100 Streiks, die in der Regel erfolglos endeten und für die beteiligten Arbeiter und ihre Familien oft bittere Konsequenzen zeitigten.

Über nennenswerte gewerkschaftliche Traditionen verfügten lediglich die auch 1848 schon besonders erfolgreichen Buchdrucker und die Zigarrenarbeiter. So konnte sich nach der Aufhebung des Koalitionsverbots in Sachen 1861 in Leipzig im Jahr 1865 eine überregionale Berufsgewerkschaft der Tabakarbeiter gründen, dem in den nächsten Jahren die Buchdrucker, die Schneider, Bäcker und Holzarbeiter mit ähnlichen Gewerkschaftsgründungen folgten. Bei all diesen Versuchen zur Neugründung gewerkschaftlicher Zusammenschlüsse konnte man sich immer wieder auf das Vorbild der *trade unions* in England berufen, dem Mutterland der Gewerkschaften, wo das Koalitionsverbot bereits 1824 aufgehoben worden war.[21] Für den Norddeutschen Bund sollte dies – im Interesse der Zurückdrängung wilder Streiks – jedoch erst mit der neuen Gewerbeordnung von 1869 geschehen, die nun „Verabredungen und Vereinigungen zum Behufe der Erlangung günstiger Lohn- und Arbeitsbedingungen, insbesondere mittels Einstellungen der Arbeit“ für zulässig erklärte, Streikbrechern aber zugleich strafbewehrten Schutz vor „Ehrverletzung und Verrufserklärung“ zusicherte.

Anders als in England gingen die entscheidenden Impulse zum Aufbau gewerkschaftlicher Vereinigungen in Preußen nicht von den Belegschaften selbst, sondern von den konkurrierenden politischen Parteien aus. Dies gilt zunächst für die liberalen Arbeiterbildungsvereine, aus denen 1868 die Hirsch-Dunckerschen Gewerkvereine hervorgingen, eine Organisation, die eher an Selbsthilfe- als an Streikmaßnahmen dachte und im Falle von Arbeitsniederlegungen kaum in der Lage war, ihren Mitgliedern eine finanzielle Unterstützung zu sichern.[22] Auch der von Lassalle gegründete ADAV bemühte sich um die Formierung sozialdemokratischer Gewerkvereine, auch wenn man hier nach wie vor eher auf Staatshilfe als auf gewerkschaftliche Selbstorganisation setzte. Ende der 1860er-Jahre dürften lediglich zwei bis drei Prozent der Arbeiterschaft in den gewerkschaftlichen Gruppierungen organisiert gewesen sein. Ihre Organisationen waren personell und finanziell schwach; und sie ergingen sich – anders als die pragmatisch-praktisch orientierten und wesentlich mitgliederstärkeren *trade unions* – nur allzu gern in prinzipiellen Grundsatzdebatten, wodurch ihnen das Odium von Aufruhr und Agitation anhing. Zu erfolgreichen Organisationen eines geregelten Konfliktaustrags konnten sie sich unter diesen Bedingungen kaum entwickeln.

„Sich einer wahren Naturnothwendigkeit anschließen"

Ketteler wollte vor den auf der Liebfrauenheide versammelten Menschenmassen – Otto Pfülf spricht von etwa 10.000 Personen[23] – die Arbeiterfrage in ihrer Beziehung zur Religion und zum Christentum besprechen; und auch hier wiederholt er gleich zu Beginn sein Standardcredo: „Ohne Religion, ohne Sittlichkeit bleiben alle Bemühungen für die Hebung und Besserung der Lage der Arbeiter ohne Erfolg." (409) Diesmal ging es ihm aber nicht um den Entscheidungskampf zwischen Christ und Antichrist, sondern um die Frage, ob sich auch die katholischen Arbeiter als Teil der Arbeiterbewegung verstehen können und dürfen. Und er gibt hier eine denkbar klare Antwort, wenn er seinen Zuhörern am Ende freudig zuruft, „daß ihr auch als Katholiken euch den Bestrebungen und Bewegungen im Arbeiterstande ohne Verletzung der Grundsätze eurer Religion in großem Umfange anschließen dürfet" (428).

Die Arbeiterbewegung ziele darauf, „mit vereinter Kraft die Interessen der Arbeiter geltend zu machen", und dies sei heute „eine wahre Naturnothwendigkeit geworden". Von daher könne die Religion diese Bestrebungen „nur segnen, ihnen zum Heil des Arbeiterstandes Erfolg wünschen und sie unterstützen" (409f.). Mit besonderer Wertschätzung spricht

Ketteler in diesem Zusammenhang von den *trade unions* und erklärt unmissverständlich, dass „diese Richtung, die Arbeiter zu organisiren, um mit gemeinschaftlicher Anstrengung ihre Interessen und Rechte geltend zu machen, ... berechtigt und heilsam, ja selbst nothwendig (ist), wenn der Arbeiterstand nicht ganz erdrückt werden soll von der Macht des centralisirten Geldes" (411). Einiges spricht dafür, dass Ketteler die *trade unions* nicht zuletzt durch den katholischen Wirtschaftswissenschaftler und späteren „Kathedersozialisten" Lujo Brentano kennengelernt haben könnte. Brentano, dessen Familie seit langer Zeit Kontakte zur Familie von Ketteler pflegte, hatte 1868 Studienaufenthalte in verschiedenen englischen Fabrikbezirken durchführen können und dazu eine kleine Schrift über das dortige *industrial partnership*-System als „Versuch zur Lösung der Arbeiterfrage" verfasst, die Ketteler „mit lebhaftem Interesse"[24] gelesen hatte. Im Jahr 1871 erschien dann Brentanos umfangreicher Band zur *Geschichte der englischen Gewerkvereine*, in dem er die *trade unions* als „die vollkommene organische Weiterentwicklung des alten Gildenwesens" feiert. Diese Vereine hätten mit den „Fanatikern der gewaltsamen Organisation" ebenso wenig zu tun wie mit den „Fanatikern der gewaltsamen Desorganisation": „Es ist vielmehr charakteristisch für die englischen Arbeiter, unter denen die Gewerkvereine sich bildeten, mit welch souveräner Verachtung jeglicher Theorie sie gleich taub waren sowohl für die geisteshoffärtigen Belehrungen von mit ihnen vornehm sympathisierenden socialistischen und communistischen Theoretikern als auch für das beschränkte Poltern und die dünkelhaften Denunciationen extremer Oeconomisten. Gestützt auf die bitteren Erfahrungen im wirklichen Leben hatten sie für die Interessenharmonie der Letztern nur ein ungläubiges Kopfschütteln, und gegenüber den in weiter Ferne wirkenden Universalmitteln der Erstern hielten sie, wohlwissend wo die Noth sie zunächst drückte, an dem conservativen Grundsatze fest ...: ‚Bei sonstiger Gleichheit sind die Einrichtungen von gestern bei Weitem die besten für heute.'"[25]

In der Tat orientierte sich die Masse der englischen Arbeiterschaft vor allem „am Ziel der Respektabilität, nicht am Klassenkampf oder am politischen Umsturz“[26]. Sie stellte Selbstorganisation und Selbsthilfe in den Mittelpunkt und ließ – anders als die erst später einsetzende deutsche Gewerkschaftsbewegung – politische Militanz und Agitation eher zurücktreten. Die *trade unions* mit ihren *strikes* bieten für den Ketteler des Jahres 1869 am ehesten die Gewähr, den Arbeitern „eine dem wahren Werthe der Arbeit entsprechende Erhöhung des Arbeiterlohnes“ zu sichern; ein Bestreben, das auch „eine Forderung der Gerechtigkeit und des Christenthums“ darstelle. Das Ziel, „für die Menschenarbeit einen anderen Lohn zu erringen als für Maschinenarbeit“, bedeute nämlich nichts anderes als das Bestreben, „der Menschenarbeit und dem Arbeiter seine Menschenwürde zurückzugeben, die ihnen die Grundsätze der liberalen Volkswirthschaft geraubt hatten“ (413).

Zudem sei der oft bestrittene Nutzen der Arbeitsniederlegungen für die Arbeiterschaft, wie Ketteler notiert, mittlerweile auch statistisch erwiesen. Allerdings dürften die Lohnansprüche der Arbeiter auch nicht zu hoch werden, denn das Kapital werde sich „augenblicklich dem Geschäfte entziehen“, wenn dessen Rentabilität nicht mehr gewährleistet sei. Es könne „immer andere Wege finden, wenn auch das Geschäft ruinirt ist, in dem es bisher gearbeitet hat. Dafür hat ja schon das grauenvolle Schuldenwesen unserer modernen Staaten gesorgt, daß jeder Geldspeculant auf der Börse und in den Staatspapieren zuletzt noch ein unermeßliches Gebiet für seine Operationen behält. Der Arbeiter kann dagegen nicht so leicht bei Geschäftsstockung einen anderen lohnenden Erwerb finden“ (415). Der Arbeiter dürfe seinen Lohn aber auch nicht leichtfertig den Wirtshäusern und Kneipen überlassen, auch wenn Ketteler für eine gewisse „Schwelgerei“ und „Unmäßigkeit“ des Arbeiters durchaus Verständnis zeigt: „Es hat vielleicht nie auf Erden eine solche angestrengte, eine so ununterbrochene, eine so ruhelose Arbeit gegeben wie die Fabrikarbeit. Die vielen Arbeiter, welche dieselbe Arbeit täglich in derselben Anzahl Stunden verrichten, controliren sich gegenseitig. Jede Minute, die die Hand ausruhen will, zeigt sich sofort. Wie leicht kann es da geschehen, daß der in demselben Arbeitsraum, auf demselben Stuhl, täglich die gleiche Reihe von Stunden immer an dieselbe mechanische Thätigkeit gebundene Mensch endlich, wenn er von dieser saueren Arbeit befreit ist, in Unmäßigkeit und Ausschweifung eine gewisse Entschädigung sucht. Es gehört daher eine hohe sittliche Kraft dazu, bei einem solchen Leben mäßig und sparsam zu bleiben …" (414).

Neben dem Kampf um Lohnerhöhungen nennt Ketteler noch weitere zentrale Forderungen der organisierten Arbeiterschaft, die er sich vorbehaltlos zu eigen macht: den Kampf um Arbeitszeitverkürzungen, um die Gewährung von Ruhetagen und um das Verbot der Industriearbeit für schulpflichtige Kinder wie für ledige und verheiratete Frauen. Besonders empört ihn, dass den Arbeitern von liberaler Seite immer wieder mit dem „Schein der zartesten Menschenfreundlichkeit" vorgerechtet werde, „wie viel Lohn alle diese Tage abwerfen würden, wenn sie zur Arbeit verwendet würden. Daraus ergab sich dann ein überaus großer Wohltätigkeitssinn dieser Geldherrn, die dem Volke diesen Gewinn so gerne zuwenden wollten, und die grausame Hartherzigkeit der Kirche, welche dem Volke diesen großen Gewinn entziehe. […] Wenn sie Recht hätten, dann wäre es ja eine Unmenschlichkeit, die Arbeiter noch schlafen zu lassen." (416f.) Ganz im Sinne gewerkschaftlicher Solidaritätsvorstellungen geht Ketteler hier auch mit denjenigen Arbeitern ins Gericht, die „vom Eigennutz getrieben am Sonntage arbeiten, wenn und wo sie Geld verdienen können. Solche Arbeiter sündigen nicht nur gegen Gott und gegen sein Gebot, sie sündigen auch recht eigentlich am ganzen Arbeiterstande, indem sie aus gemeinem Eigennutz dazu mitwirken, daß man auch anderen Arbeitern ihre Ruhetage um so leichter entziehen kann." Geradezu flehentlich ruft er in diesem Zusammenhang aus: „Möchten doch alle Arbeiter […] dieses Recht einstimmig als ein Menschenrecht zurückfordern", denn: „Was helfen die sogenannten Menschenrechte in den Constitutionen, wovon der Arbeiter wenig Nutzen hat, so lange die Geldmacht diese socialen Menschenrechte mit Füßen treten kann" (418).

Ob man allerdings allein mit den Mitteln der Streiks gegen die Übermacht des Kapitals bestehen könne, erörtert Ketteler nicht. Zwar erklärt er auch hier mit Nachdruck: „Die Gottlosigkeit des Capitals, das den Arbeiter als Arbeitskraft und Maschine bis zur Zerstörung ausnützt, muß gebrochen werden. Sie ist ein Verbrechen am Arbeiterstande und eine Entwürdigung desselben" (415). Von der „herrlichen Idee" der Produktivassoziationen spricht er jedoch nur noch ganz am Rande, als er am Ende seiner Predigt bedauernd anmerkt, dass er nicht alle relevanten Themen der Arbeiterfrage habe ansprechen können.[27] Von seiner einstigen sozialpolitischen Lieblingsidee hatte sich Ketteler zu dieser Zeit faktisch längst verabschiedet.[28] Zu einem klaren Plädoyer für eine staatliche Arbeiterschutzgesetzgebung konnte er sich aber auch jetzt noch nicht durchringen. Immerhin aber hat er sich mit seinem Plädoyer für die Gewerkschaftsbewegung endgültig mit der Unüberwindbarkeit der industriekapitalistischen Trennung von Arbeit und Kapital abgefunden und auf den Boden der nun einmal gegebenen industriekapitalistischen Verhältnisse gestellt. Spätestens jetzt war Ketteler für sozialromantische Vorstellungen einer Wiederbelebung vormoderner, nichtkapitalistischer Wirtschafts- und Sozialformen nicht mehr ernsthaft empfänglich.

Zudem wird man festhalten können, dass Ketteler der Sozialdemokratie auch in dieser Predigt wieder ungewöhnlich freundlich begegnet. Zwar warnt er die Arbeiterbewegung davor, „in unklare, phantastische, socialistische Bestrebungen" auszuarten (426); dass ihm an einer Verbindung zur Sozialdemokratie aber durchaus liegt, erkennt man daran, dass er sich von ihren Führern keineswegs distanziert, sondern sie dazu auffordert, „ihrem Hasse gegen das Christenthum" zu entsagen und „wenigstens eine achtungsvolle, wohlwollende Stellung zur Religion und zur Kirche" einzunehmen (412). Ketteler selbst scheint mit den Führern der sozialdemokratischen Arbeiterbewegung aber nie in brieflichen oder gar persönlichen Kontakt gekommen sein, sodass sich hier keinerlei Gelegenheit zu Dialog und Meinungsaustausch ergeben konnte. Die von Ketteler fünf Jahre zuvor so aufgeschlossen, wenn auch nur anonym begonnene und dann schließlich doch ängstlich abgebrochene Kontaktaufnahme zu Lassalle sollte ein singuläres Ereignis bleiben.

Freundliches Desinteresse?
Ketteler und die Fuldaer Bischofskonferenz

Anfang September 1869, nur wenige Wochen nach dem Erscheinen der *Arbeiterbewegung,* fand die zweite Fuldaer Konferenz der katholischen Bischöfe Deutschlands statt. Nachdem sich die katholischen Oberhirten erstmals 1848 in Würzburg und dann 1867 in Fulda getroffen hatten, fand nun eine dritte Bischofsversammlung mit 20 Teilnehmern statt, auf der u. a. Anregungen und Vorschläge, so genannte *Proponenda,* für das bevorstehende Konzil in Rom erarbeitet werden sollten. Diese Konferenz war ganz und gar beherrscht von der angekündigten Dogmatisierung der päpstlichen Unfehlbarkeit, die in ganz Deutschland die Gemüter erregte und die Katholiken in zwei einander heftig befehdende Lager aufspaltete. Vor allem die romtreuen „wirklichen Katholiken" eröffneten ein scharfes Trommelfeuer auf die liberalen „Staatskatholiken" in Deutschland, die der Infallibilitätserklärung nichts abzugewinnen vermochten.[29] Die meisten deutschen Bischöfe standen der von der Kurie gewünschten Definition teils aus taktischen, teils aus theologischen Gründen ablehnend gegenüber. Zu ihnen gehörte auch Ketteler, der hier „unbedingte Papsttreue mit starkem Bewußtsein bischöflicher Selbständigkeit zu vereinbaren wußte" und sich nicht ohne Erfolg darum bemühte, unter den deutschen Bischöfen „eine Gegenbewegung zustande zu bringen".[30] Am Ende verfassten sie ein in ehrerbietiger Sprache formuliertes, aber doch deutlich abratendes Schreiben an Papst Pius IX., das diesen schwer verstimmen sollte.[31]

Dennoch wurde auch die vorgesehene Tagesordnung abgearbeitet; und dabei kamen u. a. die Referate zur Fürsorge der Kirche für Fabrikarbeiter, Gesellen, Lehrlinge und dienstlose weibliche Dienstboten zur Sprache, die Ketteler übernommen und in gedruckter Form vorgelegt hatte.[32] Er schildert die soziale Lage des Arbeiters hier erneut in dramatischen, geradezu verzweifelten Worten, wenn er von der „der modernen Zeit eigenthümlichen Masse der besitz- und freudenlosen, der unzufriedenen und lebensmüden Proletarier" (430f.) spricht: „Der Arbeiter hat keine Hoffnung, sich jemals aus seiner elenden Lage erheben zu können wie der selbständige Handwerker. In dem Berufe des Arbeiters ist nichts geeignet, ihn geistig und moralisch zu heben. Er arbeitet und quält sich, aber nicht für sich, sondern für den Capitalisten; unter dem Einfluß des materialistischen Geistes, welcher das moderne Industriewesen beherrscht, kommt er nur als Waare, als lebendige Maschine in Berechnung und fängt an, sich selbst nur mehr als Maschine zu fühlen, die lange Arbeitszeit, die Härte und die geisttödtende Einförmigkeit der Beschäftigung macht ihn stumpfsinnig; die Hoffnungslosigkeit, seine Lage zu bessern, die Unsicherheit der Zukunft, die Hilfslosigkeit in seiner isolirten Stellung rauben ihm allen männlichen Muth, alles Selbstvertrauen und erfüllen sein Herz mit einer bis an Verzweiflung gränzenden Unzufriedenheit, mit Erbitterung und Haß gegen die höhern Stände, die sich des Genusses der Güter dieser Welt, welche seiner Hände Arbeit herbeischafft, in Ueberfluß erfreuen" (431f.).

„Da das ganze System nicht umzustoßen ist …"

Wohl niemals wieder dürfte der deutschen Bischofskonferenz aus ihren eigenen Reihen ein ähnlich dramatischer Text zur sozialen Not der Arbeiterschaft vorgelegt worden sein. Mit einem klaren, aller sozialromantischen Hoffnung entkleideten Blick auf die neuen industriekapitalistischen Verhältnisse, die allenthalben „im Anzug" seien, auch wenn sie „wohl noch nirgends eine solche Höhe" erreicht haben wie in England, erklärt Ketteler: „Wir dürfen und können nichts anderes erwarten, und keine irdische Macht ist im Stande, dieser Entwickelung der Dinge Einhalt zu thun" (433). „Da also das ganze System nicht umzustoßen ist, so kommt es darauf an, es zu mildern, für alle einzelnen schlimmen Folgen desselben die entsprechenden Heilmittel zu suchen und auch die Arbeiter, so weit möglich, an dem, was an dem System gut ist, an dessen Segnungen theilnehmen zu lassen" (438). Um dieses Ziel zu erreichen, fordert Ketteler nun erstmals explizit eine systematische „Staatsgesetzgebung zum Schutz der Arbeiter" (447f.). Aber auch die Kirche müsse hier nach Kräften helfen. Ketteler formuliert dazu neuartige Perspektiven einer planmäßigen Arbeiterpastoral; und auch hier erreichen seine Anregungen eine Prägnanz und Deutlichkeit, die viele spätere Vorlagen zur kirchlichen Arbeiterpastoral nicht wieder erreichen sollten.

Zwar befasse sich die Kirche „zunächst nicht mit Capital und Industrie, sondern mit dem ewigen Seelenheile der Menschen durch Verkündigung der christlichen Glaubenswahrheiten, durch Pflege christlicher Tugend und wahrer Nächstenliebe. Aber gerade dieses von Christus ihr übertragene Amt kann sie an Millionen von Seelen nicht üben, wenn sie die sociale Frage ignoriren und ihr gegenüber [sich] auf die gewöhnliche hergebrachte Pastoration beschränken wollte" (434). Ketteler verlangt hier nicht weniger als einen vollständigen Bruch mit der bisherigen, für die spezifischen Lebenswelten des Arbeiterstandes völlig unsensiblen Kirchenpastoral. Kurz und apodiktisch erklärt er: „Für die Gnaden des Christenthums, so lange sie nur auf dem Wege der gewöhnlichen Pastoration geboten werden, ist eine solche Arbeiterbevölkerung im Großen und Ganzen vollkommen unempfänglich und unzugänglich" (432).

Deshalb müsse der Klerus zunächst einmal für die Arbeiterfrage interessiert werden, denn dieser sei bis heute „von der wirklichen Existenz und der Größe und der drohenden Gefahr der socialen Uebelstände nicht überzeugt … und über die Hilfsmittel ganz im Unklaren“ (448). Die Arbeiterfrage dürfe in der Priesterausbildung nicht länger achtlos übergangen werden. Vielmehr müssten einzelne Geistliche gezielt zum Studium der Nationalökonomie veranlasst und mit Reisestipendien ausgestattet werden, „um einestheils die Arbeiterbedürfnisse und anderntheils die Hilfsanstalten … aus eigener Anschauung kennen zu lernen“ (449). In allen Diözesen solle man einen Priester oder Laien zur statistischen Erhebung der Lage der dortigen Arbeiterschaft ernennen und auf dieser Basis eine regelmäßige Zusammenkunft aller Diözesandeputierten für ganz Deutschland organisieren. Dabei dürfte man sich, so Ketteler, die größten Erfolge „wohl von dem Wirken eines Mannes versprechen, der sich zur Lebensaufgabe machte, für die Arbeiter das zu sein, was der selige Kolping für die Gesellen gewesen. Derselbe müßte Muße haben, um die Arbeiterfrage gründlich zu studiren, die betreffende Literatur genau zu kennen, Deutschland, Frankreich und England besuchen, um die Lage des Arbeiterstandes und die durch die Erfahrung bewährten Schutzmittel aus eigener Anschauung kennen zu lernen“, um dann „die Arbeiter wahrhaft aufzuklären und mit männlichem Muthe, mit Gottvertrauen zu erfüllen und anderntheils viele wohlgesinnte, christliche Herzen für die Sache der Arbeiter zu interessiren und zum Handeln zu vereinigen“ (449).

„… verdient, dogmatisch verworfen zu werden“

Ketteler hält sich aber nicht nur bei Verbesserungsvorschlägen für die Arbeiterpastoral auf. Um die Wichtigkeit der sozialen Frage für die Kirche zu verdeutlichen, greift er auch auf die Dogmatik zurück und erklärt: „ Die sociale Frage berührt das depositum fidei (vgl. 1 Tim 6,20). Wenn es auch nicht evident sein sollte, daß das Princip der modernen Volkswirthschaftslehre, welches man treffend als den Krieg ‚Aller gegen Alle‘ characterisirte, an sich mit dem Naturgesetz und mit den Lehren der christlichen Nächstenliebe in offenem Widerspruche stehe, so steht doch außer Zweifel, daß ein gewisser Grad der Entwickelung dieses Systems, welcher in einigen Ländern eine körperlich, geistig und moralisch krüppelhafte, den Gnaden des Christenthums gänzlich unzugängliche Fabrikbevölkerung mit innerer Nothwendigkeit herangezogen hat, mit der Würde des Menschen, geschweige denn des Christen, mit der von Gott gewollten Bestimmung der Güter dieser Welt zum Unterhalt des Menschengeschlechtes, mit der von Gott gewollten Fortpflanzung und Erziehung der Menschen durch die Familie und am meisten mit den Geboten der christlichen Nächstenliebe, welche nicht nur dem Handeln der einzelnen Menschen, sondern auch der Organisation des socialen Lebens im Großen und Ganzen zur Richtschnur dienen müssen, allerdings in offenem Widerspruch steht und verdient, dogmatisch verworfen zu werden" (435f.).

Auch die Moraltheologie nimmt Ketteler hier zur Hilfe, wenn er die Pflicht der Kirche betont, die Arbeitermassen „mit aller Kraft zu befreien" aus ihrer „der occasio proxima peccandi analogen Lage, in der sie sich befinden oder in die sie zu gelangen drohen und welche ihnen die Erfüllung der Christenpflichten moralisch unmöglich macht" (437). Das Motiv von der „nächsten Gelegenheit zur Sünde" gehörte – wie ihr Gegenteil, die occasio remota peccandi, die „entfernte Gelegenheit zur Sünde" – zum festen terminologischen Bestand der katholischen Moraltheologie; dass diese Motive auch auf die soziale Welt der modernen Industriegesellschaft bezogen werden können, um nicht nur die individuellen Seelen der einzelnen Arbeiter, sondern zunächst einmal die sozialen Milieus proletarischer Lebenswelten in den Blick zu nehmen, war freilich neu. Nicht zufällig kommt Ketteler in diesem Zusammenhang aber auch wieder auf sein altes Lieblingsmotiv zurück: die unbezweifelbare Überlegenheit der katholischen Kirche zur Lösung der sozialen Frage gegenüber aller weltanschaulichen Konkurrenz, sei sie liberaler, protestantischer oder sozialistischer Provenienz, „da sie, selbst nach dem Geständnisse ihrer Gegner, hier allein zu helfen vermag" (437): „Die Kirche muß durch Lösung dieser für menschliche Kräfte allzu schweren Aufgabe, durch dieses größte Liebeswerk, dessen unser Jahrhundert bedarf, sich erweisen vor der Welt als die vom Sohne Gottes selbst gegründete Heilsanstalt, da seine Jünger nach seinen eigenen Worten an den Werken der Nächstenliebe offenbar werden sollen" (438).

Noch nicht reif?

Ausdrücklich warnt Ketteler seine bischöflichen Kollegen vor der wohlfeilen Auffassung, „daß die Arbeiterfrage und deren Lösung noch allzu verworren und noch nicht so weit gereift seien, daß von Seiten der Kirche schon jetzt die Sache in größerm Maßstabe mit einer gehörigen Ruhe und Sicherheit und mit Hoffnung auf guten Erfolg practisch ergriffen werden könnte". Eine solche Ansicht sei, so betont er mit Nachdruck, „ganz unrichtig. Die Frage ist vollkommen reif. Das Vorhandensein der geschilderten Uebelstände wird von allen Parteien zugegeben. Ebenso steht fest, daß keine Macht der Welt die Fortentwickelung der modernen Volkswirthschaft, das Umsichgreifen der centralisirten Massenproduction zu verhindern vermag ..." (438).

Die versammelten Bischöfe scheinen aber auf die Kettelerschen Appelle nur zögerlich reagiert zu haben. Im Protokoll heißt es Otto Pfühl zufolge lediglich: „Was die Kirche in dieser Beziehung leisten könne und müsse, wurde weiträumig auseinandergesetzt und zugleich dargelegt, daß es zur Zeit sehr schwierig sei, schon jetzt die Detailfragen dieser Thätigkeit als Proponenda für die conciliarische Verhandlung zu formuliren; doch müsse die Sache im Auge behalten und darauf hingewirkt werden, daß das künftige Concil die Pflicht der Kirche, sich der Armenpflege anzunehmen, aufs Neue einschärfen möge"[33]. Dass es in der beginnenden Industriegesellschaft nicht mehr ausreicht, sich auf die traditionelle Armenpflege zu beschränken, konnte Ketteler seinen Mitbrüdern im Bischofsamte offensichtlich nicht verständlich machen.

2. Zwischen Resistenz und Resignation
Klärungen im Konflikt

Das politisch-publizistische Engagement Kettelers für die Lösung der sozialen Frage sollte mit den beiden großen Initiativen vom Herbst 1869 allmählich an sein historisches Ende gelangen. In den 1870er-Jahren wurde es um den wortgewaltigen Mainzer Bischof im Blick auf die Arbeiterfrage erneut eher still. Die wesentlich aufwändigere und von seinen nationalliberalen Gegnern wesentlich intensiver geführte Auseinandersetzung um die „Freiheit der Kirche“ sollte mit der Gründung des Kaiserreichs und dem preußischen Kulturkampf wieder alle Energien und Ressourcen binden, auch wenn Ketteler sein leidenschaftliches Interesse an den sozialen Debatten seiner Zeit darüber in keiner Weise verlor.

Kulturkampf und Unfehlbarkeit

Die in Rom zum Konzil versammelten Bischöfe hatten im Juli 1870 die Unfehlbarkeit des Papstes bei Lehrentscheidungen ex cathedra in Fragen der Glaubens- und Sittenlehre feierlich beschlossen, nachdem zuvor 55 oppositionelle Bischöfe, unter ihnen auch Ketteler, mit Erlaubnis des Papstes abgereist waren. Im September 1870 hatte die italienische Nationalbewegung Rom besetzt und den Kirchenstaat aufgelöst, worauf sich Pius IX. in den Vatikan zurückziehen musste. In der Folge standen sich in Deutschland nun die ultramontan-katholische Empörung über den „Gefangenen im Vatikan“ und die deutschnationale Erregung über die „reichsgefährdenden“ Machtansprüche des unfehlbaren Papsttums und der „römischen Priesterherrschaft“ unversöhnlich gegenüber. Viele Nationalliberale hatten mit den preußischen Kriegserfolgen gegen Österreich und Frankreich die Hoffnung verbunden, dass dem Sieg über die beiden katholischen Großmächte auch die „Zertrümmerung des römischen Geistes im Vaterlande Martin Luthers folgen würde“[34]. Sie fühlten sich nun mehr denn je aufgefordert, im neuen deutschen Reich Bildung und Kultur, Wissenschaft und Aufklärung, die gesamten geistigen Errungenschaften der Moderne gegen den offensiven Antimodernismus der ultramontanen Kirche in Stellung zu bringen. Das Unfehlbarkeitsdogma rief bei ihnen massive Ängste vor einer römisch-klerikalen Bedrohung der inneren Stabilität und der nationalen Akzeptanz des neuen Reiches hervor, sodass präventive Gegenangriffe das Gebot der Stunde zu sein schienen. Spätestens die Gründung der Zentrumsfraktion im Dezember 1870 – ihr hatte sich allerdings nicht einmal die Hälfte der katholischen Abgeordneten des ersten deutschen Reichstags angeschlossen – wurde endgültig als Formierung einer katholischen Widerstandsbewegung gegen das Deutsche Reich und seine kulturellen Grundlagen wahrgenommen. Nicht zufällig wurde die alarmistische, auf Sozialdemokraten wie Katholiken gleichermaßen zielende Warnung vor der „rothen und der schwarzen Internationale" in den nächsten Jahren zu einem beliebten Topos der nationalliberalen Publizistik, wobei man u. a. auch den „preußischen Militarismus" gegen diese doppelte Bedrohung in Stellung bringen wollte.[35] Auch Bismarck sollte in diesem Zusammenhang vor dem Preußischen Herrenhaus erklären, „daß der Staat in seinen Fundamenten bedroht und gefährdet ist von zwei Parteien, die beide das gemeinsam haben, daß sie ihre Gegnerschaft gegen die nationale Entwickelung in internationaler Weise bethätigen, …"[36].

Als erste Gegenmaßnahme gegen die ultramontane Gefahr wurde Ende 1871 der so genannte Kanzelparagraph verabschiedet, der es den Geistlichen untersagte, in Ausübung ihres Amtes „Angelegenheiten des Staates in einer den öffentlichen Frieden gefährdenden Weise zum Gegenstande einer Verkündigung oder Erörterung" zu machen. 1872 wurden die Jesuiten aus Deutschland ausgewiesen, die diplomatischen Beziehungen zum Vatikan abgebrochen und die staatlichen Rechte in der Schulaufsicht entschieden ausgeweitet. Mit den „Maigesetzen" von 1873 und 1874 wurden dann zusätzlich das Vetorecht des Staates bei kirchlichen Ämterbesetzungen eingeführt, das obligatorische, in Baden schon länger bestehende „Kulturexamen" für den Klerikernachwuchs verfügt und nahezu alle Orden, sofern sie sich nicht mit Krankenpflege und Mädchenschulen beschäftigten, verboten. Staatliche Finanzzuwendungen an die Diözesen wurden eingestellt, die Vermögensverwaltung der Kirchengemeinden sollte von staatlich eingerichteten Laiengremien übernommen und die Pfarrer hinfort von ihren Gemeinden gewählt werden.

Der erhoffte Erfolg dieser Maßnahmen blieb aber aus, denn schon bald wurde klar, dass sie das gläubige Volk und den ultramontanen Klerus, der sich konsequent weigerte, diesen Gesetzen Folge zu leisten, nur umso fester zusammenschweißen sollten. So ging das Zentrum, dessen politisch-parlamentarische Rechte man nicht angetastet hatte, aus seinem politischen Abwehrkampf für die Rechte der bedrohten Kirche gestärkt hervor und erlebte 1874 einen gewaltigen Wahlerfolg: Sein Stimmenanteil stieg von 18 auf 28 Prozent. Und damit schwanden endgültig die Hoffnungen auf eine baldige Assimilierung der Katholiken an das nationalliberale Projekt des deutschen Reiches, auf eine breite „Los von Rom"-Bewegung, auf eine katholische Nationalkirche und eine Renaissance deutschkatholischer Strömungen. Als nach dem Tod Pius' IX. im Jahr 1878 der eher konziliante und auf Ausgleich bedachte Papst Leo XIII. gewählt wurde – ein Akt, der allgemein als kirchliches Friedenszeichen gewertet wurde – , setze dann eine Entspannungsphase ein, die schließlich 1886 und 1887 zu den so genannten Friedensgesetzen führte, mit denen der so genannte „Kulturkampf" (Rudolf Virchow) [37] allmählich auslief. Das Verbot des Jesuitenordens wurde freilich erst 1917 aufgehoben, der Kanzelparagraph sogar erst 1953.

„Die Centrums-Fraction auf dem Ersten deutschen Reichstage"

Im März 1871 hatte sich Ketteler – aus ähnlichen Motiven wie 1848 – in den neuen deutschen Reichstag wählen lassen und dort der neu gegründeten katholischen Zentrumspartei angeschlossen;[38] und zwar in der „Erwartung, daß es sich darum handle, dem Deutschen Reiche eine wahrhaft freiheitliche, aber auch eine wahrhaft conservative Verfassung zu geben“[39]. Auch diesmal ging es ihm vor allem um die Sicherung der „Freiheit der Kirche“; und auch diesmal sollte er das Parlament vorzeitig wieder verlassen, nachdem die verfassungsrechtlichen Regelungen des Verhältnisses von Kirche und Staat geklärt waren.[40]

Die neue, 62 Abgeordnete zählende Zentrumsfraktion hatte ihre beiden ersten Auftritte mit den Anträgen zur „Römischen Frage“ und zu den preußischen Kirchenartikeln: Zum einen sollte sich die Regierung außenpolitisch für die Wiederherstellung der weltlichen Herrschaft des Papstes stark machen; zum anderen sollte die neue Reichsverfassung den berühmten Art. 15 der preußischen Verfassungsurkunde übernehmen, wonach jede Religionsgemeinschaft ihre Angelegenheiten selbständig ordnet und verwaltet. Für dieses Ziel hatte sich Ketteler mit Nachdruck stark gemacht;[41] beide Anträge wurden jedoch mit deutlicher Mehrheit abgelehnt. Die Reichsverfassung blieb ohne eigenen Grundrechtskatalog, so dass die bisherigen staatskirchenrechtlichen Bestimmungen der einzelnen Bundesstaaten unverändert fortbestehen konnten; für Ketteler eine schwere Niederlage.

Über seine Erfahrungen im deutschen Reichstag veröffentlichte Ketteler, der sein Mandat im März 1872 zurückgegeben hatte, eine ausführliche Schrift unter dem Titel *Die Centrums-Fraction auf dem Ersten deutschen Reichstage*[42]. Damit wollte er den „unglaublichen Voreingenommenheiten“ (67) und „den vielen Mißdeutungen noch einmal entgegentreten, welche über diese Fraction des Reichstages von Anfang an mit unermüdlicher Geschäftigkeit verbreitet worden sind“ (66). Auch die konservativen Anhänger der preußischen Monarchie hätten die Zentrumsfraktion „im Stiche gelassen und uns den Angriffen des religionsfeindlichen Liberalismus schonungslos überantwortet“ (93). Deutschland stehe gegenwärtig, so Ketteler, „in der größten Prinzipienkrisis, welche seit der Reformation über unser Vaterland gekommen ist" (161). Und auch wenn die großen Erlebnisse des Kriegsjahres 1870 – er nennt u. a. die großen Siege, den Geist der Armee und die Gebete, mit denen das deutsche Volk seine Krieger begleitete – „zunächst in die Waagschale nicht der liberalen, sondern der christlichen Anschauungen" gefallen seien, so sei heute offensichtlich, dass „die Ernte dieser gewaltigen Blutarbeit" nicht das christliche Volk, sondern „der reform-jüdische französische Liberalismus" einfahre: „Der Liberalismus hat vollständig gesiegt, und nun soll ganz Deutschland ihm als Beute anheimfallen. Die politischen Doctrinen des auf den Schlachtfeldern von unseren christlichen Soldaten – wahrlich nicht von dem Nationalliberalismus – besiegten Frankreichs haben zugleich in Deutschland und im Deutschen Reiche den vollkommensten Sieg davongetragen. Wir sind äußerlich Sieger und innerlich die Besiegten" (164f.).

Mainzer Katholikentag: Die Kinderjahre und das Greisenalter des Liberalismus

In den hitzigen Auseinandersetzungen der Kulturkampf-Ära blieb für die Arbeiterfrage nur wenig Zeit und Raum. Allerdings meldete Ketteler sich zu diesem Thema noch einmal explizit zurück; und zwar mit seiner Mainzer Katholikentagsrede vom September 1871, die unter dem Titel *Liberalismus, Socialismus und Christenthum*[43] umgehend in Druck ging und binnen kurzer Zeit drei Auflagen erlebte. Ketteler liefert hier ein weiteres Mal eine grundsätzliche Kritik der weltanschaulichen Systeme des Liberalismus und des Sozialismus. Zwar hatte er zu diesem Thema inhaltlich nicht viel Neues zu sagen; ihm war jedoch im Anschluss an die Reichstagssitzungen vom Februar ein neues politisches Bild in den Sinn gekommen, das er nun unbedingt in die Debatte einbringen wollte: das Bild vom „ächten Liberalismus" und seinem „unächten Sohn", dem Sozialismus.

Im Reichstag hatte der Berliner Historiker Heinrich von Treitschke erklärt, dass ihn der Antrag der Zentrumsfraktion an das Jahr 1848 erinnere, als die durch den Art. 15 ausgelöste schwere „Unsicherheit des Staats-Kirchenrechts in Preußen"[44] noch nicht vorhergesehen wurde, „da wir in der Politik noch die Kinderschuhe trugen"[45]. Das von Treitschke nur beiläufig erwähnte Bild von den „Kinderschuhen" der Politik hatte wenige Tage später der nationalliberale Abgeordnete Johannes von Miquel aufgegriffen, als er – unter ausdrücklichem Hinweis auf Ketteler und das Dogma von der Unfehlbarkeit des Papstes – vor den politischen Machtansprüchen der katholischen Kirche warnte. Der Art. 15 habe ihr seinerzeit „eine privilegirte Ausnahmestellung" eingeräumt, die aus „der Kindheit des Liberalismus" stamme. Denn 1848 habe „die damals allerdings noch sehr unerfahrene liberale Partei" geglaubt, „den Fortschritt darin zu erblicken, wenn sie die Rechte des Staates verminderte. Sie sah im Staat vorzugsweise den absolutistischen Polizeistaat, und jede Verringerung der Rechte des Staates hielt die liberale Partei in viel zu hohem Maße damals für eine Vermehrung der bürgerlichen Freiheiten."[46] Heute müsse man jedoch anerkennen, so Miquel, dass es „ein anders heißt, dem Polizeistaat gegenüberzustehen, als dem parlamentarischen Staat der Gesetze"[47]; und diesem gegenüber habe sich auch die Kirche zu beugen.

Vor diesem Hintergrund spricht Ketteler nun davon, dass der Liberalismus im letzten halben Jahrhundert „verschiedene Phasen" durchlaufen habe. So gebe es „den Liberalismus in seinen Kinderjahren, den Liberalismus in seinem Mannesalter und den Liberalismus in seinem widerspenstigen Sohne, der ihm viel Kummer macht, den er gern verleugnen und uns Katholiken anhängen möchte, der sich aber fest an ihn klammert, seine Erbschaft herausfordert und seine vollkommen rechtmäßige Abstammung unbestreitbar nachweisen kann, ich meine den Socialismus". Der frühe Liberalismus habe „im Kampfe gegen den Polizeistaat nach der Freiheit für Alle" gestrebt; der Liberalismus „in seinem Mannesalter, das man viel besser Greisenalter nennen könnte", wolle dagegen „die Freiheit überall da mit frecher Stirne bekämpfen, wo das christliche Volk sich dem unfehlbaren liberalen Systeme nicht unterwerfen will" (23f.). Die frühen Liberalen waren noch „ehrlich und gönnten auch ihren Gegnern die Freiheit, die sie für sich forderten". Der jetzige Liberalismus sei dagegen „ein abgerundetes, abgeschlossenes System, welches den Anspruch erhebt, an sich und unmittelbar gewiß und wahr zu sein, und daraus seine Berechtigung ableitet, sich überall zu verwirklichen. Was uns Christen die geoffenbarte Wahrheit ist, weil wir glauben, sie von Gott, der ewigen Wahrheit, empfangen zu haben, das ist den Anhängern dieses Systems ihre Staatsdoctrin. Wer ihr widerspricht, wird ohne Weiteres in den Bann gethan. Daß ihr System wahr ist, ist gewiß, weil sie es sagen. Wer es läugnet, ist ohne Weiteres ein Feind der ganzen modernen Cultur, der Humanität und Vernunft, denn Humanität, Cultur und Vernunft ist alles Das und nur Das, was sie dafür ausgeben; und Alle, die nicht dasselbe von Cultur und Vernunft denken, sind Finsterlinge und Ultramontane, auf die der wahre Culturmensch mit unaussprechlich lächerlichem Hochmuth herabblickt." Von daher sei alles, was sich dem Liberalismus widersetze, reine Unvernunft; „und die Unvernunft muß eben durch den Polizeistock gezügelt werden" (24). Deshalb sehne sich der heute zur Herrschaft gelangte Liberalismus so sehr „nach der Polizei, nicht zwar für sich, aber für die Kirche und das christliche Volk" (25), um mit der Hilfe von Ausnahmegesetzen, Präventivmaßnahmen und Kontrollvorschriften „die tollen Finsterlinge zur Vernunft zu bringen, die so unvernünftig sind, die absolute Vernunft des Liberalismus nicht anzubeten" (26).

Aber nicht nur das; der längst „unächt" gewordene Liberalismus, der „mit den Geldmächten und Geldinteressen innig liiert" (25) sei, habe mittlerweile auch einen „ächten Sohn" hervorgebracht, „der seines Vaters Mannesalter für ein hinfälliges Greisenalter erklärt und sich als den berechtigten Erben des Liberalismus immer kräftiger und entschiedener anmeldet, ich meine den Socialismus“. Dieser stelle – ein solch scharfes Urteil hatte Ketteler ihm zuvor nicht ausgestellt – „an sich eine der verderblichsten Verirrungen des menschlichen Geistes“ dar. Er sei aber „vollkommen berechtigt, wenn die Principien des Liberalismus wahr sind“ (27): „Der Liberalismus lacht über die Ewigkeit, über den Trost der Religion. Materieller Genuß ist ihm die einzige Bestimmung des Menschen: Darum reißt er alle Reichthümer der Welt an sich, um die Mittel zu gewinnen, den sinnlichen Genuß so weit zu treiben, wie immer möglich. Dabei findet er es ganz in Ordnung, daß 90 Procent der Menschheit, selbst von allem Genuß ausgeschlossen, nur dazu leben, um den 10 Procenten der Auserwählten diesen Genuß bis zur Übersättigung möglich zu machen. Darauf antworten die Socialisten: Auch wir lachen mit euch über die Ewigkeit, über die ewige Belohnung für die Mühsalen des Lebens, auch wir spotten mit euch, wie ihr es uns so emsig gelehrt habt durch eure Presse und eure Lehranstalten, über diesen Pfaffenbetrug. Wenn es aber wahr ist, daß es keine Ewigkeit gibt, daß unsere ganze Bestimmung in unserer Lebensdauer aufgeht und in dem Lebensgenusse ausschließlich besteht, dann ist es ein beispielloses Verbrechen, 90 Procent der Menschen von der Erreichung dieser ihrer einzigen Lebensbestimmung auszuschließen und ihnen das Opfer ihrer ganzen Lebensbestimmung zuzumuthen im Interesse jener 10 Procent. Alle müssen deßhalb gleichen Antheil an den Lebensgütern haben. Alle müssen an ihrem Gewinn durch gleiche Arbeit mitwirken; Allen muß der Gewinn ihrer Arbeit ausgetheilt werden. Der Zustand, daß jetzt oft müßige, ja gewissenlose Couponabschneider Alles genießen, der Arbeiter aber nichts von Dem erhält, wofür der Mensch allein da ist, ist unerträglich. Solche Reden sind nicht wahr, weil Das nicht wahr ist, was der Liberalismus sagt, sondern was das Christenthum sagt; weil es eine Ewigkeit gibt; weil der irdische Genuß nicht die wahre und höchste Bestimmung des Menschen ist und ihn nicht wahrhaft glücklich machen kann; weil der Besitz Gottes allein seine höchste Bestimmung und seine höchste Befriedigung ausmacht. Wenn es aber wahr wäre, dann hätte der Socialismus Recht, und der Liberalismus wäre dann ein unmenschlicher Egoismus" (29f.).

Beide Weltanschauungssysteme, so schärft Ketteler seinen Zuhörern am Ende seiner Rede ein, seien „unsere Gegner"; und sie seien heute so mächtig und einflussreich, weil ihre Kraft bestehe in „ihrer festen Organisation und in dem Einfluß, welchen sie auf die Presse und auf die Wahlen üben". Deswegen müssten die Katholiken sie „mit ähnlichen Waffen bekämpfen. Eine einzige gute Organisation auf irgendeinem Specialgebiete dieses großen Kampffeldes mit einer nachhaltigen inneren Kraft, welche diesen Organismus bewegt, ist mehr wert als thausend Reden. Lassen Sie uns also kämpfen und lassen Sie uns gut kämpfen!" (33)

„Eine kosmopolitisch-revolutionäre Partei?"

In der Reichstagsdebatte um den Kanzelparagraphen hatte der liberale katholische Abgeordnete Ludwig von Fischer, damals Erster Bürgermeister von Augsburg, im November 1871 die Auffassung vertreten, dass der Ultramontanismus heute eine „kosmopolitisch revolutionäre Partei" darstelle, der sich „ein großer Theil des katholischen Klerus" angeschlossen habe und die sich „nicht auf dem Boden des Reiches" bewege.[48] Zwar gebe es „noch eine große Anzahl von Klerikern, welche mit Widerwillen und mit Seufzen das Joch ertragen, das die Agenten des römischen Jesuitismus ihnen auferlegt haben"[49]; dennoch müsse man konstatieren, „daß von den Leitern jener gekennzeichneten klerikalen Bewegung sogar speculirt werde auf eine Aufreizung der Massen, um unter Umständen noch in anderer Weise als durch die Agitation in der Kirche und in den Gemüthern thätig zu werden". Konkret verweist Fischer hier auf „ein volkswirtschaftliches Schriftchen" des Bischofs von Mainz, aus dem er folgende Passage zitiert: „Warum soll denn um des Himmels willen diese Majestät des Volkswillens auf einmal vor dem Geldbeutel der reichen Liberalen stehen bleiben? Daß auf einmal vor dem Geldbeutel dieser Millionäre die neue Weltordnung wie verzaubert stehen bleiben müßte! – Nein, nein, dafür wird Gott sorgen, daß es nimmer geschehe!" Vor diesem Hintergrund könne man, so Fischer, kaum bestreiten, „daß denn doch in dem Aussprechen solcher Sätze aus solchem Munde eine gewisse Beziehung zwischen der klerikalen Bewegung und der Speculation auf die Aufreizung der Massen zu erblicken ist"[50]. Insofern bestehe durchaus eine Verwandtschaft zwischen der „international-klerikalen" und der „socialdemocratisch-internationalen Partei", „da sie beide den Staat und den Staatszweck negiren"[51].

Ketteler, der direkt im Anschluss an Fischer reden sollte, reagierte auf diesen Angriff mit der Aufforderung: „Man möge beweisen, wo die Männer sind, welche sagen, daß sie außerhalb des Staates ständen und nicht verpflichtet wären, dem Staate Gehorsam zu leisten." Es sei schließlich nicht zu bestreiten, „daß die Katholiken in ganz Deutschland und über die Grenzen Deutschlands hinaus sich allen allgemeinen Staatsgesetzen mit der größten Treue unterwerfen und daß es eine ganz unberechtigte Bezichtigung ist, als ob wir in dieser vollen Unterwerfung unter die allgemeinen Staatsgesetze irgendwie gehindert würden durch einen Grundsatz unserer Kirche"[52]. Zwei Tage später ließ er zusätzlich ein Flugblatt im Reichstag verteilen und in der katholischen *Germania* abdrucken, in dem er zu seiner *Arbeiterfrage* erklärt, dass man „darin gewiß kein Buhlen mit den Massen" finden könne, wohl aber „ein warmes Interesse für den Arbeiterstand". Wenn ein solches Interesse „vor dem deutschen Reichstage als ‚eine Speculation auf die Aufreizung der Massen' denunirt werden kann", dann sei dies „für eine gewisse Partei sehr bezeichnend"[53]. Und in seiner Schrift über die *Centrums-Fraction* sollte er zu diesem Thema abschließend erklären: „Diese angeblichen Freunde der Freiheit kommen noch dahin, daß man nicht mehr vom Volke reden, daß man nicht mehr die Interessen des Arbeiterstandes gegenüber den Kapitalbesitzern besprechen darf, ohne wegen Verbindung mit den Massen, wegen revolutionärer Aufwiegelung denuncirt zu werden. Die Polizei des Liberalismus geht schon jetzt über die des Absolutismus weit hinaus."[54]

Ketteler nahm in diesem Zusammenhang auch Stellung zu der Befürchtung, die katholische Kirche wolle sich nach der Dogmatisierung der päpstlichen Unfehlbarkeit als eine Art „Staat im Staate" gebärden. Diesen später auch von Bismarck aufgegriffenen Vorwurf hatte der bayrische Kultusminister Johann von Lutz im November 1871 im Reichstag erhoben, als er erklärte, dass es um die Frage gehe, „wer Herr im Staate sein soll, die Regierung oder die römische Kirche. [...] Die Kirche ist eine Macht, eine souveräne Macht, ein Staat im Staate; sie ist mehr; sie ist ein Staat, der sich über viele Staaten hinwegzieht."[55] Im Januar 1873 sollte der Abgeordnete Jung im preußischen Abgeordnetenhaus dann explizit auf die staatsgefährdenden Tendenzen der katholischen Kirche hinweisen und dabei „aufreizende" Passagen aus Kettelers Arbeiterfrage zitierten, die er mit den Worten kommentierte: „Meine Herren, ich weiß nicht, wo die Staats-Prokuratoren steckten an dem Tage, wo diese Schrift erschienen ist, aber es war im Großherzogthum Hessen, und damals herrschte noch Herr v. Dalwigk, heut zu Tage würde einem Bischof eine solche Schrift wohl nicht ungestraft hingehen."[56]

Zu der seit der Verkündigung des Unfehlbarkeitsdogmas in Deutschland heftig diskutierten Frage, „ob das Concil und seine Beschlüsse staatsgefährlich sind" – ob also die Rede von der katholischen Kirche als „Staat im Staate" triftig sei –, merkt Ketteler knapp und apodiktisch, aber durchaus treffend an, daß ein Staatsmann, der „auf dem Boden des Rechts und der Freiheit steht", zu dieser Frage „vom staatlichen Standpunkte aus gar keine aprioristische Stellung einnehmen" könne: „Er muß daher die theoretische Frage, ob das Concil und seine Beschlüsse staatsgefährlich sind, lediglich auf sich beruhen lassen, bis sich die Staatsgefährlichkeit äußert. Das ist der Standpunkt des Rechtes und der Freiheit; das ist auch offenbar der Standpunkt aller größeren europäischen Staaten."[57]

Kettelers letzte Monographie erschien dann im Januar 1873 unter dem Titel *Die Katholiken im Deutschen Reiche. Entwurf zu einem politischen Programm*[58]. Ketteler hatte diesen Text, mit dem er den deutschen Katholiken ein politisches Vademecum für die neuen Staatsverhältnisse des Kaiserreichs an die Hand geben wollte, schon im Winter 1870/71 verfasst, aus Gründen politischer Opportunität aber nicht früher veröffentlicht. In dieser Schrift hat er in 13 Punkten noch einmal die gesamte Palette seiner Themen und Anliegen entfaltet. Er äußert sich nicht nur zu den katholischen Standardthemen, sondern auch zu innen- und außenpolitischen Fragen, etwa zum Verhältnis zu Österreich und den anderen deutschen Staaten sowie zu Fragen des Verfassungsrechts und der Kreis- und Gemeindeverfassung. Auch die Arbeiterfrage findet gebührende Aufmerksamkeit, wobei hier vor allem der elfte und zwölfte Programmpunkt relevant sind, in denen es u. a. um die „Ordnung des Staatsschuldenwesens", die „Verminderung des Staatslasten", die „Ausgleichung der Steuern" und um die „corporative Reorganisation des Arbeiterstandes und des Handwerkerstandes" geht.

Ketteler begibt sich damit endgültig auf den Boden der staatlichen Sozialgesetzgebung und erklärt zur Arbeiterfrage mit wünschenswerter Klarheit, „daß der Staat zu ihrer Lösung durch seine Gesetzgebung mitzuwirken berufen ist. In dieser Hinsicht fällt dem Staate eine doppelte Aufgabe zu: erstens dem Arbeiterstande zu genossenschaftlichen Verbindungen die gesetzliche Hilfe zu gewähren, zweitens ihn und seine Familie gegen eine ungerechte Ausbeutung gesetzlich zu schützen" (236). Zu der alten sozialkatholischen Leitidee einer gesetzlichen „Reorganisation des Handwerker- und Arbeiterstandes" (236) bietet er aber keine konkreten Vorschläge an. Er notiert lediglich, dass der Arbeiterstand, solange er „nicht durch eigene Organisation sich selbst helfen kann", berechtigt sei, „vom Staat Schutz für sich, seine Gesundheit, seine

Arbeitskraft, seine Familie gegen die Uebermacht, welche der Kapitalbesitz verleiht", zu fordern (240). Auch zu den Erfolgsaussichten gewerkschaftlicher Selbstorganisation und Arbeitskampfmaßnahmen äußert er sich nun – anders als noch in seiner Predigt auf der Liebfrauenheide – dezidiert skeptisch. Dass sie „eine gesetzliche Regelung nicht ersetzen können, zeigen schon die vielen verunglückten Strikes ... Die Gesetzgebung hat gewiß keine Veranlassung, diesem traurigen socialen Kampf zwischen Arbeitern und Arbeitgebern jene Arbeit zu überlassen, die sie selbst auf geordnetem Wege regeln sollte" (240).

Dementsprechend liegt der Fokus nun ganz auf den Aufgaben des Staates. So fordert er einen gesetzlichen Normalarbeitstag von 10 oder höchstens 11 Stunden sowie ein allgemeines Arbeitsverbot an Sonn- und Feiertagen, ein Verbot der Kinderarbeit überall und für alle Kinder mindestens bis zum 14. Lebensjahr und ein Verbot der Arbeit aller verheirateten Frauen in Fabriken und anderen industriellen Geschäften, wobei er ergänzend einschärft, dass derartige gesetzliche Bestimmungen nur dann „wirklichen Schutz gewähren, wenn überall die gesetzlichen Controlen geschaffen werden, welche die Beobachtung derselben sicher stellen" (245). Die Regelungen der Gewerbeordnung vom Juni 1869 sind für Ketteler noch im hohen Maße defizitär. Sie verbieten lediglich eine „regelmäßige Beschäftigung" von Kindern unter zwölf Jahren in den Fabriken und erlauben diese für Kinder zwischen zwölf und 14 Jahren immer dann, wenn sie mindestens einen dreistündigen Schulunterricht besuchen können. Jugendlichen Arbeitern verbieten sie die Sonn- und Feiertagsarbeit, während sie für erwachsene Arbeiter festhalten, dass diese „vorbehaltlich anderweitiger Dringlichkeitsvereinbarungen" zur Arbeit nicht verpflichtet seien. Für die 1860er Jahre waren noch wöchentliche Arbeitszeiten von 78 Stunden, für 1871 von 72 Stunden üblich. Um 1885 lag die Quote der großindustriellen Sonntagsarbeit bei 30 Prozent; im Handwerk bei über 40 Prozent der Beschäftigten. Und auch Urlaub gab es zunächst nicht; die ersten Ansätze dazu entstanden erst seit der Jahrhundertwende, obwohl die Reichspost für ihre Beamten schon 1875 einen achttägigen Erholungsurlaub eingeführt hatte.[59]

Neben diesen Forderungen zum Arbeiterschutz verlangt Kettelers Programmschrift u. a. eine deutliche Reduzierung des Militäretats, Steuerbefreiung für notwendige Lebensmittel und die Einführung einer Börsen- und einer Einkommensteuer für Gründungs- und Aktiengesellschaften, denn „diese großen Geldinstitute in unserer Zeit bringen den Staat selbst in vielfache Abhängigkeit von sich und sind recht eigentlich Staaten im Staate" (235). Besonders scharf geht er in diesem Zusammenhang mit dem „Staatsschuldenwesen unserer Großstaaten" ins Gericht. Dies sei ein „Krebsschaden, aus dem die größten materiellen und sittlichen Uebel entspringen und genährt werden" (230). Allenthalben müssten sich die heutigen Staaten „bei ihren Anleihen von den großen Geld- und Börsenmännern Bedingungen gefallen lassen, denen kein Privatmann mit wohlgegründetem Credit unterworfen ist". „Die enormen Verluste aber, welche die Großstaaten durch die Ausbeutung ihrer Verlegenheiten seitens der wenigen Firmen, welche über das Geld der Welt verfügen, erleiden, muß das Volk durch die Steuern tragen" (230). Schlimmer noch sei der zunehmende internationale Börsenhandel, vor allem „jener Handel mit Staats- und Werthpapieren aller Art, welcher nicht in dem wirklichen Austausch derselben, sondern nur in Berechnung der durch Steigen und Fallen der Papiere entstehenden Differenzen besteht und daher nicht den Charakter eines reellen Handels, sondern vielmehr den eines im großartigsten Maßstabe betriebenen Hazardspieles mit all seinen entsittlichenden Folgen an sich trägt" (231). All diese „Ausnutzung des gesammten Creditverkehrs in der Welt durch eine verhältnißmäßig kleine Zahl großer Börsenmänner" berge in sich, so Ketteler, „eine ganze Welt von Unredlichkeiten, Betrügereien, Unsittlichkeiten und Schwindeleien aller Art", die in der modernen Welt jedoch „statt ins Zuchthaus zu Ehren führe" (232).

In diesen Bereichen könne man, so Ketteler, durch staatliche Gesetzgebung durchaus „einige Verbesserungen" erreichen, wenn man etwa „für den Umsatz der Werthpapiere eine Staatscontrole und eine entsprechende Besteuerung" (234) einführe. Außerdem warnt Ketteler vor der „Geldmacht der größeren Eisenbahngesellschaften" und fordert deren Verstaatlichung, da „die Interessen des Verkehres für alle Landestheile nur bei Staatsbahnen eine entscheidende Berücksichtigung finden" könnten. Insgesamt aber, so notiert Ketteler realistisch-resignativ, lasse sich an diesen Gegebenheiten „unter den jetzigen Verhältnissen im Ganzen und Großen nichts ändern", denn „die Interessenten an diesem modernen Raubritterthum sind in den herrschenden Klassen und durch sie in der Presse, in der Kammer, in den Regierungen zu gut vertreten" (232). Drohend fügt er allerdings hinzu: „Vielleicht wird einmal die Internationale in Gottes Hand die Zuchtruthe sein, um die moderne Gesellschaft dieser unermeßlichen Corruption wegen, wie sie es verdient, zu züchtigen und sie von derselben zu säubern" (234).

Ketteler erweist sich in seiner 1873er-Programmschrift endgültig als pragmatisch-realistischer Sozialpolitiker, der den deutschen Katholiken eine auf dem Boden der industriekapitalistischen Moderne angekommene Realpolitik schmackhaft machen will.[60] Dabei ist der resignative Tenor auch dieser Schrift nicht zu übersehen. Wie schon 1872, als er kapitulierend den endgültigen Sieg des Liberalismus anerkannte, betont er auch jetzt in einer Mischung aus Resignation und Ressentiment, dass „die vertrauensvolle Gesinnung, mit welcher der größte Theil der Katholiken in Deutschland der Neugestaltung des Reiches entgegenging", von den jetzt endgültig zur Herrschaft gekommenen preußisch-nationalen Herrschaftsmächten „in der abstoßendsten, härtesten, feindseligsten Weise erwidert worden" sei. Dies dürfe uns als Katholiken zwar nicht davon abhalten, „unsere Pflichten gegen das Deutsche Reich treu zu erfüllen". Dennoch aber müsse man zur Kenntnis nehmen, dass „unser Programm … keine Hoffnung" habe, „in der nächsten Zeit verwirklicht zu werden" (189).[61]

Nach 1873 sollte sich Ketteler nur noch sporadisch zur Arbeiterfrage äußern, obwohl ihm dieses Thema noch immer sehr am Herzen lag. Im September 1875 hat er auf dem Freiburger Katholikentag noch einmal auf den Gegensatz von deutscher und französischer Freiheit aufmerksam gemacht und – im Sinne des Motivs vom „Greisenalter des Liberalismus" – mit einer gewissen Genugtuung konstatiert, dass die individualistische Freiheitslehre des politischen Liberalismus zwischenzeitlich wenigstens auf ökonomischem Gebiet „vollständig abgewirthschaftet" habe: „Alle erkennen jetzt auf diesem Gebiete die Nothwendigkeit der Association, der Verbindung gleicher Interessen, wie den Wahn, daß die absolute Individualisirung den einzelnen Arbeiter für die Erwerbsthätigkeit frei mache. Auf allen anderen Gebieten, auf denen der Mensch sich frei bewegen will, besteht dagegen dieses unselige Princip noch in seiner vollen Kraft fort."[62]

„Abgefeimte Heuchler und schwarzes Gevögel"

In diesen Jahren scheinen auch die von beiden Seiten ohnehin nie ernsthaft unternommenen Brückenschläge zwischen Ultramontanismus und Sozialdemokratie endgültig an ihr Ende gekommen zu sein, auch wenn die Sozialdemokratie während der Kulturkampfzeit regelmäßig mit gemaßregelten Katholiken sympathisierte, sodass manche schon über den „Bund von Weihwasser und Petroleum" zu spotten begannen.[63] August Bebel, der für die 1875 gegründete Sozialistische Arbeiterpartei im Reichstag saß, hatte 1872 in der Debatte über das Verbot des Jesuitenordens jedoch unumwunden seine Hoffnung zum Ausdruck gebracht, dass in Zukunft „auf politischem Gebiete der Republikanismus, auf ökonomischem Gebiete der Socialismus und auf dem Gebiete, das wir jetzt das religiöse nennen, der Atheismus ihre volle Wirksamkeit ausüben"[64]. 1874 war er gemeinsam mit seiner Frau aus der evangelischen Kirche ausgetreten und hatte die berühmte Parole ausgegeben, dass Christentum und Sozialismus einander gegenüberstünden wie Feuer und Wasser; und spätestens seit dieser Zeit gehörte auch der agitatorische Kampf gegen die Vertreter des Christentums zu den zentralen Aufgaben sozialistischer Pressearbeit.

Wie verhasst Bischof Ketteler auch persönlich in diesen Kreisen war, wird an zwei programmatischen Beiträgen aus dem *Neuen Social-Democrat* vom Sommer 1875 deutlich. Das Christentum stehe bekanntermaßen, so heißt es hier, „im schärfsten Gegensatze zu den Principien der Socialdemocratie". Kaum aber habe Lassalle begonnen, die Arbeiter aufzurufen, „sich unter das Banner des Socialismus zu scharen, da fingen auch schon die Kuttenträger sich zu rühren an, um in Gesellen- und anderen Vereinen die Arbeiter für sich zu gewinnen". Zwar sei diese Bewegung „blos auf das katholische Rheinland" beschränkt gewesen, sie habe aber „daselbst in kurzer Zeit eine nicht geringe Bedeutung" erlangt – „und man muß es diesen schwarzen Herren zum Ruhm nachsagen, sie verstanden es trefflich, die Arbeiter dem Liberalismus zu entreißen". So habe es die ultramontane Partei – und insbesondere Bischof Ketteler „als abgefeimter Heuchler" – geschafft, „den politisch noch ungebildeten Arbeiter in ihren Netzen zu fangen", um ihm dann aber mit der theologischen Vertröstung auf das Himmelreich zu kommen: „Gewiß ein schöner Trost. Aber die Herren Pfaffen wissen diesen Pferdefuß immer so versteckt anzubringen, daß nur in wenigen Fällen das ungeübte Auge des Arbeiters ihn entdecken kann. Aber gerade weil diese Herren das arbeiterfreundliche Mäntelchen tagtäglich zur Schau tragen, weil sie selbst Arbeiterversammlungen einberufen und dort über das Elend des vierten Standes discutiren, weil sie sich scheinbar ernstlich mit der socialen Frage befassen, muß der Arbeiter sie streng meiden. Die Feinde, welche, wie die Liberalen, dem Arbeiter offen entgegentreten, sind vielfach nicht so zu fürchten, wie dieses schwarze Gevögel."[65]

Zwei Tage später notiert der ungenannte Verfasser zum Thema der Armut unter den Menschen, von der Ketteler behauptet, dass es sie immer geben werde bis zum Ende der

Tage, kämpferisch: „das ist wieder mal eine plumpe Lüge, womit der Bischof von Mainz seine Gläubigen abspeisen will. Armuth wird es nur so lange geben, und darauf achten Sie gefälligst, Herr Ketteler, so lange noch so und so viel Tausend Bischöfe, Kardinäle, Priester und anderes pfäffisches Gesindel für ihr Nichtsthun alljährlich immense Summen beziehen. [...] Kurz und gut, wir haben nicht länger Zeit und Lust, Derartiges noch weiter zu widerlegen. Unsere Leser werden durch den heutigen und den vorigen Artikel gelernt haben, wie sich diese schwarzen Herren zur socialen Frage stellen. Eine Broschüre, ein paar Leitartikel oder einige Reden über die Arbeiterfrage helfen den Arbeitern nichts. Der Socialismus nur allein kann die Arbeiter erlösen aus dem Elend dieser Zeit."[66] Ketteler, der seit Langem ein regelmäßiger Leser des *Social-Democraten* war,[67] scheint auf diese Attacke merkwürdigerweise nicht reagiert zu haben.

Dennoch sollte er sich noch kurz vor seinem Tod, im Frühjahr 1877, intensiv mit der 1875 gegründeten Sozialistischen Arbeiterpartei und ihrem streng religionsfeindlichen Kurs beschäftigen. In seinem Nachlass findet sich nämlich ein umfangreiches Textfragment zur Frage, ob ein katholischer Arbeiter Mitglied dieser Partei sein könne.[68] Auch hier sollte Ketteler wieder eine differenzierte Position einnehmen. Statt die neue Partei pauschal zu verurteilen und den katholischen Arbeitern jede Mitgliedschaft autoritativ zu verbieten, unterteilt er die Bestrebungen dieser Partei in solche, die „ohne Zweifel berechtigt", die „theils berechtigt, theils unberechtigt" und solche, die „schlecht und verwerflich" sind.[69] Zwar sei die Arbeiterpartei heute „eine vielfach andere" geworden, in der „die praktischen Ziele fast ganz in den Hintergrund treten" (503) – so moniert er insbesondere „jene nebeligen Neugestaltungen der Gesellschaft", die die unklare Rede vom sozialistischen Zukunftsstaat artikuliere, wodurch die Arbeiterbewegung Gefahr laufe, „in schwindelige, revolutionäre Agitation hinein gezogen zu werden" (505); dennoch schließt er sich den acht konkreten Forderungen, die das Gothaer Programm „innerhalb der heutigen Gesellschaft“ verwirklichen will[70], ohne Vorbehalte an, denn solange die berechtigten Forderungen der „socialen Partei“ nicht befriedigt seien, werde „das arbeitende Volk nie zur Ruhe kommen“ und die „Gefahr gewaltsamer Explosionen“ so gewiss fortbestehen wie „die Explosion eines Kessels, in dem der Dampf zusammengepresst wird“ (509).

Zu den Erfolgsaussichten dieser Forderungen äußert er sich jedoch skeptisch, geradezu resignativ, wenn er notiert. „Das ist aber eine schwere Aufgabe. Es ist eben leichter Niederreißen wie Aufbauen. Im Niederreißen haben die letzten Jahrhunderte die höchste Meisterschaft bewährt; im Aufbauen haben sie sich dagegen als ebenso ohnmächtig erwiesen. Ich fürchte daher, daß unsere Zeit nicht im Stande ist, sie zu lösen. Sie wird sich wohl darauf beschränken müssen, einige Bausteine für eine spätere Zeit für diesen Zweck zusammen zu tragen“ (509).

Enttäuschte Hoffnungen

Imsgesamt machte sich Ketteler kaum noch Hoffnungen auf einen sozialpolitischen Aufbruch im neuen Kaiserreich. Für die nationalliberale Mehrheit in deutschen Reichstag stand das Thema ohnehin nicht an; und die preußische Ministerialbürokratie war zu dieser Zeit noch weit davon entfernt, die in den 1880er-Jahren so erfolgreich anlaufenden Bemühungen um den Aufbau von Arbeiterversicherungen gegen Unfall, Krankheit und Alter in die Wege zu leiten. Auch die katholische Zentrumspartei hatte das Feld der staatlichen Arbeiterschutzgesetzgebung noch nicht für sich entdeckt, obwohl Ketteler ihr dies 1873 mit hinreichender Deutlichkeit ins Stammbuch geschrieben hatte. Erst im März 1877, im Todesjahr Kettelers, hat sie mit dem so genannten „Antrag Galen“[71] die Bühne der staatlichen Arbeiterschutzpolitik betreten und Verbotsforderungen zur Sonntagsarbeit und zur Fabrikarbeit von Frauen und Kindern geltend gemacht. Von einem durchdachten, an die Gewerbeordnung von 1869 anschließbaren Arbeiterschutzprogramm war man freilich weit entfernt, denn es ging wohl vor allem darum, einem diesbezüglichen Antrag der Sozialdemokraten, die auf ihrem Parteitag vom 1876 eine Gesetzesinitiative zum Arbeiterschutz angekündigt hatten, zuvorzukommen, um sich in der Frage der Sonntagsheiligung nicht von der sozialdemokratischen Konkurrenz überholen lassen zu müssen.[72] Zudem war man in weiten Kreisen des Zentrums – anders als Ketteler, der die Notwendigkeit staatlicher Arbeiterschutzgesetzgebung längst erkannt hatte – noch ganz selbstverständlich davon überzeugt, dass ein solcher Antrag, selbst wenn er angenommen würde, „nicht viel helfen“ könne, denn: „Die Übel, an denen die heutige Gesellschaft erkrankt, sitzen viel zu tief, als daß ihnen mit Gesetzesparagraphen abgeholfen werden könnte.“[73]

Schon im Herbst des Jahres 1868 waren beim Arbeiterbischof Ketteler erste resignative Grundzüge unübersehbar, als er im Blick auf die Errichtung von Produktivassoziationen eine gehörige Mutlosigkeit zu erkennen gab und – in seinem 57. Lebensjahr – notierte: „Mit dem Alter wird man leider sehr bedenklich und dadurch inproductiv; das fühle ich auch an mir.“[74] Ein Brief von Frühjahr 1870 brachte seine sozialpolitische Gemütslage dann erneut beredt zum Ausdruck; und nichts spricht dafür, dass sie sich danach noch einmal nennenswert aufgehellt hätte. Dem Mainzer Domkapitular Haffner hatte Ketteler damals aus Rom geschrieben: „Ich bin allmälig zu alt, um für die Lösung der socialen Probleme im christlichen Sinne große Versuche zu machen, wie ich sie im Kopf und im Herzen trage. Ich überzeuge mich nur immer mehr davon, daß dies eine der großen und herrlichen Aufgaben der Zukunft sein wird, so wenig es bisher verstanden wird. Wo ich aber für den Rest meines Lebens Gelegenheit habe, irgend ein Stückwerk dieser großen Angelegenheit zu fördern, wird es immer zu meiner allergrößten Befriedigung gereichen. Meine ganze Seele hängt an den neuen Formen, die die alten christlichen Wahrheiten in der Zukunft für alle Verhältnisse des

Menschengeschlechtes schaffen werden, während mich nichts mehr erschlafft und so recht eigentlich an der Seele flügellahm macht als das Treiben aller jener, die von dieser Gotteskraft der Kirche nichts wissen wollen."[75]

Im Mai 1877 hatte sich Ketteler ein weiteres Mal auf den Weg nach Rom gemacht, um an den geplanten Feierlichkeiten zum 50-jährigen Bischofsjubiläum des greisen Papstes Pius IX. teilzunehmen, der mittlerweile im 85. Lebensjahr stand. Er hatte sich für diese Reise auch „mit einer kleinen socialpolitischen Bibliothek"[76] ausgestattet, um weiter an seiner geplanten Schrift über die sozialistische Arbeiterpartei arbeiten zu können. Schon in dieser Zeit hatten sich aber ein lang anhaltendes Fieber und chronische Erschöpfungszustände bemerkbar gemacht, die Ketteler, dessen robuster Körper zuvor nie mit ernsthaften Erkrankungen zu tun hatte, vor allem auf seiner Rückreise verstärkt zu schaffen machten. Mitte Juni kam er im Kapuzinerkloster in Burghausen an.[77] Hier verschlechterte sich sein Gesundheitszustand nun zunehmend, auch wenn die Ärzte außer einem langwierigen gastrischen Fieber nichts diagnostizieren konnten. Am Vormittag des 13. Juli 1877 verstarb Wilhelm Freiherr von Ketteler in seinem 65. Lebensjahr; „ohne Kampf, ohne Seufzer, ohne auch nur die Stellung zu verändern, hatte er leise ausgehaucht."[78] Eines seiner letzten überlieferten Worte zu den politisch-kirchlichen Verhältnissen seiner Zeit lautete: „Wir Menschen wissen nichts, Gott allein kennt Ziel und Ende der gegenwärtigen Kämpfe. Wir selbst können nur unsere Pflicht thun und das andere Gott überlassen."[79]

Anmerkungen

Anmerkungen zu „I. Westfälische Prägungen"

1 Fritz Vigener, Ketteler. Ein deutsches Bischofsleben des 19. Jahrhunderts, München 1924, 4.
2 Otto Pfülf, Bischof von Ketteler (1811–1877). Eine geschichtliche Darstellung, Bd. 1, Mainz 1899, 2.
3 Pfülf I, 7.
4 Pfülf I, 6.
5 Pfülf I, 8.
6 Vgl. Pfülf I, 6.
7 Pfülf I, 5.
8 Theodor Brauer, Ketteler. Der deutsche Bischof und Sozialreformer, Hamburg 1927, 7.
9 Pfülf I, 13.
10 Vigener, 9.
11 Brief von J. B. Vernaz (18.02.1868); Antwort Kettelers (24.02.1868); vgl. II 5, 816f., 820.
12 Pfülf I, 32.
13 „‚Gewiß war ich ein flotter Student', so hörte man noch in späteren Jahren Bischof von Ketteler sich äußern, ‚aber vor Dingen, deren ich mich vor der Welt zu schämen hätte, hat mich Gott bewahrt'" (Pfülf I, 35).
14 Vigener, 10.
15 Hier ist er mit Schriften Johann Adam Möhlers, des Hauptes der so genannten „Tübinger Schule", in Kontakt gekommen, der gerade seine *Symbolik* veröffentlicht hatte. Großen Einfluss auf Kettelers geistige Entwicklung in dieser Zeit sollte aber auch der französische Restaurationsphilosoph Joseph de Maistre ausüben. So notiert Ketteler in einem Brief an seinen Bruder Wilderich vom November 1840: „Einige Stunden des Tages fülle ich jetzt immer mit einer über die Maßen interessanten Lektüre an, les soirées de Saint Petersbourg, vom Grafen de Maistre, wo er die Leitung der Vorsehung in den Angelegenheiten dieser Welt in einem fortlaufenden Gespräch nachweist. […] Diese Schrift

gehört gewiß zu den Büchern, die jeder in der Welt lebende Katholik gelesen haben müßte“ (II 1, 116).

16 Pfülf I, 34.

17 Vgl. Pfülf I, 45.

18 Pfülf I, 42.

19 Brief an Sophie von Merveldt vom 9. Mai 1839; II 1, 14–18, 12.

20 Vigener, 16. Im Münsterland hatte Clemens August, wie Otto Pfülf anschaulich notiert, lange Zeit „hochverehrt unter den Münsteranern gelebt; sein Bruder führte den Hirtenstab über die Diöcese; sein Haus zählte zu den edelsten des Landes“ – und nun war bar jedes triftigen Grundes „der erste Kirchenfürst Deutschlands, zugleich eine Zierde des Münster'schen Adels, in die Gefangenschaft geschleppt, weil er nicht die Hand dazu geboten hatte, die katholische Kirche in Preußen zu verderben“ (Pfülf I, 46f.).

21 „Alle Lustbarkeiten waren eingestellt, weder Soirées und Klubbälle, und wurden sie eingeladen, z. B. bei v. Vincke, so machten sie kein Geheimnis daraus, daß die allgemeine Kirchentrauer ihnen nicht gestatte, sie anzunehmen“ (Brief an ihre Mutter, Therese von Droste vom 9. Februar 1838; www.nach100Jahren.de/die-preussen-betragen-sich-schaendlich).

22 Brief an Wilderich vom 07./08.07.1838; II 1, 10–13,12.

23 Ebd.

24 Brief an Wilderich vom 03.02.1849; II 1, 52–57, 56. „Ketteler selbst übrigens hatte aus München … an seine Verwandten und Bekannten … wiederholt große Sendungen von Rosenkränzen geschickt, woraufhin seine Schwester von einem Pfarrer verdächtigt wurde, ‚abergläubische Gebete unter das Volk‘ bringen zu wollen“ (Bernhard Liesen, Bischofs Ketteler's seelsorgliches Leben, in: Münsterisches Pastoral-Blatt. Monatsschrift für katholische Seelsorge (N.F. 1), 49 (1911), 106–110, 107).

25 Brief an Wilderich vom 07./08.07.1838, II 1, 10–13, 12.

26 Pfülf I, 51.

27 Brief an Wilderich vom August 1839 (undatiert); II 1, 30–35, 35.

28 Vigener, 19.

29 Brief an Sophie von Merveldt vom 03.08.1839; II 1, 27–30.

30 Brief an Sophie von Merveldt vom 09.10.1839, II 1, 41–45,43.

31 „Meine Gedanken über meine Zukunft drehen sich in einem fertigen Cirkel herum, es kommen keine neuen mehr dazu, und das ist die Zeit, wo entschlossen werden muß und wo die Entschlußlosigkeit tödtend ist“; Brief an Wilderich vom 03./04.07.1840, II 1, 80–89, 89.

32 Brief an Wilderich vom 26.02.1840; II 1, 60–62, 62.

33 Brief an Wilderich vom 25.03.1841; II 1, 158–163, 158.

34 Hier hatte sich Ketteler, so berichtet Bernhard Liesen, sein späterer langjähriger Kaplan in Mainz, u. a. den Verzicht auf geistliche Getränke und die „Abstellung des Rauchens und Schnupfens“ vorgenommen; ein Vorsatz, dem er zeitlebens treu bleiben sollte; vgl. Liesen, 106f.

35 Brief an Sophie von Merveldt vom 17.11.1841; II 1, 185–186, 186.

36 Vigener, 44.

37 Ebd., 46.

38 Ebd., 51.

39 Pfülf I, 114.

40 Ebd., 116.

41 Pfülf I, 124.

42 Vigener, 55.

43 So Liesen, 107; unter Hinweis auf Erzählungen Kettelers.

44 Predigt vom 12. Juli 1846; zit. nach Pfülf I, 126.

45 Brief an das Generalvikariat der Diözese Münster vom 03.12.1847; II 1, 301–302, 301.

46 Brauer, 13.

47 Brief an seine Schwägerin Paula vom 17.11.1846; II 1, 254–256, 254f.

48 Zit. nach Pfülf I, 139f. (ohne Quellenangabe).

49 „Da macht mir denn jezt der Leib der mir Anvertrauten noch mehr zu schaffen wie die Seele, und es ist eine recht bittere Erfahrung, dabei so wenig helfen zu können“, Brief an Paula von Ketteler vom 17.11.1846; II 1, 254–256, 255.

50 Zit. nach Pfülf I, 143 (ohne Quellenangabe).

51 Leichenrede vom 21.09.1848; I 1, 10–16, 14 (vgl. Kap. II, Anm. 32).

52 Predigt vom November 1846; zit. nach Pfülf I, 142.

53 Zit. nach Pfülf I, 152.

Anmerkungen zu „II. Die größte Aufgabe der Zeit"

1 Brief an Gottfried Wesener, Freund Kettelers aus der gemeinsamen Seminarzeit in Münster, vom 24.05.1855; II 3, 125f., 125.

2 Zit. nach Wolfram Siemann, Die deutsche Revolution von 1848/49, Frankfurt 1985, 181.

3 Vgl. Kurt Wernicke, Vormärz-März-Nachmärz. Studien zur Berliner Politik- und Sozialgeschichte 1843–1853, Berlin 1999, 153.

4 Vgl. Louis Freiherr von Diepenbrock-Grüter am 21.03.1848 an das Königliche hohe Regierungspräsidium in Münster; zit. nach Alfred Wesselmann, Lengerich und die Bürgerbewegung 1848/49, Lengerich 1998, Anm. 17 [http.//hag-lengerich.info/unterricht/geschi/1848.htm].

5 „Während der Monate der Revolution, so hat man errechnet, gab es annähernd 1500 Demokratenvereine mit ca. 750.000 Mitgliedern; damit waren 10 bis 15% der männlichen Bevölkerung organisiert"; vgl. Rolf Weber, Demokratie und Arbeiter in der Revolution 1848/49, in: Helmut Bleiber u. a. (Hg.), Demokratie und Arbeiterbewegung in der deutschen Revolution von 1848/49, Berlin 2000, 52–65,55.

6 Gustav Adolf Fricke, Woher kommt das anarchische Treiben und wie ist ihm abzuhelfen? Ein Wort zum Frieden, Leipzig 1848, 21ff.; zit. nach Hartwig Gebhardt, Revolution und liberale Bewegung. Die nationale Organisation der konstitutionellen Partei in Deutschland 1848/49, Bremen 1974, 16.

7 Vgl. Vigener, 78; zu den Aktivitäten Kettelers im Jahr 1848 ausführlich auch Petersen, 139–194.

8 Während der Debatte zur Schulfrage betrat Ketteler am 18. September das Rednerpult, um für eine kirchliche Schulaufsicht nach dem Gemeindeprinzip zu plädieren. Je nachdem, ob diese eher katholisch, eher protestantisch oder eher indifferent geprägt sei, solle „die Majorität der Familienväter in der Gemeinde … entscheiden, in welchem Geiste sie die Gemeindeschule errichten will" (I 1, 6). Dies entspreche dem Grundsatz, „daß, was der Einzelne und die Gemeinde aus sich können, auch ihnen überlassen sein muß", wie er in einem der Entwürfe zu dieser Rede notiert hatte (I 5, 124).

9 Vgl. I 5, 69–149.

10 Vgl. zu Kettelers politischer Vorstellungswelt ausführlich Karsten Petersen, „Ich höre den Ruf nach Freiheit." Wilhelm Emmanuel von Ketteler und die Freiheitsforderungen seiner Zeit, Paderborn 2005, 50–133, der diese Ideen und Mentalitäten zurecht in den Kontext der „politischen Leitbegriffe der Adligen Westfalens" einordnet: „historisches Recht, ständische Restauration, altdeutsche Freiheit und Selbstverwaltung" (ebd., 51).

11 Freiheit, Autorität und Kirche. Erörterungen über die großen Probleme der Gegenwart von Wilhelm Emmanuel Freiherrn von Ketteler, Bischof von Mainz, Mainz 1862, X, 259 S.; I 1, 222–364.

12 Vgl. dazu die Angaben in I 1, 223; Vigener, 400, notiert, dass es einige derbe und plumpe Gegenangriffe gegeben habe, kaum aber ernsthafte Auseinandersetzungen mit dieser Schrift.

13 Deutschland nach dem Kriege von 1866. Von Wilhelm Emmanuel, Freiherrn von Ketteler, Bischof von Mainz, Mainz 1867, VIII, 231 S.; I 2, 1–127.

14 Ebd., 110.

15 Pfülf I, 157.

16 Vgl. dazu Petersen, 161, der darauf hinweist, dass Ketteler in beiden Lesungen der Grundrechte letztlich gegen die Abschaffung des Adels gestimmt habe, sicherlich auch aufgrund seiner Überzeugung, dass „historische Rechte, und seien es nur Titel und Namen, nicht einfach wegdekretiert werden dürfen".

17 Brief an eine Nichte anlässlich einer Verlobung aus dem Jahr 1863; zit. nach Pfülf II, 398; dieser Brief findet sich in der Ketteler-Gesamtausgabe nicht.

18 Es handelt sich um die von Heinrich Bone, dem bis heute für seine Kirchengesangbücher bekannten Direktor des Mainzer Gymnasiums, übersetzte Schrift *De eruditione principum*, deren Autorschaft Ketteler dem Dominikanerpater Wilhelm Peraldus, einem Zeitgenossen Thomas von Aquins, zuschrieb; vgl. I, 2, 310–317.

19 Siemann, Revolution, 138; diese Debatten sind bis heute kaum systematisch aufgearbeitet worden und spielen in der gängigen Literatur zu den Aufbrüchen des Jahres 1848 zumeist keine Rolle.

20 Eckart Pankoke, Die Arbeiterfrage, Frankfurt 1990, 86.

21 Es handelt sich um die von Born verfasste Einleitung zu den Statuten; zit. nach Hans-Jörg Zerwas, Arbeit als Besitz. Das ehrbare Handwerk zwischen Bruderliebe und Klassenkampf 1848, Reinbek 1988, 182f.

22 Bei den zwischen Februar und Juni 1848 existierenden *ateliers nationaux* handelte es sich zumeist nicht um Handwerksbetriebe, sondern überwiegend ebenfalls um Erdarbeiten oder sonstige Tätigkeiten unter freiem Himmel, die angesichts des großen Zustroms von über 100.000 Arbeitslosen bald hoffnungslos überfordert waren. Nach ihrer Schließung wurden die jüngeren, unverheirateten Arbeitslosen in die Armee eingezogen und die Älteren oft zu staatlichen Zwangsarbeiten in weit entfernte Landesteile verbracht. Zu Unrecht wurden diese Nationalwerkstätten in Frankreich wie in Deutschland immer wieder mit Louis Blanc und seinen Vorstellungen zum „Recht auf Arbeit“ in Verbindung gebracht; vgl. dazu u. a. Pankoke, 77–90.

23 Zit. nach Pankoke, 88.

24 Vgl. Die Protokolle des Volkswirtschaftlichen Ausschusses der deutschen Nationalversammlung 1848/49, hg. von Werner Conze u. Wolfgang Zorn, Boppard 1992, 256.

25 Vgl. dazu mittlerweile klassisch: Lothar Gall, Liberalismus und „bürgerliche Gesellschaft“. Zu Charakter und Entwicklung der liberalen Bewegung in Deutschland, in: ders. (Hg.), Liberalismus. 2., erw. Aufl., Königstein/Ts. 1980, 162–186, 176.

26 Siemann, Revolution, 139.

27 Ebd., 137

28 Vgl. Pfülf I, 159f.; diese Kontroverse ist dokumentiert in II 1, 322–344.

29 Viele befürchteten nämlich, wie etwa der aus der Rheinpfalz stammende und dem linksorientierten „Deutschen Hof“ zugehörige katholische Pfarrer Franz Tafel in dieser Debatte erklärte, dass sich hinter der Forderung nach kirchlicher „Unabhängigkeit“ vor allem das Ziel einer Vorherrschaft der Bischöfe über die Gemeinden verberge; und dann werde „der Pfarrer, wenn er ganz zur Verfügung des Bischofs gestellt ist, nicht mehr im Stande sein, selbständig als Mann von Cha-

rakter festzustehen, wie er soll ...", zit. nach I 5, 83f.; vgl. dazu auch Petersen, 166f.

30 Stenographischer Bericht über die Verhandlungen der deutschen constituirenden Nationalversammlung zu Frankfurt am Main, Bd. 3, Frankfurt 1848, 1665–1668, 1667.

31 Sie waren auf einem militärischen Erkundungsritt; und zumindest vom Fürsten Lichnowsky wird berichtet, er habe selbst in die Menge geschossen (vgl. Siemann, Revolution, 163). Otto Pfülf dagegen notiert, die beiden Abgeordneten seien „ohne Waffen und ohne Gedanken an Gefahr gegen Bockenheim hinausgeritten, um mit dem dort wohnenden Reichsverweser politische Fragen zu besprechen. Ein Haufe von Demagogen hatte sie verfolgt ..." (Pfülf I, 161).

32 Leichenrede, gesprochen am Grabe der am 18. September gewaltsam Ermordeten und der im Kampfe gegen die Aufständischen Gefallenen. Vom Pfarrer von Ketteler. (Der Erlös zu Gunsten Aller beim Kampfe Verwundeten), Frankfurt 1848, 12. S.; I 1, 10–16; vgl. zur Resonanz dieser Rede Petersen, 182–186.

33 Rede vor der Ersten Versammlung des Katholischen Vereines Deutschlands in Mainz am 4. Oktober 1848; I 1, 17–20.

34 Trinkspruch beim Festmahl aus Anlaß der Ersten Versammlung des Katholischen Vereins am 4. Oktober 1848; I 1, 21.

35 Vgl. Pfülf I, 171.

36 Die großen socialen Fragen der Gegenwart. Sechs Predigten gehalten im Hohen Dom zu Mainz von Wilhelm von Ketteler, Pfarrer in Hopsten, Mitglied des deutschen Reichstages. Das Honorar zum Besten des wohlthätigen Vereins vom heiligen Vincenz von Paul zu Mainz, Mainz 1849, 92 S.; I 1, 22–87.

37 Pfülf I, 169.

38 Vigener, 106. 108.

39 Auf Thomas von Aquin ist er wahrscheinlich durch den ultramontanen Münchener Domkapitular Friedrich Windischmann aufmerksam geworden, der die Thomas-Renaissance in Deutschland beförderte und Kettelers Beichtvater während seiner Münchener Studienzeit war; vgl. dazu auch Pfülf I, 100f., und Petersen, 52.

40 Albrecht Ritschl, Festrede im Namen der Georg-August-Universität zur Feier ihres 150jährigen Bestehens vom 8. 8. 1887, in: Göttinger Universitätsreden aus zwei Jahrhunderten (1737–1934), hg. v. Wilhelm Ebel, Göttingen 1978, 288–299, 293.295.

41 Gerhard Uhlhorn, Katholicismus und Protestantismus gegenüber der socialen Frage (1887). 2., unv. Aufl. Göttingen 1887, 60 S., 1.

42 Ebd., 20f.

43 Der Bischofskampf am Rhein. Zu seiner politischen und nationalen Würdigung, Frankfurt 1854, 84 Seiten.

44 Da diese Passage „bei Einigen, freilich ohne Grund, Mißverständnisse und Bedenken" hervorgerufen habe, wolle er sich den Hinweis erlauben, dass Ketteler hier nur eine moralische Liebespflicht, nicht aber eine staatliche Zwangspflicht gemeint haben könne; vgl. I 1, 30.

45 Unklar bleibt allerdings, welche „gottesleugnerischen Freiheitslehrer" Ketteler eigentlich im Blick hat und ob er hier an konkrete Philosophen und Publizisten denkt, die die von ihm referierten „wahnsinnigen" Positionen auch tatsächlich vertreten. Man wird vermuten dürfen, dass er hier den typischen Wahrnehmungsverzerrungen des kämpferischen Ultramontanismus seiner Zeit erliegt.

Anmerkungen zu „III. Über Berlin nach Mainz"

1 Brief an den Geheimen Oberregierungsrat Matthias Aulike vom 17.04.1849; II 1, 380–382, 380f.

2 Petersen, 195.

3 Pfülf I, 182.

4 Brief an Fürstbischof Melchior von Diepenbrock vom 12.12.1849; II 1, 432–435, 435.

5 Ebd., 235.

6 So wird u. a. berichtet: „Eines Tages trug Herr v. Ketteler unter seinem Paletot einer armen Familie eines seiner Kopfkissen zu, und fand seine Pfleglinge, wie sie eben bei der gebratenen Gans sich gütlich thaten, welche sie von dem Geld, das er ihnen kurz vorher geschenkt, ange-

kauft hatten. Auf die Vorstellung (eines seiner Freunde), daß dies doch nicht wohl der Zweck seines Almosens gewesen sein könne, erwiderte Herr v. Ketteler überaus mild: er habe sich doch recht gefreut, daß sich die Leute einmal einen fröhlichen Abend bereitet haben“ (Pfülf I, 184f.).

7 Zit. nach Pfülf I, 185; vgl. dazu auch Liesen, 109, der notiert: „Die Wege zu Kranken und Armen waren von ihm begangener als die an den Hof oder in die Salons der Vornehmen.“

8 Pfülf I, 202.

9 Pfülf I, 203f.

10 Vgl. dazu auch Petersen, 196f.

11 Brief an Johann Baptist Heinrich vom 18.02.1850; II 1, 449f.

12 Allgemeine Zeitung, Nr. 158 (1850), S. 2532; zit. nach Pfülf I, 198f.

13 Mainzer Tagblatt, Nr. 100 vom 04.04.1850; zit. nach Pfülf I, 213f.

14 Pfülf I, 214.

15 Ebd., 216f.

16 So machte er z. B. in einem Erlass an die Geistlichen der Diözese vom 06.01.1852 (II 2, 216–239) verschiedene Fälle unwürdiger Amtsführung öffentlich und beklagte die Leiden, die der Kirche „von ihren eigenen Priestern zugefügt“ (217) werden. Zu den priesterlichen Pflichten, deren Einhaltung er mit Nachdruck einforderte, zählte er u. a. auch, wie Christus „arm mit den Armen zu verkehren“ und nicht „als ein Reicher mit den Reichen umzugehen“: „Nehmen Sie sich der Armen an, schimpfen Sie nicht mit den Vornehmen Ihrer Gemeinde über das sogenannte Proletariat“ (235).

17 Pfülf II, 71.

18 Vgl. ebd., 73.

19 Weiter heißt es dort: „Der Clerus der Diöcese im Ganzen zittert vor den Ausbrüchen des Zorns Ew. Bischöfl. Gnaden, Viele, selbst vortreffliche Priester, fürchten Ihre Nähe, und bis weit über die Grenzen des Bisthums hinaus ist, zu wirklicher Beeinträchtigung der Erfolge, womit Ew. Bischöfl. Gnaden die Sache der Kirche in so herrlicher Weise vertreten, der Ruf gedrungen von der Heftigkeit und dem Zornmuthe des Bischofs von Mainz“ (zit. nach Pfülf II, 74f.). Ketteler antwortete darauf durchaus zerknirscht, „daß ich die Heftigkeit, mit der

ich wiederholt Rügen, zu denen ich mich veranlaßt glaubte, kundgegeben habe, gerne als Fehler und Sünden anerkenne ..." (ebd., 76).

20 Anonymus, Ein Haupt der ultramontanen Partei in Europa, in: Die Gartenlaube. Nr. 16 (1868), 244–247, 246.

21 Interpellation des Abgeordneten Hildebrand an das Staatsministerium von Anfang April 1851; zit. nach Pfülf I, 232.

22 Fastenhirtenbrief über den Deutschkatholizismus vom 23.02.1851, in: Johann Michael Raich (Hg.), Wilhelm Emanuel Freiherr von Ketteler, Bischof von Mainz, Hirtenbriefe, Mainz 1904, 16–38, 22.

23 Zu ihr gehörten damals das Erzbistum Freiburg mit den Suffraganbistümern Mainz, Rottenburg, Limburg und Fulda mit den Regierungen von Baden, Württemberg, Hessen-Darmstadt, Kurhessen und Nassau.

24 Karl Brehmer, Wilhelm Emmanuel von Ketteler. Arbeiterbischof und Sozialethiker, Regensburg 2009, 49. Das mit der Abtretung der linksrheinischen Gebiete an Frankreich im Frieden von Lunéville 1801 untergegangene alte Erzbistum Mainz war 1802 durch ein neues Bistum ersetzt worden, das in etwa das heutige Rheinhessen und die Rheinpfalz umfasste und zu dessen ersten Bischof Napoleon den Elsässer Prediger am Straßburger Münster, Joseph Ludwig Colmar, bestimmt hatte. Zu dessen größten Verdiensten gehörte der Aufbau eines diözesanen Priesterseminars, aus dem später die ultramontane „Mainzer Schule" um Johannes von Geissel, Andreas Räß und Nikolaus Weiß hervorgehen sollte. Nach dem Sturz Napoleons 1814 wurde Mainz dem Großherzogtum Hessen-Darmstadt zugeordnet, wobei das Bistum auf seinen nördlichen Teil begrenzt wurde und in etwa seine bis heute gültigen Ausmaße erhielt; vgl. dazu ebd., 48–53.

25 Otto Pfülf I, 235 zitiert hier einen namentlich nicht genannten „urtheilsfähigen Beobachter".

26 Zit. nach Pfülf I, 236 (ohne Quellenangabe).

27 Erlass an die Geistlichen der Diözese vom 06.01.1852; II 2, 216–239, 221.

28 Vgl. zum Folgenden ausführlich Petersen, 202–238.

29 Text in: II 2, 599–604.

30 So Vigener, 383.

31 Erlass des Großherzoglich Hessischen Ministeriums des Innern vom 05.03.1853; II 2, 387–400, 388.

32 Brief an von Vicari vom 09.03.1853; II 2, 403.

33 Eingabe des Episkopats der oberrheinischen Kirchenprovinz an die beteiligten Regierungen, in: Ernst Rudolf Huber / Wolfgang Huber (Hg.), Staat und Kirche im 19. und 20. Jahrhundert. Dokumente zur Geschichte des deutschen Staatskirchenrechts, Bd. 2, Berlin 1976, 177f., 178.

34 Vigener, 221.

35 Zit. nach Petersen, 225.

36 Vgl. dazu auch Irmgard Götz von Olenhusen, Klerus und abweichendes Verhalten. Zur Sozialgeschichte katholischer Priester im 19. Jahrhundert: Die Erzdiözese Freiburg, Göttingen 1994, 309–314.

37 Brief an Nuntius Michele Viale Prelà vom 18.01.1854; II 2, 544f., 545.

38 Vgl. dazu Erich Will, Entstehung und Schicksal der Konvention zwischen dem Heiligen Apostolischen Stuhl und der Krone Baden vom 28. Juni 1859, Phil. Diss., Freiburg 1951.

39 Rudolf Lill, Die Länder des deutschen Bundes und die Schweiz 1848–1870, in: Handbuch der Kirchengeschichte Bd. VI/1, Freiburg i. Br. 1971, 533–550, 542f.

40 Ders., Vorstufen des Kulturkampfes, in: ebd., 726–737, 733.

41 Anonymus, Ein Haupt der ultramontanen Partei in Europa, in: Die Gartenlaube. Nr. 16 (1868), 244–247, 244.

42 Vigener, 419.

Anmerkungen zu „IV. Arbeiter- oder Bourgeois-Ökonomie?“

1 Johannes Scherr, Michel. Geschichte eines Deutschen in unserer Zeit; zit. nach Wolfram Siemann, Gesellschaft im Aufbruch. Deutschland 1849–1871, Frankfurt 1990, 89f.

2 Siemann, Gesellschaft im Aufbruch, 158f.

3 Albert Schäffle, Bourgeois- und Arbeiter-Nationalökonomie, in: Deutsche Vierteljahrs-Schrift, Nr. 106. 1864, 245–348.

4 Diese sozialethische Grundsatzkontroverse, an der sich u. a. so unter-

schiedliche Autoren wie die späteren „Kathedersozialisten" Albert Schäffle und Gustav Schmoller, der konservative Protestant Victor Aimé Huber und der liberale „Manchester-Mann" John Prince-Smith mit zum Teil polemischen, oft aber auch umfangreichen systematischen Beiträgen beteiligten, ist bis heute historisch-systematisch nicht gründlich aufgearbeitet worden.

5 Vgl. Raiffeisen-Worte. Auszüge aus den Schriften, Reden und Briefen F. W. Raiffeisens, Neuwied 1922; 92; zit. nach Traugott Jähnichen/ Norbert Friedrich, Geschichte der sozialen Ideen im deutschen Protestantismus, in: Helga Grebing (Hg.), Geschichte der sozialen Ideen in Deutschland, Essen 2000, 867–1112, 921.

6 Vgl. zu Leben und Werk Schulze-Delitzschs als einzige nennenswerte historische Biografie nach wie vor Rita Aldenhoff, Schulze-Delitzsch. Ein Beitrag zur Geschichte des Liberalismus zwischen Revolution und Reichsgründung, Baden-Baden 1984.

7 Hermann Schulze-Delitzsch, Capitel zu einem deutschen Arbeiterkatechismus. Sechs Vorträge vor dem Berliner Arbeiterverein, Leipzig, 1863, VI, 170 S.

8 Pankoke, Arbeiterfrage, 149.

9 Schulze-Delitzsch 1863, Vorwort.

10 John Prince-Smith, der führende „Manchesterliberale" in Deutschland, der schon zu den Mitgliedern des volkswirtschaftlichen Ausschusses der Frankfurter Nationalversammlung gehört hatte, war etwa der Meinung, dass „der gewissenhafte Volkswirth" den Arbeitern nur „einen alten Rath" anbieten könne: „Arbeitet und sparet! Lasset die eigene Noth den Sporn, und den Genuss der Bessergestellten den Trieb Euch geben, Eure Willenskraft zu steigern, dass ihr wenigstens die ersten Schritte auf dem Wege zur Erlösung aus der wirthschaftlichen Noth machet" (John Prince-Smith, Die sogenannte Arbeiterfrage, in: Vierteljahrs-Schrift für Volkswirthschaft, Politik und Culturgeschichte 2, Bd. 4, 1864, 192–207, 193f.).

11 Zur *Rochdale Society of equitable pioneers* hatten sich 1844 von Verarmung bedrohte Flanellweber aus der Gegend um Rochdale bei Manchester zusammengeschlossen, um eine gemeinsame Kon-

sumgenossenschaft zu gründen. Aus diesem ersten Ladengeschäft gingen später erfolgreiche Produktionsstätten und Gemeinschaftssiedlungen hervor, sodass die Pioniere von Rochdale und ihr ungewöhnlicher Erfolg in der zweiten Hälfte des 19. Jahrhunderts hohe Aufmerksamkeit erfuhren. Bis heute sind die damaligen Leitsätze – *one man, one vote* (unabhängig von der Höhe der Einlage bzw. des Umsatzes), offene Mitgliedschaft, begrenzte Dividende etc. – kennzeichnend für die Grundprinzipien des internationalen Genossenschaftswesens.

12 Die deutschen Anhänger der Freihandelslehre organisierten sich vor allem um den 1858 gegründeten und bis 1880 jährlich tagenden „Kongreß deutscher Volkwirthe", zu dessen Gründungsmitgliedern auch Schulze-Delitzsch gehörte.

13 Arbeiter-Programm. Über den besonderen Zusammenhang der gegenwärtigen Geschichtsperiode mit der Idee des Arbeiterstandes, Berlin 1862, 44 S.; zit. nach August Skalweit (Hg.), Ferdinand Lassalle. Arbeiter-Programm. Offenes Antwortschreiben (Sozialökonomische Texte, Bd. 9), Frankfurt 1948, 15–52.

14 Vgl. Hermann Oncken, Lassalle. Zwischen Marx und Bismarck. Fünfte, neu bearbeitete Auflage, Stuttgart 1966, 221.

15 Walter Euchner, Ideengeschichte des Sozialismus in Deutschland. Teil I, in: Helga Grebing (Hg.), 19–350, 129; vgl. zu Lassalles Leben und Werk auch Thilo Ramm, Ferdinand Lassalle. Der Revolutionär und das Recht, Berlin 2004.

16 August Skalweit, Vorwort des Herausgebers, in: ders. (Hg.), 3–14, 4.

17 Euchner, 130.

18 Vgl. dazu die Hinweise bei Oncken, 226–230.

19 So Lassalle in einem Brief an Moses Heß vom August 1863. Darin notiert er ergänzend: „Es handelte sich darum, während die deutschen Möpse à la Schulze-Delitzsch – darum war auch ihr Erstaunen so groß – jeden sozialen Gedanken längst ausgestorben und begraben glaubten – den Sozialismus plötzlich wie durch einen Zauberschlag als politische Partei auftreten zu lassen“ (zit. nach Oncken, 230).

20 Offenes Antwortschreiben an das Central-Comité zur Berufung eines

Allgemeinen Deutschen Arbeiter-Congresses zu Leipzig, Berlin 1863, 32 S.; zit. nach Skalweit (Hg.), 53–84.

21 Lassalle kann darauf verweisen, dass man für dieses Gesetz „eben so viele Gewährsmänner anführen“ könne, „wie es große und berühmte Namen in der nationalökonomischen Wissenschaft gibt“, und „Adam Smith wie Say, Ricardo wie Malthus, Bastiat wie John Stuart Mill sind einstimmig darin, es anzuerkennen“ (64f.). Um das Eherne Lohngesetz sollte bald eine heftige publizistische Kontroverse ausbrechen. Viele liberale Blätter empörten sich über Lassalles Skandalisierung dieses Sachverhalts, räumten aber ein, dass dieses Gesetz im Kern wohl zutreffend und unveränderlich sei. Differenzierende Stellungnahmen formulierten vor allem die von sozialistischen Anwandlungen weit entfernten schwäbischen Gelehrten Albert Schäffle und Gustav Schmoller. Schäffle, der sich für „die gebundene Ordnung und die autoritative Gemeinwirthschaft des Staates“ starkmacht, räumt ein, dass dieses Gesetz durchaus bestehe, aber nicht ganz so trostlos sei, wie Lassalle behaupte, zumindest dann nicht, wenn, wie es sich gehöre, „die Arbeiter sich unter sich selbst vergleichen“ (Schäffle 1864, 252. 344). Auch der damals 26-jährige Gustav Schmoller, der spätere Frontmann der jüngeren Historischen Schule der deutschen Nationalökonomie, stößt in dasselbe Horn, wenn er notiert: „Die Bedürfnisse Aller sind gestiegen; selbst die unteren Klassen können sich Genüsse erlauben, an die sonst kaum Fürsten und Könige denken konnten“; und dafür seien gerade die durch die Arbeitsteilung entstehenden „gesellschaftlichen Zusammenhänge“ ursächlich, die Lassalle gegenüber Schulze-Delitzsch so nachdrücklich betone, von denen er jedoch „stets nur die Schattenseiten“ hervorhebe (Gustav Schmoller, Die Arbeiterfrage I, in: Preußische Jahrbücher, 14. Bd., H. 4, 1864, 393–424, 395. 410).

22 Vgl. dazu Euchner, 136–141. Karl Marx und Friedrich Engels hatten für Lassalles Bemühungen um einen „königlich-preußischen Regierungssozialismus“ von Bismarcks Gnaden bekanntlich nur Hohn und Spott übrig. Zu Lassalles diesbezüglichen Kontakten zu Bismarck und den über den preußisch-monarchistischen Publizisten Hermann

Wagener vermittelten Versuch des preußischen Königs, eine staatsfinanzierte Produktivassoziation für notleidende schlesische Weber ins Leben zu rufen, vgl. Oncken, 296–320. 342–375. In diesem Zusammenhang entstand auch eine von Wagener inspirierte „Arbeiterpetition“ des konservativen Preußischen Volksvereins, die sich u. a. auf Lassalle und Ketteler berief. Die liberale *Berliner Volkszeitung* warf dieser Petition vor, „hauptsächlich auf die Aufreizung der Arbeiter gegen die ‚Geldmacht' berechnet“ zu sein. Was Bischof Ketteler angehe, sei dessen Schrift zur Arbeiterfrage aber weit von solcher „Giftmischerei“ entfernt. Vielmehr wolle er „den Arbeiter nicht aufreizen, sondern im Gegentheil auf das Jenseits verweisen und beruhigen“. Kritisch wurde jedoch angemerkt, „daß bei einem Rundblick in Europa gerade in katholischen Ländern und Bezirken, wo die Kirche gedeiht und die Almosen und die Opfer und die Vermächtnisse am fettesten sind, die Lungerei, die Bettelei, die Verkommenheit am allerschrecklichsten zum Vorschein tritt, während in protestantischen Ländern und Bezirken, wo die Kirche verhältnismäßig arm ist, der Fleiß und die sittliche Aufrichtung des Volkes vorwaltet“ (Volks-Zeitung. Organ für Jedermann aus dem Volke vom 21. 10. 1864). Schon einige Wochen zuvor hatte sich die Volkszeitung sehr positiv zu „Schulze-Delitzsch's Wirken“ geäußert und dieses gleichermaßen gegen die „Socialpolitiker des socialistischen Zukunftsstaates“ wie gegen die „ultramontanen Sozialisten“ in Stellung gebracht: „Wie die großen Sozial-Politiker ihre Verpflichtung zum Bessermachen mit Quittungen auf den Zukunftsstaat befriedigen, so bezahlen die Herren ultramontanen Sozialisten ihre Kunden mit Anweisungen auf das Himmelreich. Diese Methoden haben in der That den Vorzug außerordentlicher Bequemlichkeit. […] So durchgearbeitete tabellenreiche Jahresberichte, wie sie Schulze-Delitzsch zu schreiben hat, sind für jene Herren nicht weiter nöthig. Das Reich der Einen ist nicht für diese Zeit; das Reich der Andern ist nicht von dieser Welt …“ (Volks-Zeitung vom 01.09.1864).

23 Sie erschien unter dem Titel *Zur Arbeiterfrage* und endete mit der Hoffnung, dass von Leipzig eine „neue Reformation“ ausgehen werde. Wie einst die Reformation Martin Luthers von Sachsen ausgegangen sei, so

„hoffen wir, daß auch der belebende Hauch der großen Reformation, welche dieses Jahrhundert erfordert, von hier ausgehen und seine Wirkungen über die Fluren unseres Vaterlandes ausbreiten werde“ (zit. nach Oncken, 253).

24 Oncken, 276.

25 Vgl. Schulze-Delitzsch 1863, 138–170.

26 Herr Bastiat-Schulze von Delitzsch. Der ökonomische Julian oder Kapital und Arbeit, Berlin 1864, IX, 269 S.; zit. nach Ferdinand Lassalle. Gesammelte Reden und Schriften. Hg. von Eduard Bernstein, 5. Bd., Berlin 1919. Der Titel spielt an auf den französischen Publizisten Frédéric Bastiat, der mit seinen polemischen Texten vor allem im Umfeld der 1848er-Revolution als flammender Freihändler und entschiedener Antisozialist bekannt wurde.

27 Zu dieser Schrift, der Hermann Oncken „eine maßlose Gehässigkeit des Tones“ (Oncken, 332) attestiert, räumt auch Eduard Bernstein ein: „Die Art der Polemik, die Lassalle im ‚Bastiat-Schulze‘ führt, gereicht dem Buch an vielen Stellen mehr zum Nachteil als zum Vorteil; sie ist oft übertrieben heftig und zugleich nicht selten recht wertlos im Inhalt“ (E. Bernstein, ebd., Vorbemerkung, 10). Dies ändere jedoch nichts daran, dass der Bastiat-Schulze „noch heute als eine der lesenswertesten Erscheinungen der sozialistischen Literatur überhaupt“ (ebd., 18) gelten könne. Auch Albert Schäffle und Gustav Schmoller, die beiden schwäbischen Gelehrten, attestierten Lassalle – aller politischen Gegnerschaft zum Trotz –, dass er seinem Gegner in wissenschaftlicher Hinsicht deutlich überlegen sei. So notiert Schäffle, 246, dass Lassalle sich als „wissenschaftlich überlegen gezeigt“ habe, „wenn er auch die Resultate der Wissenschaft sehr einseitig für seinen Sozialdemokratismus verwerthet“. Gustav Schmoller resümiert ähnlich: „Während Lassalle in den allgemeinen Fragen eine gewisse wissenschaftliche Ueberlegenheit, eine höhere Auffassung des Staats, des Zusammenhanges aller Dinge gegenüber der Manchesterpolitik zeigt, ist er in allen concreten Fragen der Schwächere. [...] Der Arbeiterkatechismus ist allerdings nichts anderes als eine populäre Darlegung der Bastiat'schen Nationalökonomie ...“ (Gustav Schmoller,

Die Arbeiterfrage III, in: Preußische Jahrbücher 1865, 15. Bd., H. 1, 32–65, 53).

28 Vgl. Oncken, 334.

29 Schulze-Delitzsch's Replik auf den *Bastiat-Schulze* ließ fast zwei Jahre auf sich warten, bevor die im Herbst 1865 fertiggestellte 49-seitige Broschüre *Die Abschaffung des geschäftlichen Risico durch Herrn Lassalle. Ein neues Kapitel zum deutschen Arbeiterkatechismus*, Berlin 1866 erschien. Schulze erklärt hier „die rücksichtslose Bekämpfung des sozialistischen Schwindels" zu seiner Hauptaufgabe und attestiert den von Lassalle vorgeschlagenen Organisationen einen „Bruch mit dem gesunden Menschenverstande". Zum Thema der Freiheit und Verantwortung in den wachsenden ökonomischen Interdependenzen notiert er, dass der elektrische Telegraph, die Eisenbahn und das Dampfschiff es dem einzelnen „recht wohl ermöglichen, sich durch Verstärkung oder Beschränkung seiner Produktion und Einkäufe, mit Zurückhalten oder Losschlagen seiner Waren danach einzurichten. Aber auch abgesehen hiervon, bleibt doch immer die Hauptsache: daß jemand sich auf Konjunkturen, die er nicht weiter übersieht, nicht weiter einläßt, als sein Geschäftsbetrieb es notwendig macht und seine Kräfte es ihm gestatten" (zit. nach Hermann Schulze-Delitzsch's Schriften und Reden, hg. von F. Thorwart, 2. Bd. Berlin 1910, 173–210, 175. 174. 181).

30 Darin schreibt er: „Der gesammte Handwerkerstand ist in Händen der immer geheimen Propaganda des Unglaubens. Selbst der frömmste Vater muß, wenn er Handwerker ist, seinen Sohn reisen lassen. In der ersten Stadt, wo er hinkommt, fällt er der Propaganda des Atheismus in die Hand und der beste Bursch kommt als lüderlicher Sonntagsschänder zurück …" (zit. nach Pfülf II, 175). Dieser undatierte Brief scheint in die Ketteler-Gesamtausgabe nicht eingegangen zu sein.

31 Schäffle, 245.

32 Ergänzend wird lediglich empfohlen, „sich mit dem Studium dieser Frage zu beschäftigen, welche sicherlich nur im Lichte und nur durch den Geist des Christenthums einer … entsprechenden Lösung zugeführt werden könne" (Verhandlungen der 15. Generalversammlung der katholischen Vereine Deutschlands zu Frankfurt am Main,

Frankfurt 1863, 347). Das prominente Leitmotiv dieses Katholikentages waren „christliche Fabriken“, Genossenschaftsbetriebe im klösterlichen Sinne. Und auch in den nächsten Jahren wurde auf den Katholikentagen immer wieder gefordert, „daß die Arbeiter in solchen Fabriken gemeinsam den Rosenkranz beten und in von Schwestern geleiteten Häusern wohnen sollten und der Lohn direkt an die betreuenden Schwestern auszuzahlen sei“ (Manfred Spieker, Zwischen Romantik und Revolution. Die Kirchen und die Soziale Frage im 19. Jahrhundert, in: Die neue Ordnung 55 (2001) 176–208, 184).

33 Zu Schulze-Delitzsch hat Ketteler offensichtlich niemals Kontakt gesucht; dazu dürften die weltanschaulichen Divergenzen bzw. Aversionen – auch wechselseitig – zu groß gewesen sein. Schulze-Delitzsch soll sich später deutlich „über das Umsichgreifen“ der „Ketteler'schen Ideen in den Rheinlanden“ beklagt haben (so Pfülf II, 190 mit Verweis auf eine Notiz in den *Christlich-Socialen Blättern* von 1869, S. 127).

34 Zit. nach II 4, 596–598.

35 Zit. nach II 4, 605f.

36 Allerdings traten im Februar 1873 in der Presse von der *Nationalzeitung* geschürte Gerüchte über eine angebliche Taufe Lassalles durch Ketteler auf. Lassalle hatte im August 1864 über Vermittlung der Gräfin Hatzfeld bei Ketteler anfragen lassen, ob dieser bereit sei, ihn im Blick auf seine geplante Ehe mit Helene von Dönniges, die übrigens Protestantin war, „wonach der konversionsbereite Liebhaber in der Eile sich nicht erkundigt hatte“ (Oncken, 388), in die katholische Kirche aufzunehmen; ein Ansinnen, das Ketteler nicht von vornherein ablehnte, auch wenn es dazu nie gekommen ist; vgl. dazu Pfülf III, 260–264.

37 Oncken, 260.

38 Vgl. Pfülf I, 186.

39 Die Arbeiterfrage und das Christenthum. Von Wilhelm Emmanuel Freiherr von Ketteler, Bischof von Mainz, Mainz 1864, 212 S.; I 1, 367–515.

40 J. B. Sägmüller, Lehrbuch des katholischen Kirchenrechts. Freiburg i. Br. 2. Aufl. 1909, 870f. Auch der *Codex iuris canonici*, das kirchliche Gesetzbuch von 1983, hält fest, dass das Kirchengut neben der „geord-

neten Durchführung der Gottesdienste“ und der „Sicherstellung des angemessenen Unterhalts des Klerus und anderer Kirchenbediensteter“ auch der „Ausübung der Werke des Apostolats und der Caritas, vor allem gegenüber den Armen“ dienen soll (vgl. can. 1254). Diese Hinweise verdanke ich Stefan Schweer.

41 Dass sich Lassalles Lohngesetz nicht auf die „Lebensnotdurft im strengsten Sinne“, sondern aus guten Gründen nur auf die „in einem Volke gewohnheitsmäßig zur Fristung der Existenz“ notwendige Lohnhöhe bezieht, wird von Bischof Ketteler offensichtlich nicht zur Kenntnis genommen. In dieser Zuspitzung ist das Eherne Lohngesetz aber definitiv nicht überzeugend, wie Lassalle selbst betont. Dass Kettelers Radikalität hier über Lassalle hinausgeht, dadurch aber an Plausibilität verliert, hat Albert Schäffle in seinem großen Aufsatz „Bourgeois- und Arbeiter-Nationalökonomie“ deutlich notiert (vgl. ebd., 356).

42 Dieses Bekenntnis zu Lassalle ist verblüffend eindeutig; und Lassalle selbst sollte sich umgehend auf diese Unterstützung durch den ultramontanen Mainzer Bischof berufen. In seiner Rhonsdorfer Rede vom 22. Mai 1983 führt er aus: „Vor kurzem hat sich niemand anders, als ein Fürst der Kirche, der Bischof von Mainz, Freiherr von Ketteler, in seinem Gewissen gedrungen gesehen, seinerseits das Wort in der Arbeiterfrage zu ergreifen. Es ist dies ein Mann, der am Rhein fast für einen Heiligen gilt, ein Mann, der sich seit langen Jahren mit gelehrten Forschungen abgegeben. Er hat ein Buch veröffentlicht unter dem Titel ‚Die Arbeiterfrage und das Christentum‘, und hier hat er sich Punkt für Punkt für alle meine ökonomischen Sätze und Thesen den Fortschrittlern gegenüber ausgesprochen! Ja, er hat dies mit solcher Schärfe und Offenherzigkeit getan, daß ich euch wenigstens einige Beispiele davon vortragen muss. […] Meine Freunde, ich gehöre, wie Euch bekannt ist, nicht zu den Frommen. Mit Recht aber muss ich den höchsten Wert darauf legen, daß ein Bischof trotz der Milde und Rücksichtnahme, die ihm in seiner Stellung natürlich ist, sich dennoch in seinem Gewissen genötigt sieht, sich mit derselben Schärfe, wie ich in meiner rücksichtsloseren Stellung als Volkstribun getan habe, aus-

zusprechen und die Fortschrittspartei wegen ihrer so hartnäckigen Ableugnung des von mir nachgewiesenen ökonomischen Gesetzes geradezu des absichtlichen Betrugs zu beschuldigen!“ (zit. nach Ferdinand Lassalle, Ausgewählte Reden und Schriften 1849–1864, hg. von Hans Jürgen Friederici, Berlin 1991, 316–342, 332f.)

43 Uhlhorn, 21.

44 Ebd., 27.

45 Ebd., 32. Anders als die irenische, die Konfessionen versöhnende 1848er-Perspektive des Heidelberger Stadtpfarrers Karl Zittel (vgl. Kap. 2, Anm. 30) formuliert Uhlhorn im Jahr 1887 nun, ähnlich wie weiland Ketteler, eine scharfe kontroverstheologische Position, wenn er notiert, dass die Hauptaufgabe in der „Wiedererweckung des religiösen Lebens in der Arbeiterwelt“ (ebd., 47) bestehe. Der Fabrikarbeiter müsse begreifen, dass auch die Fabrikarbeit „unter den Begriff des sittlichen Berufes fällt, an der Ehre der Arbeit vollen und ganzen Antheil hat, ebenso gut wie jede andere Gottesdienst ist, und treu geübt zur sittlichen Förderung dient“ (ebd., 45). Wenn dies gelingt, dann werde „die Entwicklung, in der wir gegenwärtig stehen, weder damit enden, daß die Römische Kirche die Welt zum Kloster macht, noch damit, daß der Socialismus sie in ein großes Strafarbeitshaus umwandelt …, sondern damit, daß es gelingt, mit den Kräften des Evangeliums in gemeinsamer Arbeit des Staates und der Kirche eine neue wirthschaftliche Ordnung zu schaffen, in der es zwar auch nicht an Unvollkommenheiten fehlen wird, in der aber doch die Schäden, die uns heute drücken, überwunden sind. Das erst wird der definitive Sieg der Reformation sein“ (ebd., 60).

46 Auch Schulze-Delitzsch, dessen Fortschrittspartei sich durchaus auf dieses politische Ziel verpflichtet hatte, betont in seinem *Arbeiterkatechismus*, dass das allgemeine Wahlrecht „nicht satt“ mache: „ja, es wird an der rechten und fruchtbaren politischen Betheiligung der Arbeiter selbst so lange fehlen, als nicht Wohlstand und Bildung ein bescheidenes Maß unter ihnen erreicht haben“ (Schulze-Delitzsch 1863, 97).

47 Die seinerzeit in Hessen-Darmstadt geltende Regelung sah ein Wahl-

recht nur für alle direkt besteuerten Bürger vor, wobei die einzige direkte Steuer diejenige auf Grundbesitz war.

48 Diese Passage sollte in der Zeit des preußischen Kulturkampfs unter dem Stichwort der „Aufreizung der Massen“ noch ein Nachspiel im Deutschen Reichstag finden; vgl. Kap. V., Anm. 48. Auch Fritz Vigener wirft Kettelers *Arbeiterfrage* vor, „mehr aufreizend als aufklärend von dem elenden Leben und dem elenden Sterben der Fabrikarbeiter“ zu reden und attestiert ihr ein „hochmüthiges Aburteilen über liberale sozialpolitische Leistungen und Versuche“ (Vigener, 455. 459).

49 Vgl. dazu auch Pfülf II, 187–193.

50 *Kölnische Blätter* Nr. 138 von 10.05.1864, S. 1.

51 Karl Brämer, Die Stellung der Ultramontanen zur Arbeiterfrage, in: Der Arbeiterfreund. Zeitschrift des Centralvereins in Preußen für das Wohl der arbeitenden Klassen, 9/1864, 140–151. Karl Brämer gehörte zum freihändlerischen Umfeld des „Kongresses deutscher Volkswirte“.

52 Auch die in Mainz erscheinende Zeitschrift *Die Gemüthlichkeit* warf Ketteler „Aufreizung ganzer namhafter Bevölkerungsklassen zu Haß und Verachtung“ vor, während der vom ADAV herausgegebene *Social-Democrat* Kettelers Schrift „klägliche, die Ohnmacht auch dieser [der ultramontanen] Partei in der socialen Frage klar documentirende Vorschläge“ attestiert; zit. nach Pfülf II, 193.

53 Wilhelm Hieronymi, Kritische Blicke des Zeitgeistes in die neueste Schrift der Herrn von Ketteler „Die Arbeiterfrage und das Christenthum“. Polemisch-literarische Spitzkugeln, Darmstadt 1864, 64 S.

54 Schäffle, 353–358. Ein Hinweis auf diesen Text fehlt in der verdienstvollen Ketteler-Bibliographie von Christoph Stoll und Bernd Goldmann (Wilhelm Emmanuel Freiherr von Ketteler. Eine Bibliographie, Mainz 1995).

Anmerkungen zu „V. Im Greisenalter des Liberalismus"

1 Pfülf II, 435.

2 Vgl. dazu Pfülf II, 197–203. In einem Brief aus dem Jahr 1868 sollte Ketteler klagend notieren, „daß Gott mich in eine Diözese berufen hat, in welcher gerade in jenen Ständen, auf die ich bei diesem Unternehmen besonders rechnen müßte, absolut kein Verständniß für dasselbe vorhanden ist" (Brief an Lujo Brentano vom 17.11.1868;II 5, 758–760, 760).

3 Ansprache anlässlich der Festfeier des Mainzer Gesellenvereins vom 19. November 1865 über die soziale Frage; I 1, 685–688.

4 Die Katholiken im Deutschen Reiche. Entwurf zu einem politischen Programm. Von Wilhelm Emmanuel, Freiherrn von Ketteler, Bischof von Mainz, Mainz 1873, VIII, 123 S.; I 4, 186–262, 240.

5 Vgl. dazu Heiner Grote, Sozialdemokratie und Religion. Eine Dokumentation für die Jahre 1863 bis 1875, Tübingen 1968, 29–43.

6 Vgl. II 5, 110f.

7 Vgl. II 5, 112–117. Interessant ist in diesem Zusammenhang, dass sich Ketteler im Dezember 1867, also eineinhalb Jahre nach der Dünnwalder Episode, ausführlich mit den Beschlüssen der sechsten Generalversammlung des ADAV vom November 1867 beschäftigt. In einer anonym im *Mainzer Journal* veröffentlichten vierteiligen Artikelserie referiert er breit die dortigen Debatten und Beschlüsse, wobei er sich insbesondere den Forderungen nach gesetzlicher Arbeitszeitregulierung und strengem Verbot der Sonntagsarbeit anschließt. Er notiert hier: „Die Arbeit ist der Mensch selbst, ein wesentlicher Theil seiner Persönlichkeit. Sie muß deßhalb in einem civilisirten Staate durch das Gesetz geschützt seyn. Wo das nicht der Fall ist, … da besteht trotz aller Redensarten von Civilisation ein gutes Stück der scheußlichsten Barbarei" (I 5, 640–657, 657). Über sozialdemokratische „Gehässigkeiten gegen die katholische Denkweise" u. ä. verliert diese Artikelserie kein Wort.

8 Vgl. II 5, 127–131.

9 Vgl. II 5, 131.

10 Vgl. II 5, 137f. Die ersehnte Antwort kam allerdings erst am 6. September, und zwar durch Kettelers Sekretär Johann Michael Raich, der auf die Sache nicht weiter einging, die Dünnwalder Arbeiter aber wis-

sen ließ, dass der Mainzer Bischof über die angedeutete Möglichkeit einer Distanzierung von der katholischen Kirche „tief betrübt“ sei; vgl. Grote, 35. Die Episode, die schließlich auch im Bistum Köln ein Nachspiel haben sollte, wurde im *Social-Demokrat* ausführlich dokumentiert.

11 Deutschland nach dem Kriege von 1866. Von Wilhelm Emmanuel, Freiherrn von Ketteler, Bischof von Mainz, Mainz 1867, VIII, 231 S.; I 2, 1–127.

12 Vgl. II 2, 113–127.

13 Zit. nach Adolph-Jérome Blanqui, Geschichte der Politischen Oekonomie in Europa, 2. Bd., Unver. Neudruck der Ausgabe Karlsruhe 1841, 1971, 105f.

14 „Die Gesetze, die in vielen Ländern des Kontinentes die Eheschließung vom Nachweis genügender Mittel der Partner, eine Familie zu unterhalten, abhängig machen, überschreiten nicht die rechtliche Macht des Staates“ (John Stuart Mill, Über die Freiheit [On liberty, 1859], Stuttgart 2010, 155).

15 Aphorismen über die social-politische Bewegung. Was der ökonomische Liberalismus den Arbeitern versprochen, was er gehalten hat, und was er jetzt räth, in: *Historisch-Politische Blätter für das katholische Deutschland* 57 (1866), 501–514. Der namentlich nicht genannte Autor dieses Textes zeichnet anschaulich nach, wie das Problem der „Kinder erzeugenden armen Familien“ von „den Socialpolitikern der Bourgeoisie“ schon in den 1860er Jahren den deutschen Arbeitern schmackhaft gemacht worden sei: „Man vernimmt dann aus dem Munde der liberalen Socialpolitiker die salbungsvollsten Reden über die Tugenden der Entsagung und Selbstverläugnung. Aber nicht etwa als allgemeine Nothwendigkeit, wie in der christlichen Moral ...; sondern nur den armen Arbeitern muthet man Entsagung zu, und hat ihnen nicht einmal mehr Ersatz dafür in einem besseren Jenseits zu versprechen. Den Reichen dagegen gestattet das System nicht nur jede Art von Genuß und Selbstsucht, sondern es fordert von ihnen sogar die Verschwendung. Denn Luxus muß sein zur Beförderung der Consumtion. [...] Das meint der große Socialphilosoph des modernen England, Herr Stuart Mill, wenn er sagt: es könne nicht besser wer-

den, ‚ehe nicht die Kinder erzeugenden armen Familien mit denselben Gefühlen betrachtet werden wie Betrunkenheit oder eine andere physische Ausschweifung' ...“ (511. 513). In seinem Essay *On liberty* aus dem Jahr 1859 hatte Mill u. a. notiert: „Es scheint noch unbekannt zu sein, dass ein Kind in die Welt zu setzen ohne ausreichende Aussicht, ihm nicht bloß Nahrung für seinen Leib, sondern auch Belehrung und Übung für seinen Geist zu verschaffen, ein moralisches Verbrechen gegen den unglücklichen Sprössling wie gegen die Gesellschaft ist und dass, wenn der Vater diese Pflicht nicht erfüllt, der Staat sie auf Kosten des Vaters – soweit dies möglich ist – übernehmen sollte. [...] Und in einem schon übervölkerten oder mit Übervölkerung bedrohten Lande mehr als eine sehr kleine Zahl von Kindern zu erzeugen, wodurch bewirkt wird, dass durch erhöhten Wettbewerb der Arbeitslohn sinkt, ist ein ernstes Vergehen gegen alle, die von ihrem Arbeitslohn leben“ (Mill, 151. 155).

16 Ketteler zitiert hier aus einer Londoner Zuschrift an die *Neue Freie Presse*, in der es heißt: „Als man vor etwa einem Jahre in einer Menge Londoner Kirchen auf den Glockenthürmen und in sonstigen Ecken ein Masse Kinderleichname fand, deren Dasein auf einen bedenklichen gesellschaftlichen Zustand schließen ließ, entstand zwar allerdings ziemliche Aufregung, da in der That aus jedem Schrank, aus jedem Loche ein Skelett zu grinsen schien; doch wurde die Sache bald vergessen ...“ (124f.).

17 Vgl. Helga Grebing, Geschichte der deutschen Arbeiterbewegung. Ein Überblick, München 1966, 59.

18 Die Arbeiterbewegung und ihr Streben im Verhältniß zu Religion und Sittlichkeit. Eine Ansprache, gehalten auf der Liebfrauen-Haide am 25. Juli 1869 von Wilhelm Emmanuel, Freiherrn von Ketteler, Bischof von Mainz, Mainz 1869, 24 S.; I 2, 406–428.

19 Allerdings widmet der wirtschaftsliberale *Arbeitgeber* dieser Broschüre eine Rezension und notiert: „Nur ein Gehirn, das sich mit unvergleichlicher militärischer Subordination unter die Dogmen der römischen Kirche zwingt und zugleich mit einem sonst seltenen Verstand begabt ist, kann ein solches Elaborat hervorbringen.“ Konkret wird moniert,

dass die von Ketteler inkriminierten „Grundsätze der modernen Volkswirtschaft" dem Arbeiter keineswegs die Menschenwürde genommen hätten. Vielmehr habe ihm die moderne Volkswirtschaft „nicht bloß Brod, sondern auch Fleisch gegeben ..., sie hat ihm Wäsche, Bäder und durch eine ganz gewaltige für ihn geschaffene Literatur auch geistige Nahrung verschafft; durch die Billigkeit vieler Gegenstände, die gerade aus Fabriken stammen, hat sie ihm das Leben angenehm gemacht, unsere Transportmittel verschaffen ihm reellen Genuß in jeder Beziehung" (Der Arbeitgeber, Nr. 65, 1869, Sp. 7860–7862, 7860f.). Am 21.08.1969 wurde Ketteler zudem von dem jungen Aachener Kaplan Johann Philipp Pfeiffer eine von diesem verfasste Besprechung der *Arbeiterbewegung* in den Breslauer *Hausblättern* zugesandt. Pfeiffer äußert sich in einem Begleitschreiben lobend über „die männlich deutsche Offenheit und die wahrhaft christliche Kühnheit, mit der Ew. bischöflichen Gnaden daselbst Wahrheiten ausgesprochen haben, die unsere katholischen Bourgeois aus anderem Munde nicht hätten ertragen können" (II 5, 912f.).

20 Vgl. zum Folgenden Georg Fülberth, Die Entwicklung der deutschen Gewerkschaftsbewegung von den Anfängen bis 1873, in: Frank Deppe u. a. (Hg.), Geschichte der deutschen Gewerkschaftsbewegung, Köln 1977, 15–31; Arno Klönne / Hartmut Reese, Kurze Geschichte der deutschen Gewerkschaftsbewegung, Frankfurt 1986; Thomas Nipperdey, Deutsche Geschichte 1866–1918, Bd. 1: Arbeitswelt und Bürgergeist, München 1990, 291–334.

21 Auf die *trade unions* ist die deutsche Öffentlichkeit vor allen durch die Berichte von Max Hirsch, dem Mitbegründer des Verbandes deutscher Arbeiterbildungsvereine, aufmerksam geworden, der die englischen Arbeiterorganisationen auf einer Bildungsreise kennengelernt und gemeinsam mit Franz Duncker und Hermann Schulze-Delitzsch nach ihrem Vorbild 1868 den Verband der deutschen Gewerkvereine (Hirsch-Dunckersche Gewerkvereine) ins Leben gerufen hatte. Aber auch das von Wilhelm Liebknecht redigierte Organ der 1866 gegründeten radikaldemokratischen Sächsischen Volkspartei, das *Demokratische Wochenblatt*, brachte Anfang 1868 breite Ausführungen über die

Theorie und Praxis der *trade unions*, die das Interesse an der Gewerkschaftsbewegung wecken sollten.

22 Dies führte nach dem großen Streik im Waldenburger Kohlerevier vom Winter 1869/70 zu einer breiten Austrittsbewegung, sodass diese Gewerkvereine, die 1868 noch etwa 35.000 Arbeiter organisieren konnten, im Jahr 1873 nur noch über ca. 20.000 Mitglieder verfügten.

23 So Pfülf II, 438.

24 Brief an Lujo Brentano vom 17.11.1868; II 5, 758–760, 758. Brentano hatte sich im November 1868 brieflich aus London an Ketteler gewandt, um ihn für die Gründung einer „Gesellschaft zur Errichtung und Unterstützung“ von *industrial partnerships* und Produktivassoziationen zu gewinnen, die er bei seinem Forschungsaufenthalt in England kennengelernt hatte (vgl. II 5, 746–748). Ketteler antwortete eher skeptisch, bat Brentano aber um die Ausarbeitung eines „nicht zu großartig“ angelegten Planes. Eine Antwort Brentanos auf diesen Brief scheint es nicht zu geben.

25 Lujo Brentano, Zur Geschichte der englischen Gewerkvereine, Leipzig 1871, Vf.

26 Gottfried Niedhart, Geschichte Englands im 19. und 20. Jahrhundert, München 1987, 64.

27 So hätte er gerne noch von der Idee der „Partnerschaften“ gesprochen, in denen „ein gewisser Theil des Geschäftsgewinns den Arbeitern zugewiesen wird“, zumal er davon überzeugt sei, „daß sie nirgends leichter als bei den Cigarrenarbeitern verwirklicht werden könnten, weil bei diesem Geschäfte kein großes Betriebscapital erfordert wird“ (I 2, 425).

28 Noch in seinem letzten Lebensjahr notiert er dazu bilanzierend: „Die sogenannten Productiv-Genossenschaften und Partner-Genossenschaften haben als einzelne Unternehmungen, die Lage der Arbeiter zu verbessern und ihnen nicht nur Lohn, sondern Geschäftsgewinn zuzuwenden, ihren Werth. Die Erfolge sind leider bisher nur gering. Aber selbst wenn die Erfolge besser wären, so würden sie nur einem kleinen Theil der Arbeiter helfen können“ (I 5, 511).

29 Vgl. dazu Rudolf Lill, Die ersten deutschen Bischofskonferenzen, Freiburg 1964, 80–95.

30 Ebd., 81f.

31 Vgl. ebd., 90.

32 I 2, 429–468.

33 Zit. nach Pfülf II, 436.

34 So Max Lenz in seiner Biographie Bismarcks in der Allgemeinen deutschen Biographie (ADB), Bd. 46, 741; zit. nach Karl Bachem, Vorgeschichte, Geschichte und Politik der Deutschen Zentrumspartei, 3. Bd., Köln 1927, 267.

35 So heißt es 1873: „Wenn du noch ferner den preußischen Militarismus als Schreckbild anführst, so gestehe ich dir, daß ich ihn selbst dafür halte, wenn auch nicht den armen, bethörten und verblendeten Völkern, so doch der rothen wie der schwarzen Internationale gegenüber. Und, Gott lob! daß er's ist. Was sollte aus Europa, aus seinen Errungenschaften auf dem Gebiete der Wissenschaft, der Wahrheit, aus seiner gesellschaftlichen Ordnung, kurz aus allem Guten, werden, wenn nicht der stramme, regierungstreue Militarismus in Deutschland so fest und unerschütterlich zur Ordnung stände. Freilich macht das nicht die Rechnung der Dunkel- und Umsturzmänner. Doch das soll's auch nicht. Die Jesuiten, welche wider diesen Militarismus heulen und hetzen, würden kein Haar weniger stramm regieren, wenn sie über die deutschen Heere geböten, keinen Soldaten weniger halten" (N. Steffen, Brief eines Luxemburgers an einen Landsmann. Dritter (letzter) Brief, in: Die Grenzboten. Zeitschrift für Politik, Literatur und Kunst, 32. Jg. (II. Semester, II. Bd.), Leipzig 1873, 117–120, 119). Zudem entstand in diesen Jahren auch der antisemitische Begriff der „goldenen Internationale". So heißt es etwa bei Wilhelm Marr: „Eins aber rufen wir der ‚rothen' Internationale zu: Ihr glaubt zu schieben und Ihr werdet geschoben. Ihr laßt Eure Blicke soweit ablenken, daß Ihr für die ‚Verbrüderung' aller Völker zu arbeiten glaubt, und seht daher nicht, daß Ihr nur für die goldene Internationale des auserwählten Volkes arbeitet, die Euch in die Ferne hineinträumen läßt, um das, was Ihr in der Nähe umstürzt, sich selbst anzueignen" (Marr, Wählet keine Juden! Ein Mahnwort an die deutschen Wähler, Berlin 1881, 37); zit. nach Peter Friedmann/Lucian Hölscher, Art. Internationale, International,

Internationalismus, in: Geschichtliche Grundbegriffe. Historisches Lexikon zur politisch-sozialen Sprache, Bd. 3, Stuttgart 1982, 367–397, 386).

36 Rede vom 24.04.1873; in: Die politischen Reden des Fürsten Bismarck, Bd. 5, Stuttgart 1893, Neudruck Aalen 1970, 397–409, 403. In diesem Zusammenhang verfasste der katholische Publizist Leonhard Wassermann (unter dem Pseudonym L. Friedlieb) eigens eine Broschüre gegen die zahlreichen „Verleumdungen", die darauf abzielten, „die Katholiken als Verbündete der Socialisten" hinzustellen. „Dieser Vorwurf ist nicht neu. Seit einiger Zeit sind wir daran gewöhnt, mit der Internationalen Arbeiterverbindung auf gleiche Stufe gestellt zu werden; in den Volks- und Wahlversammlungen der Liberalen, von der Tribüne des Abgeordnetenhauses und von den grünen Tischen her, hören wir den schmählichen Vorwurf stets auf's Neue wiederholt, daß die Katholiken, oder, wie man lieber sagt, die Ultramontanen im Bündnis mit den Socialdemocraten ständen. Die Presse wird nicht müde diese Behauptung täglich zu erneuern und als Wahrheit hinzustellen." Es sei nun aber an der Zeit, „daß die maßlosen Verleumdungen gegen die ‚schwarze Internationale' endlich verstummen" und „die christlichgesinnten Arbeiter die ganze Gottlosigkeit der socialdemokratischen Arbeiterbewegung erkennen" (L. Friedlieb, Die rothe und die schwarze Internationale: oder Verhältniß der sozialdemokratischen Arbeiterbewegung zur Religion, München 1874, 84 S., 4. 6. 5).

37 Der Abgeordnete Rudolf Virchow, Arzt an der Berliner Charité und Mitglied der Fortschrittspartei, hatte am 17.01.1873 im preußischen Abgeordnetenhaus erklärt, dass es sich bei dieser Auseinandersetzung zwischen Kirche und Staat „um einen großen Kulturkampf" handle, in dem es um die Frage gehe, „auf welchem Wege Sittlichkeit entwickelt werden kann". Es sei nämlich zu fragen, „ob die Welt sofort in vollen Ruine fallen würde", wenn sie sich von den sittlich-religiösen Hilfsmitteln der Kirche lossage. Wenn aber ein Staat, so Virchow, „nicht ohne diese Hülfsmittel existieren kann, dann sollte er überhaupt nicht existieren. [...] Ich behaupte, die Staaten bedürfen dieser Hülfsmittel nicht, wenn sie selbst auf einem normalen nationalen Boden beruhen,

und wenn ihre Einrichtungen sittliche Einrichtungen sind." Virchow betont allerdings zugleich, dass er „durchaus keine Sympathien" für das Anliegen habe, „so eine Art von Staats-Erziehung der Geistlichen zu organisiren" (Stenographische Berichte über die Verhandlungen des Preußischen Hauses der Abgeordneten, 11.Wahlperiode, Erster Band, Berlin 1873, 629–635, 631. 633. 635).

38 Vgl. Petersen, 312f.

39 Vgl. I 4, 165.

40 Ketteler hielt vier Reden im deutschen Reichstag, von denen insbesondere die letzte, seine Stellungnahme zum so genannten Kanzelparagraphen, ein lebhaftes Echo erfahren sollte (vgl. I 4, 1–8; 9–20; 39–43; 44–59). Sozialpolitische Anliegen kamen in seinen Redebeiträgen ebenso wie in den Anträgen der Zentrumsfraktion während dieser ersten Legislaturperiode nicht zur Sprache.

41 Ketteler hatte schon am 01.10.1870 in eigenem Namen und auf die Gefahr, „dadurch unbescheiden zu erscheinen", an den in Versailles weilenden Bismarck geschrieben und darum gebeten, den preußischen Art. 15, den er als „wahres Unterpfand des Friedens und des Gedeihens" qualifizierte, in die neue Reichsverfassung aufzunehmen; vgl. I 4, 89–92. Dieser Brief blieb unbeantwortet. Im März 1871 scheint Ketteler in dieser Angelegenheit mehrfach direkt mit Bismarck gesprochen zu haben; vgl. dazu Petersen, 305–307, 317f.

42 Die Centrums-Fraction auf dem ersten deutschen Reichstage. Von Wilhelm Emmanuel, Freiherrn von Ketteler, Bischof von Mainz, Mainz 1872, 155 S.; I 4, 65–165. Sie erschien in Februar 1872 und erlebte im Erscheinungsjahr noch zwei weitere Auflagen. Die soziale Frage spielt in dieser Schrift keine Rolle.

43 Liberalismus, Socialismus und Christenthum. Rede gehalten auf der XXI. General-Versammlung der katholischen Vereine Deutschlands von Wilhelm Emmanuel, Freiherrn von Ketteler, Bischof von Mainz, Mainz 1871, 20 S.; I 4, 21–34.

44 Stenographische Berichte über die Verhandlungen des Deutschen Reichstages, 9. Sitzung vom 01.04.1871, Berlin 1871, 107–109, 108.

45 Ebd., 107. Treitschke erklärte ferner: „Ich kann ein welthistorisches

Verdienst in der preußischen Gesetzgebung von 1848 nicht sehen; ich sehe darin nur ein Zeichen der damals herrschenden dilettantischen politischen Bildung. [...] Ich bitte Sie, meine Herren, um des konfessionellen Friedens willen, geben Sie nicht einem beliebigen deutschen Landesbischof die Möglichkeit, gegen seine Landesregierung den Rebellen zu spielen" (ebd., 108f.).

46 Stenographische Berichte über die Verhandlungen des Deutschen Reichstages, 10. Sitzung vom 03.04.1871, 131–133, 132.

47 Ebd., 133.

48 Stenographische Berichte über die Verhandlungen des Deutschen Reichstages, 28. Sitzung vom 23.11.1871, 474–478, 476.

49 Ebd., 478.

50 Ebd., 477.

51 Ebd., 478.

52 Stenographische Berichte über die Verhandlungen des Deutschen Reichstages, ebd., 479–483; I 4, 44–59, 49. 45.

53 Erklärung vom 25. November 1871 gegen den Abgeordneten Fischer; Germania Nr. 272 v. 28.11.1871; I 4, 60–64, 63.

54 I 4, 148f.

55 Stenographische Berichte über die Verhandlungen des Deutschen Reichstages, 28. Sitzung vom 23.11.1871, 464–467, 464. 465.

56 Stenographische Berichte über die Verhandlungen des Hauses der Abgeordneten, 11. Wahlperiode, Erster Band, Berlin 1873, 649–654, 654. Ketteler scheint auf diesen Angriff nicht reagiert zu haben.

57 I 4, 159.

58 Die Katholiken im Deutschen Reiche. Entwurf zu einem politischen Programm. Von Wilhelm Emmanuel, Freiherrn von Ketteler, Bischof von Mainz, Mainz 1873, VIII, 113 S.; I 4, 186–262. Am 10. März 1873 kam kein Geringerer als Reichskanzler Bismarck vor dem preußischen Herrenhaus auf diese Schrift zu sprechen, als er mit Blick auf Ketteler erklärte, dieser habe „ja die Aufgabe ..., für die päpstliche Politik zu thun, was er kann" (Die politischen Reden des Fürsten Bismarck, Bd. 5, 381–391, 389). Mit Blick auf die Zentrumsfraktion ergänzte er: „Man hatte eine so straffe Organisation und solche

Macht über die Gemüther gewonnen, wie man sie bedurfte, wenn man das Programm … des Bischofs von Mainz, wie er es in seinen Druckschriften kundgegeben hat, verwirklichen wollte. Wohin ging dieses Programm? Lesen Sie nach; es sind diese Druckschriften, geistreich geschrieben und angenehm zu lesen, in Jedermanns Händen; es ging dahin, in dem preußischen Staat einen staatlichen Dualismus durch Errichtung eines Staats im Staat einzuführen, die sämmtlichen Katholiken dahin zu bringen, daß sie für ihr Verhalten im politischen wie im Privatleben ihre Leitung ausschließlich von dieser Centrumsfraction empfingen" (ebd., 390). Ketteler reagierte darauf am 19. März in der *Germania* und erklärte, dass ihm dieser Vorwurf Bismarcks „völlig unbegreiflich" sei. Er habe für die katholische Kirche in Deutschland nie eine andere Stellung in Anspruch genommen, „als wie sie in der Frankfurter Reichsverfassung und in der preußischen Verfassung den christlichen Konfessionen gewährt worden ist". Und zu Bismarcks Vorwurf, Ketteler habe alles ihm Mögliche für „die päpstliche Politik" zu tun, notiert er, dass dies nur beweise, „wie gänzlich unbekannt er [Bismarck] mit den wirklichen Verhältnissen in der katholischen Kirche ist. […] Nie ist mir von Rom eine ähnliche Zumutung gemacht worden. […] Was ich als Bischof zu thun habe, weiß ich aus dem Kirchenrecht und dem katholischen Katechismus" (Germania Nr. 65 vom 19.03.1873, 1).

59 Vgl. dazu Nipperdey, 302f.

60 Die *Nationalzeitung* kommentierte Kettelers sozialpolitisches Programm allerdings mit den Worten: „Bischof Ketteler ist nicht ein Politiker, sondern ein ganz gewöhnlicher Demagoge, und zwar, weil er zugleich religiöse und wirthschaftliche Hetzerei treibt, ein noch schlimmerer und gefährlicherer Demagoge als z. B. Lassalle einer war …" (Nr. 54; zit. nach Pfülf III, 260); vgl. dazu auch Kap. IV, Anm. 36.

61 Fitz Vigener, 728, notiert in diesem Zusammenhang, dass Ketteler nun, nachdem er „sein Regiment mit dem Gewaltstreich gegen die staatliche theologische Fakultät eröffnet hatte, den Staat zum Freunde und Helfer" nehme. Zwar sei er mit seinen Schriften „nirgends Führer zur Erkenntnis, in der Geschichte der sozialpolitischen Ideen ohne eigene

Bedeutung“, wohl aber „doch der wirkungsvollste sozialpolitische Erzieher der deutschen Katholiken gewesen“ (ebd., 732).

62 Rede vor der XXIII. General-Versammlung der Katholiken Deutschlands zu Freiburg i. Br. vom 01.09.1875; I 4, 524–536, 527f. Neben dieser Rede sind noch die beiden Fastenhirtenbriefe aus den Jahren 1876 und 1877 zu nennen, die sich mit dem Zusammenhang von Religion und Volkswohlfahrt bzw. mit dem Verständnis christlicher Arbeit beschäftigen, auf das Thema der staatlichen Sozialpolitik aber nicht weiter zu sprechen kommen.

63 Vgl. Vigener, 713, der auch daran erinnert, dass es zwischen Zentrum und Sozialdemokratie häufiger zu wahltaktischen Absprachen gegen die Liberalen gekommen war.

64 Stenographische Berichte über die Verhandlungen des Deutschen Reichstages, 45. Sitzung vom 17.06.1872, 1079–1085, 1082.

65 Christlich-Sociales, in: Neuer Social-Demokrat. Organ der Socialistischen Arbeiterpartei Deutschlands vom 30.07.1875, 1. Schon Karl Marx hatte im Herbst 1868 seinem Freund Engels von den Eindrücken einer Reise berichtet, auf der er auch auf die Erfolge der christlich-sozialen Vereine im Rheinland aufmerksam geworden war. Marx notiert hier: „Bei dieser Tour durch Belgien, Aufenthalt in Aachen und Fahrt den Rhein herauf habe ich mich überzeugt, daß energisch, speziell in den katholischen Gegenden, gegen die Pfaffen losgegangen werden muß. Ich werde in diesem Sinne durch die Internationale wirken. Die Hunde kokettieren (z. B. Bischof Ketteler in Mainz, die Pfaffen auf dem Düsseldorfer Kongreß usw.), wo es passend erscheint, mit der Arbeiterfrage“ (Briefwechsel Marx-Engels, Bd. IV, Neudruck Berlin 1950, 272).

66 Sociale Quacksalberei, in: Neuer Social-Democrat vom 01.08.1875, 1.

67 In Kettelers Nachlass finden sich umfangreiche Zeitungsausschnitte aus Presseorganen unterschiedlichster Couleur, nicht zuletzt auch aus dem *Social-Democraten* (vgl. Pfülf III, 288f.), zu dessen eifrigen Lesern Ketteler zweifellos gehörte.

68 Kann ein katholischer Arbeiter Mitglied der socialistischen Arbeiterpartei sein? Bleistiftentwurf aus dem Nachlass, 52 beschriebene Seiten; I 5, 502–

516; vgl. zu diesem an manchen Stellen nur mühsam zu entziffernden und mitunter unlesbaren Fragment Pfülf III, 293–303 und Vigener, 715–717.

69 Einem sozialistischen Zukunftsstaat, in dem „Alles fett gefüttert würde", erteilt Ketteler in einer nur mühsam zu entziffernden Passage dieses Fragments eine fulminante Absage aus seiner Tradition deutscher Freiheit, wenn er schreibt: „... so möchte ich doch lieber in Entbehrung die Kartoffeln essen, die ich baue, und mit dem Pelz des Thiers mich kleiden, das ich pflege, und dabei Freiheit haben, – als in diesem Sklaven-Arbeiterstaat leben und fett gefüttert werden" (515).

70 Diese sind: Möglichste Ausdehnung der politischen Rechte und Freiheiten, progressive Einkommenssteuer, unbeschränktes Koalitionsrecht, Normalarbeitstag mit Verbot der Sonntagsarbeit, Verbot der Kinderarbeit und aller gesundheits- bzw. sittlichkeitsschädigender Frauenarbeit, Arbeiterschutzgesetze, Regelung der Gefängnisarbeit und volle Selbstverwaltung für alle Arbeits- und Unterstützungskassen.

71 Diesen Antrag hatte Kettelers Neffe, Graf Clemens von Galen, gemeinsam mit Burghard Freiherr von Schorlemer-Alst am 19. März 1877 eingebracht. Damit sind zum ersten Mal sozialpolitische Forderungen zum Arbeiterschutz und zur Sonntagsruhe im deutschen Reichstag erhoben worden; zum Text vgl. Quellensammlung zur Geschichte der deutschen Sozialpolitik 1867–1914, I. Abt., Bd. 3, Darmstadt 1996, 411–413.

72 Vgl. dazu Wolfgang Ayaß, „Wir müssen anfangen, dann werden wir sehen ...". Franz Hitze, das Zentrum und die Sozialpolitik bis zum Ende der Bismarckära, in: Karl Gabriel/Hermann-Josef Große Kracht (Hg.), Franz Hitze (1851–1921): Sozialpolitik und Sozialreform, Paderborn 2006, 37–56, 39f.; vgl. zur Entstehungsgeschichte des Antrags auch Bachem, 332.

73 So der Abgeordnete Constantin Burgwald in seinen im *Deutschen Volksblatt* veröffentlichten „Centrums-Briefen" aus dem deutschen Reichstag; Brief vom 23.03.1877; zit. nach Ayaß, 40.

74 II 5, 760. Ketteler hatte Lujo Brentano auf dessen Vorschlag zur Ausarbeitung eines Konzepts für eine Produktivassoziation geantwortet: „ob es Ihnen aber gelingen wird, dieser Idee eine ausführbare Gestalt zu geben, und ferner, ob [ich] in meinen alten Tagen, wo ich doch schon

allerlei Unternehmungen für meine Diözese zu Ende führen muß, die mir große finanzielle Schwierigkeiten machen, noch den Muth haben werde, einen solchen Plan kräftig zu unterstützen, weiß ich nicht" (II, 5, 759f.; vgl. Anm. 2 und 24).

75 Brief an Paul Leopold Haffner vom 06.05.1870; II 5, 992f., 993.

76 Pfülf III, 293.

77 Dort lebte sein alter Freund und Verwandter, Freiherr Clemens von Korff, der einst Husaren-Rittmeister in Düsseldorf war, aber schon vor mehr als 30 Jahren zum Priester geweiht wurde und nun seit zwei Jahren als Pater Bruno Novize im Kapuzinerorden war; vgl. Pfülf III, 318.

78 Pfülf III, 326.

79 Zit. nach Pfülf III, 319.

Literaturverzeichnis

Zu Kettelers Texten liegt eine vorzüglich edierte Ausgabe seiner „Sämtlichen Werke und Briefe“ vor, die zwischen 1977 und 2001 erschienen ist. Sie wurde vom 1996 verstorbenen Kirchenhistoriker Erwin Iserloh im Auftrag der Mainzer Akademie der Wissenschaften und der Literatur herausgegeben und von Bernd Goldmann, Norbert Jäger, Christoph Stoll und Emil Valasek erarbeitet. Sie gliedert sich in die fünf Bände der Abt. I (Schriften) und die sechs Bände der Abt. II (Briefe). Alle Ketteler-Zitate sind dieser Ausgabe entnommen.
Zu Leben und Werk Kettelers liegen zwei voluminöse Arbeiten vor: die dreibändige, über 1200 Druckseiten umfassende Biographie des mit Kettelers Spiritualität und Kirchenverständnis sympathisierenden Jesuiten Otto Pfülf aus dem Jahr 1899 und die 750-seitige Monografie des liberalen, dem katholischen Ultramontanismus mit deutlicher Ablehnung begegnenden Gießener Historikers Fritz Vigener aus dem Jahr 1924.
Einzelne Rezensionen und Auszüge aus Parlamentsreden sind in das Literaturverzeichnis nicht aufgenommen worden.

Aldenhoff, Rita: Schulze-Delitzsch. Ein Beitrag zur Geschichte des Liberalismus zwischen Revolution und Reichsgründung, Baden-Baden 1984.

Anonymus: Der Bischofskampf am Rhein. Zu seiner politischen und nationalen Würdigung, Frankfurt 1854.

Anonymus: Aphorismen über die social-politische Bewegung. Was der ökonomische Liberalismus den Arbeitern versprochen, was er gehalten hat, und was er jetzt räth, in: Historisch-Politische Blätter für das katholische Deutschland 57 (1866), 501–514.

Anonymus: Ein Haupt der ultramontanen Partei in Europa, in: Die Gartenlaube Nr. 16, 1868, 244–247.

Anonymus: Christlich-Sociales, in: Neuer Social-Demokrat. Organ der Socialistischen Arbeiterpartei Deutschlands vom 30.07.1875, 1.

Ders.: Sociale Quacksalberei, in: Neuer Social-Democrat vom 01.08.1875, 1.

Ayaß, Wolfgang: „Wir müssen anfangen, dann werden wir sehen…". Franz Hitze, das Zentrum und die Sozialpolitik bis zum Ende der Bismarckära, in: Karl Gabriel / Hermann-Josef Große Kracht (Hg.), Franz Hitze (1851 bis 1921): Sozialpolitik und Sozialreform, Paderborn 2006, 37–56.

Bachem, Karl: Vorgeschichte, Geschichte und Politik der Deutschen Zentrumspartei, 3. Bd., Köln 1927.

Blanqui, Adolph-Jérome: Geschichte der Politischen Oekonomie in Europa, 2. Bd., Unver. Neudruck der Ausgabe Karlsruhe 1841, 1971.

Brämer, Karl: Die Stellung der Ultramontanen zur Arbeiterfrage, in: Der Arbeiterfreund. Zeitschrift des Centralvereins in Preußen für das Wohl der arbeitenden Klassen, 9 / 1864, 140–151.

Brauer, Theodor: Ketteler. Der deutsche Bischof und Sozialreformer, Hamburg 1927.

Brehmer, Karl: Wilhelm Emmanuel von Ketteler. Arbeiterbischof und Sozialethiker. Auf den Spuren einer zeitlosen Modernität, Regensburg 2009.

Brentano, Lujo: Zur Geschichte der englischen Gewerkvereine, Leipzig 1871.

Conze, Werner/Zorn, Wolfgang (Hg.): Die Protokolle des Volkswirtschaftlichen Ausschusses der deutschen Nationalversammlung 1848 / 49, Boppard 1992.

Euchner, Walter: Ideengeschichte des Sozialismus in Deutschland, Teil 1; in: Helga Grebing (Hg.), 19–350.

Friedlieb, L. (Leonhard Wassermann): Die rothe und die schwarze Internationale: oder Verhältniß der sozialdemokratischen Arbeiterbewegung zur Religion, München 1874.

Friedmann, Peter/Hölscher, Lucian: Art. Internationale, International, Internationalismus, in: Geschichtliche Grundbegriffe. Historisches Lexikon zur politisch-sozialen Sprache, Bd. 3, Stuttgart 1982, 367–397.

Fülberth, Georg: Die Entwicklung der deutschen Gewerkschaftsbewegung von den Anfängen bis 1873, in: Frank Deppe (Hg.), Geschichte der Gewerkschaftsbewegung, Köln 1977, 15–31.

Gall, Lothar: Liberalismus und „bürgerliche Gesellschaft". Zu Charakter und Entwicklung der liberalen Bewegung in Deutschland, in: Ders. (Hg.), Liberalismus. 2., erw. Aufl., Königstein/Ts. 1980, 162–186.

Gerhardt, Hartwig: Revolution und liberale Bewegung. Die nationale Organisation der konstitutionellen Partei in Deutschland 1848/49, Bremen 1974.

Götz von Olenhusen, Irmtraud: Klerus und abweichendes Verhalten. Zur Sozialgeschichte katholischer Priester im 19. Jahrhundert. Die Erzdiözese Freiburg, Göttingen 1994.

Grebing, Helga: Geschichte der deutschen Arbeiterbewegung. Ein Überblick, München 1966.

Dies. (Hg.): Geschichte der sozialen Ideen in Deutschland, Sozialismus – Katholische Soziallehre – Protestantische Sozialethik. Ein Handbuch, Essen 2000.

Grote, Heiner: Sozialdemokratie und Religion. Eine Dokumentation für die Jahre 1863 bis 1875, Tübingen 1968.

Hieronymi, Wilhelm: Kritische Blicke des Zeitgeistes in die neueste Schrift der Herrn von Ketteler „Die Arbeiterfrage und das Christenthum". Polemisch-literarische Spitzkugeln, Darmstadt 1864.

Huber, Ernst Rudolf/Huber, Wolfgang (Hg.): Staat und Kirche im 19. und 20. Jahrhundert. Dokumente zur Geschichte des deutschen Staatskirchenrechts, Bd. 2, Berlin 1976.

Jähnichen, Traugott/Friedrich, Norbert: Geschichte der sozialen Ideen im deutschen Protestantismus, in: Helga Grebing (Hg.), 876–1112.

Klönne, Arno/Reese, Hartmut: Kurze Geschichte der deutschen Gewerkschaftsbewegung, Frankfurt 1986.

Lassalle, Ferdinand: Arbeiter-Programm. Über den besonderen Zusammenhang der gegenwärtigen Geschichtsperiode mit der Idee des Arbeiterstandes, in: August Skalweit (Hg.), 15–52.

Ders.: Offenes Antwortschreiben an das Central-Comité zur Berufung eines Allgemeinen Deutschen Arbeiter-Congresses zu Leipzig, in: August Skalweit (Hg.), 53–84.

Ders.: Herr Bastiat-Schulze von Delitzsch. Der ökonomische Julian oder Kapital und Arbeit, in: Eduard Bernstein (Hg.), Ferdinand Lassalle. Gesammelte Reden und Schriften, 5. Bd., Berlin 1919.

Ders.: Die Agitation des Allgemeinen Deutschen Arbeitervereins und das Versprechen des Königs von Preußen (Rhonsdorfer Rede), in: Hans Jürgen Friederici (Hg.), Ferdinand Lassalle. Ausgewählte Reden und Schriften 1849–1864, Berlin 1991, 316–342.

Liesen, Bernhard: Bischofs Ketteler's seelsorgliches Leben, in: Münsterländisches Pastoral-Blatt. Monatsschrift für katholische Seelsorge (N.F. 1) 49 (1911), 106–110.

Lill, Rudolf: Die Länder des deutschen Bundes und die Schweiz 1848–1870, in: Handbuch der Kirchengeschichte Bd. VI/1, Freiburg i. Br. 1971, 533–550.

Ders.: Vorstufen des Kulturkampfes, in: ebd., 726–737.

Ders.: Die ersten deutschen Bischofskonferenzen, Freiburg 1964.

Marx, Karl/Engels, Friedrich: Briefwechsel, Bd. IV, Neudruck Berlin 1950.

Mill, John Stuart: Über die Freiheit, Stuttgart 2010.

Niedhart, Gottfried: Geschichte Englands im 19. und 20. Jahrhundert, München 1987.

Nipperdey, Thomas: Deutsche Geschichte 1866–1918, Bd. 1, München 1990.

Oncken, Hermann: Lassalle. Zwischen Marx und Bismarck. 5., neu bearb. Aufl., Stuttgart 1966.

Pankoke, Eckart: Die Arbeiterfrage, Frankfurt 1990.

Petersen, Karsten: „Ich höre den Ruf nach Freiheit“. Wilhelm Emmanuel von Ketteler und die Freiheitsforderungen seiner Zeit, Paderborn 2005.

Pfülf, Otto: Bischof von Ketteler (1811 bis 1877). Eine geschichtliche Darstellung, 3 Bde., Freiburg 1899.

Prince-Smith, John: Die sogenannte Arbeiterfrage, in: Vierteljahres-Schrift für Volkswirthschaft, Politik und Culturgeschichte 2, Bd. 4, 1864, 192–207.

Quellensammlung zur Geschichte der deutschen Sozialpolitik, I. Abt., Bd. 3, Darmstadt 1996.

Raich, Johann Michael (Hg.): Wilhelm Emanuel von Ketteler, Bischof von Mainz, Hirtenbriefe, Mainz 1904.

Ramm, Thilo: Ferdinand Lassalle. Der Revolutionär und das Recht, Berlin 2004.

Ritschl, Albrecht: Festrede im Namen der Georg-August-Universität zur Feier ihres 150-jährigen Bestehens vom 08.08.1887, in: Wilhelm Ebel (Hg.),

Göttinger Universitätsreden aus zwei Jahrhunderten (1737–1934), Göttingen 1978, 288–299.

Sägmüller, Johann Baptist: Lehrbuch des katholischen Kirchenrechts. 2. Aufl., Freiburg i. Br. 1909.

Schäffle, Albert: Bourgeois- und Arbeiter-Nationalökonomie, in: Deutsche Vierteljahres-Schrift Nr. 106, 1864, 245–348.

Schmoller, Gustav: Die Arbeiterfrage I; in: Preußische Jahrbücher 1864, 14. Bd., H. 4, 393–424.

Ders.: Die Arbeiterfrage III, in: Preußische Jahrbücher 1865, 15. Bd., H. 1, 32–65.

Schulze-Delitzsch, Hermann: Capitel zu einem deutschen Arbeiterkatechismus. Sechs Vorträge vor dem Berliner Arbeiterverein, Leipzig 1863.

Ders.: Die Abschaffung des geschäftlichen Risicȯ durch Herrn Lassalle. Ein neues Kapitel zum deutschen Arbeiterkatechismus, Berlin 1866; in: Friedrich Thorwart (Hg.), Hermann Schulze-Delitzsch's Schriften und Reden, 2. Bd., Berlin 1910, 173–210.

Siemann, Wolfgang: Die deutsche Revolution von 1848/49, Frankfurt 1985.

Ders.: Gesellschaft im Aufbruch. Deutschland 1849–1871, Frankfurt 1990.

Skalweit, August (Hg.): Ferdinand Lassalle. Arbeiter-Programm. Offenes Antwortschreiben (Sozialökonomische Texte, Bd. 9), Frankfurt 1948.

Spieker, Manfred: Zwischen Romantik und Revolution. Die Kirchen und die Soziale Frage im 19. Jahrhundert, in: Die neue Ordnung 55 (2001), 176–208.

Steffen, N.: Brief eines Luxemburgers an einen Landsmann. Dritter (letzter) Brief, in: Die Grenzboten. Zeitschrift für Politik, Literatur und Kunst, 32. Jg. (II. Semester, II. Bd.), Leipzig 1873, 117–120.

Stoll, Christoph/Goldmann, Bernd: Wilhelm Emmanuel Freiherr von Ketteler. Eine Bibliographie, Mainz 1995.

Uhlhorn, Gerhard: Katholicismus und Socialismus gegenüber der socialen Frage, 2., unv. Aufl., Göttingen 1887.

Verhandlungen der 15. Generalversammlung der katholischen Vereine Deutschlands zu Frankfurt am Main, Frankfurt 1863.

Vigener, Fritz: Ketteler. Ein deutsches Bischofsleben des 19. Jahrhunderts, München – Berlin 1924.

Weber, Rolf: Demokratie und Arbeiter in der Revolution 1848/49, in: Helmut Bleiber u. a. (Hg.), Demokratie und Arbeiterbewegung in der deutschen Revolution von 1848/49, Berlin 2000, 52–65.

Wernicke, Kurt: Vormärz – März – Nachmärz. Studien zur Berliner Politik- und Sozialgeschichte 1843–1853, Berlin 1999.

Zerwas, Hans-Jörg: Arbeit als Besitz. Das ehrbare Handwerk zwischen Bruderliebe und Klassenkampf 1848, Reinbek 1988.

Personenregister